Hacia la Resiliencia

Elogios para este libro...

"Esta guía es un recurso fácil de usar que proporciona orientaciones para el personal de ONG y socios por igual para hacer frente a los problemas de los desastres y del cambio climático. No sólo proporciona 10 principios de sentido común para la integración de la reducción del riesgo de desastres y la adaptación al cambio climático en la práctica, sino que también resalta las necesidades de los grupos poblacionales vulnerables incluidos los niños, para que puedan ser parte del proceso de construcción de resiliencia a los desastres y al cambio climático."

Dr Nick Hall,
Jefe de RRD y ACC, Save the Children

"Para las comunidades vulnerables del Pacífico que ya están experimentando los profundos impactos de los desastres y el cambio climático, esta guía es un recurso fantástico. No sólo reconoce la importancia de involucrar a la población local para construir con sus propias capacidades existentes su preparación ante desastres y su adaptación al cambio climático, también proporciona orientaciones prácticas para la identificación de grupos de alto riesgo (incluyendo a los niños, jóvenes, mujeres, adultos mayores y las personas con discapacidad) y la forma de trabajar con ellos de manera efectiva. Felicitaciones por este gran recurso."

Maria Tiimon,
Pacific Outreach Officer, Pacific Calling Partnership, Edmund Rice Centre

"Mientras que otros todavía tienen dificultades para salir de sus propios nichos y parpadean a la luz del sol, las organizaciones de la sociedad civil y las ONGs internacionales que utilicen estas guías "suficientemente buenas" y rigurosamente producidas estarán mucho, mucho más cerca de ofrecer un completo enfoque integrado de la reducción del riesgo de desastres, del cambio climático y de la mejora de los medios de vida. Una vez más, el ECB ha producido un ganador."

Dr Ben Wisner,
Aon Benfield UCL Hazard Research Centre, University College London

Hacia la Resiliencia

Una Guía para la Reducción del Riesgo de Desastres y Adaptación al Cambio Climático

Marilise Turnbull, Charlotte L. Sterrett,
Amy Hilleboe

Practical Action Publishing Ltd
The Schumacher Centre
Bourton on Dunsmore, Rugby,
Warwickshire CV23 9QZ, UK
www.practicalactionpublishing.org

ISBN 978-1-85339-788-2 Paperback

Desde 1974, Practical Action Publishing (anteriormente, Intermediate Technology Publications y ITDG Publishing) ha publicado y difundido libros e información en apoyo a la labor del desarrollo internacional en todo el mundo. Practical Action Publishing es el nombre comercial de Practical Action Publishing Ltd (Company Reg. No. 1.159.018) es editorial propiedad total de Practical Action. Practical Action Publishing comercializa exclusivamente en apoyo de los objetivos de su organización sin fines de lucro y todos los beneficios obtenidosse reinvierten en Practical Action. (Reg. Charity. No. 247257, Grupo VAT Registro No. 880 9924 76)

Foto de portada: Erin Gray / Mercy Corps
Diseño de la portada: Solveig Marina Bang
Indexado por: Liz Fawcett
Composición tipográfica: Wildfire Press Limited
Impreso por: Hobbs Printer, Reino Unido.

Tabla de contenido

Los términos que aparecen en el glosario llevan un superíndice 'G'.

INTRODUCCIÓN

Propósito de la guía

Hacia la Resiliencia: Una Guía para la Reducción del Riesgo de Desastres y la Adaptación al Cambio Climático es un recurso de carácter introductorio destinado al personal de organizaciones de desarrollo y ayuda humanitaria que trabaja con personas cuyas vidas y derechos se ven amenazados por los desastres y el cambio climático.

La guía contiene información introductoria, principios de prácticas efectivas, directrices para la acción en una serie de sectores y entornos, estudios de caso y enlaces de internet hacia herramientas y recursos útiles para la aplicación de un enfoque integrado basado en derechos para la reducción del riesgo de desastres y la adaptación al cambio climático.

La guía también es un recurso útil para otros actores, como el personal de entidades gubernamentales locales y nacionales, la Organización de Naciones Unidas, donantes y especialistas en ciencias sociales y naturales.

Hacia la Resiliencia no tiene por objeto sustituir las políticas o reglamentos de las organizaciones para la reducción del riesgo de desastres y la adaptación al cambio climático, más bien, busca fomentar prácticas complementarias y la coordinación entre múltiples actores que trabajan para alcanzar una meta en común.

Contenido y estructura de la guía

El **capítulo 1** explica cómo ha evolucionado la reducción del riesgo de desastres y la adaptación al cambio climático y expone el fundamento de un enfoque integrado para construir resiliencia. Presenta 10 principios para la integración de una programación y una incidencia efectiva, que están basados en extensas investigaciones y práctica.

El **capítulo 2** describe los impactos de los riesgos de desastres y del cambio climático en los niños, las mujeres, los hombres y en poblaciones de alto riesgo: personas con discapacidad, personas que viven con enfermedades crónicas, adultos mayores y poblaciones indígenas. Contiene una lista de verificación para promover la participación de grupos clave en el análisis de los riesgos y en las acciones para construir resiliencia.

El **capítulo 3** explica la gestión del ciclo de programa de las intervenciones para reducir los riesgos de desastres y del cambio climático. Esta sección contiene temas clave y pasos a seguir en cada etapa del ciclo de programa, así como orientación para la generación y gestión del conocimiento.

El **capítulo** 4 destaca la necesidad de incorporar medidas para la reducción del riesgo de desastres y del cambio climático en los principales sectores de intervención humanitaria y del desarrollo: medios de vida; seguridad alimentaria; gestión de recursos naturales; agua, saneamiento e higiene (WASH); educación; salud y protección. Ofrece orientación sobre cómo aplicar los principios para una programación y una incidencia efectivas a fin de aumentar la resiliencia en cada sector.

El **capítulo** 5 explica la importancia de incorporar medidas de reducción de los riesgos de desastres y del cambio climático en las intervenciones que se realizan en cuatro contextos difíciles de la labor humanitaria y del desarrollo: escenarios de conflictos; recuperación temprana; entornos urbanos y desastres de evolución lenta. Brinda orientación sobre cómo aplicar los principios para una programación y una incidencia efectivas a fin de aumentar la resiliencia en cada contexto.

El **capítulo 6** describe la importancia de la gobernanza y la incidencia política para la creación de un ambiente que favorezca la construcción de la resiliencia. Proporciona orientación sobre cómo aplicar los principios para intervenciones efectivas en estas áreas de trabajo estrechamente relacionadas.

Los capítulos mencionados incluyen estudios de caso resultado de las experiencias de los profesionales que muestran buenas prácticas y lecciones aprendidas.

Finalmente, se presenta un cuadro de herramientas y recursos con material de consulta para el uso de los profesionales de acuerdo a sus necesidades.

Hacía la Resiliencia: Guía para la Reducción del Riesgo de Desastres y la Adaptación al Cambio Climático: está disponible en forma de manual y se puede consultar en www. ecbproject.org.

Cómo se elaboró la guía

Hacia la Resiliencia: Guía para la Reducción del Riesgo de Desastres y la Adaptación al Cambio Climático es el producto de tres años de colaboración e intercambio de lecciones aprendidas entre las organizaciones integrantes del Proyecto ECB que trabajan con las comunidades expuestas al cambio climático y los desastres.

Los equipos interinstitucionales determinaron que era imperativo tener un recurso que conjugara orientación sobre la programación y la incidencia en torno a la reducción del riesgo de desastres y la adaptación al cambio climático. Las organizaciones integrantes del Proyecto ECB iniciaron un proceso de consulta e intercambio de lecciones aprendidas, en el que intervinieron más de 160 profesionales dedicados a programas de Ayuda Humanitaria y del Desarrollo en 12 países.

Simultáneamente, otros actores relevantes, donantes y alianzas— entre ellos la Oficina de las Naciones Unidas para la Reducción del Riesgo de Desastres (UNISDR), el Grupo Intergubernamental de Expertos sobre el Cambio Climático (IPCC), la Convención Marco de las Naciones Unidas sobre Cambio Climático (CMNUCC), el Departamento para el Desarrollo Internacional del Gobierno del Reino Unido (DFID) y la Dirección General de Ayuda Humanitaria y Protección Civil de la Unión Europea (ECHO)— realizaron estudios en los campos de la reducción del riesgo de desastres, adaptación al cambio climático y 'construcción de resiliencia', cuyos datos fueron recolectados, analizados y sirvieron de base para la elaboración de esta guía.

Hacia la Resiliencia: Guía para la Reducción del Riesgo de Desastres y la Adaptación al Cambio Climático fue publicada en el Día Internacional para la Reducción de los Desastres, en el año 2012.

1

ENTENDIENDO
LA REDUCCIÓN DEL RIESGO DE DESASTRES Y LA ADAPTACIÓN AL CAMBIO CLIMÁTICO

El capítulo 1 tiene como objetivo ayudar a los profesionales a entender los conceptos básicos de la reducción del riesgo de desastres[G] y la adaptación al cambio climático[G], así como los beneficios y los elementos clave de un enfoque integrado para construir resiliencia[G] frente a los riesgos de desastres y el cambio climático. Esta sección incluye lo siguiente:

- *Explicaciones* de:
  - Los desafíos que plantean los desastres y el cambio climático;
  - La evolución de la reducción del riesgo de desastres y la adaptación al cambio climático como conceptos y en la práctica;
  - La base lógica de un enfoque integrado para la reducción del riesgo de desastres y la adaptación al cambio climático.
- 10 *principios* para un enfoque integrado de la reducción del riesgo de desastres y la adaptación al cambio climático.
- *Respuestas* a preguntas más frecuentes.

1.1 Conceptos de riesgo de desastres y la cambio climático

Riesgo de desastres

Los profesionales de ayuda humanitaria y del desarrollo comparten un objetivo común: el empoderamiento de las mujeres, los hombres y los niños para disfrutar de sus derechos humanos básicos y la protección[G] permanente de esos derechos. Por lo tanto, las estrategias de desarrollo y las respuestas humanitarias necesitan incorporar medidas para reducir los principales riesgos para el cumplimiento de este objetivo.

Pero los impactos de los desastres[G] continúan siendo un gran obstáculo para esto. Los desastres registrados entre 2001 y 2010 afectaron, en promedio, a 232 millones de personas por año, causaron la muerte de 106 millones y provocaron pérdidas económicas[1] por un valor de US$108 mil millones. Además, los innumerables desastres de pequeña escala no reportados ejercen una presión acumulativa sobre la salud, la vida y los medios de vida[G].

Ahora se reconoce ampliamente que los desastres no son interrupciones inevitables del desarrollo a los que se responde con la rápida distribución de ayuda de emergencia, sino el resultado de riesgos^G no controlados dentro del proceso de desarrollo propiamente dicho. Estos se producen cuando ocurre una amenaza^G, como un terremoto o una inundación, en la que las personas, los bienes y los sistemas se ven expuestos y son vulnerables a sus efectos.

Al contrario, el riesgo de desastres^G puede reducirse considerablemente a través de estrategias encaminadas a disminuir la vulnerabilidad^G y la exposición^G a las amenazas en el marco de acciones generales para abordar la pobreza, la desigualdad y la negación de los derechos fundamentales. Asimismo, las operaciones de respuesta humanitaria a desastres y otras crisis se pueden diseñar e implementar de tal forma que se proteja el derecho a la vida de las personas afectadas y otros derechos básicos en el corto y mediano plazo. Este enfoque se conoce como reducción del riesgo de desastres^G.

Recuadro 1.1: Desastres y riesgo de desastres

Los desastres se reconocen dentro del sector de ayuda humanitaria y del desarrollo como situaciones que provocan trastornos graves en la vida de una comunidad o sociedad, de los cuales la mayoría de las personas no pueden recuperarse sin la asistencia externa de terceros a menudo fuera de su comunidad o sociedad. Generalmente acarrean la pérdida masiva de vidas, infraestructura y otros activos y afectan el bienestar, la seguridad, la salud y los medios de vida de las personas. Algunos impactos son inmediatos y otros son causados por la forma en que las personas reaccionan frente a la situación e intentan recuperarse de la misma.

El **riesgo de desastres** supone la pérdida potencial – de vidas, de la salud, de los medios de vida, de los bienes y servicios – que podría sufrir una determinada comunidad o sociedad durante un determinado periodo debido al desastre.

Reducción del riesgo de desastres

La reducción del riesgo de desastres se define como: *"El concepto y la práctica de reducir los riesgos de desastre mediante esfuerzos sistemáticos dirigidos al análisis y la gestión de los factores causales de los desastres, lo que incluye la reducción del grado de exposición a las amenazas, la disminución de la vulnerabilidad de la población y la propiedad, una gestión racional de la tierra y del medio ambiente y mejorar la preparación ante eventos adversos."*[2]

Los pueblos de todo el mundo buscan constantemente la manera de reducir los riesgos de desastre. Algunos pueblos combinan estrategias de subsistencia diversas, como la pesca, agricultura y venta de mano de obra, para reducir su vulnerabilidad a las pérdidas en un área, otros usan las redes sociales para obtener información sobre pastos buenos, o amenazas inminentes como desbordes de ríos y planifican sus acciones correctamente. Pero en muchos casos la pobreza y marginación limitan la efectividad y las opciones de las personas y la migración desde las zonas rurales hacia las ciudades les expone a situaciones desconocidas en las que carecen de conocimientos y medios para hacer frente a nuevos riesgos^G.

En la actualidad, cada vez más se está tomando conciencia de que los Estados – dentro de su obligación de respetar, hacer cumplir y proteger los derechos humanos – tienen la responsabilidad fundamental de reducir el riesgo de desastres y que la comunidad internacional tiene el deber de prestar apoyo y crear un entorno propicio para el cumplimiento de esta obligación. Al suscribir el Marco de Acción de Hyogo (HFA), durante la Conferencia Mundial sobre la Reducción de Desastres, celebrada en 2005, 168 gobiernos y los principales actores de ayuda humanitaria y del desarrollo se comprometieron a adoptar un plan multi actores y multisectorial, de 10 años de duración, para invertir en la reducción del riesgo de desastres como una manera de construir sociedades resilientes a los desastres.

Desde que se adoptó el Marco de Acción de Hyogo, un mayor número de gobiernos han introducido políticas y medidas legislativas para la reducción del riesgo de desastres, han establecido sistemas de alerta temprana^G y han mejorado su nivel de preparación para responder a los desastres. Sin embargo, las metas del HFA todavía están lejos de ser una realidad, especialmente en lo que refiere a abordar las causas del riesgo y asegurar la plena participación de las poblaciones en riesgo en evaluaciones de riesgo, procesos de planificación y programas. Se requiere un esfuerzo masivo para propiciar cambios en el 'sistema de desarrollo' de cada país, con la participación de todos los sectores y todos los actores^G – locales y nacionales – en la reducción del riesgo de desastres.

Recuadro 1.2: Marco de Acción de Hyogo (HFA)

El Marco de Acción de Hyogo tiene cinco prioridades de acción:

1. Priorizar la reducción del riesgo de desastres procurando liderazgo de alto perfil, estableciendo políticas y programas pertinentes y asignando recursos para aplicarlos.

2. Identificar, evaluar y monitorear los riesgos de desastre y mejorar los sistemas de alerta temprana.

3. Crear conciencia a todos los niveles de la sociedad acerca de los riesgos y proporcionar información sobre la manera de reducirlos.

4. Reducir las vulnerabilidades sociales, económicas y ambientales, así como las relacionadas con el uso de la tierra, con una mejor planificación del desarrollo y la reconstrucción posdesastre por parte de todos los sectores.

5. Fortalecer la preparación para casos de desastre a fin de asegurar una respuesta eficaz a todo nivel.

Fuente: UNISDR (2005) Marco de Acción de Hyogo 2005-2015: Aumento de la Resiliencia de las nacionales y las comunidades ante los desastres

---

Riesgo del cambio climático

A medida que el conocimiento científico sobre el cambio climático^G global va en aumento y sus impactos se observan y ocurren en todo el mundo, es evidente que se necesita un enfoque más amplio para reducir los riesgos.

Recuadro 1.3: Definición de cambio climático

Existen diversas definiciones de cambio climático, pero la definición de trabajo utilizada en esta guía es *un cambio en el estado promedio del clima durante un periodo prolongado, generalmente décadas o periodos más largos.*[3]

El cambio climático global que vivimos en este momento es el resultado de las actividades humanas desde la Revolución Industrial - como la quema de combustibles fósiles[G] y el cambio en el uso de la tierra[G] (por ejemplo: deforestación[G]) – que han dado lugar a un aumento considerable de los gases de efecto invernadero[G] como el dióxido de carbono.[4] Si bien los gases de efecto invernadero son una parte natural de la atmósfera terrestre y sirven para mantener temperaturas aptas para la vida, la emisión excesiva de estos gases hace que el calor quede atrapado en la atmósfera, lo que se traduce en el aumento de las temperaturas.[5]

Los cambios previstos en el clima incluyen la elevación de las temperaturas en la tierra y en el mar, el aumento del nivel del mar, el derretimiento de los glaciares y casquetes polares y la variación e irregularidad de los patrones de precipitación. Estos cambios afectan casi todos los aspectos de la vida humana y los ecosistemas de los que ella depende.

El cambio climático dará lugar a un aumento en la frecuencia e intensidad de los eventos climáticos extremos, así como, impactos significativos resultantes de cambios más graduales.[6] La naturaleza, el grado y la duración de los efectos del cambio climático[G] en las regiones varían. Los esfuerzos dirigidos a reducir los impactos del cambio climático se conocen como adaptación al cambio climático[G].

Adaptación al cambio climático

La adaptación al cambio climático es una práctica que abarca acciones por parte de numerosos actores para gestionar y reducir los riesgos asociados a los cambios en el clima. Existen diversas definiciones técnicas y científicas que sirven mejor a los propósitos de los distintos actores que trabajan en el campo del cambio climático. Para los fines de esta guía se utiliza la siguiente definición de trabajo simplificada de adaptación al cambio climático:[7]

  a) Adaptar el desarrollo a los cambios graduales en la temperatura promedio, el nivel del mar, la precipitación y,

  b) Reducir y gestionar los riesgos asociados con eventos climáticos extremos cada vez más frecuentes, graves e impredecibles.

Los pueblos se han adaptado siempre a la variabilidad[G] del clima sea través de una diversidad de medios que incluyen por ejemplo: siembra tardía del trasplante del arroz o cambiando a cultivos de rápido crecimiento. Sin embargo, el cambio climático está llevando a las poblaciones en riesgo más allá de su capacidad[G] para hacer frente y adaptarse a los cambios con los que tradicionalmente han enfrentado y está haciendo que las personas sean más vulnerables debido a su creciente sensibilidad y exposición a los impactos del cambio climático.

Los gobiernos y las instituciones están empezando a comprender que la seguridad, la reducción de la pobreza y la prosperidad dependerán de la integración de las estrategias de adaptación al cambio climático en todos los sectores y de su implementación a todos los niveles. Los profesionales de ayuda humanitaria y del desarrollo también tienen un importante papel que desempeñar en lo que respecta a abogar por la priorización de los derechos de las mujeres, los hombres y los niños en mayor riesgo y en lo que concierne a incorporar las estrategias de adaptación al cambio climático en sus propios programas.

Como enfoque, la adaptación al cambio climático es un proceso dinámico y no un estado final, dada la incertidumbre sobre los impactos del cambio climático y la necesidad de ayudar a las poblaciones en riesgo a: abordar las amenazas actuales, el aumento de la variabilidad y las nuevas tendencias; gestionar el riesgo y la incertidumbre; y fortalecer su capacidad para adaptarse.[8]

Tabla 1.1: Ejemplos de amenazas relacionadas con el clima, sus efectos y actividades de adaptación*		
Amenaza o efecto	**Impacto**	**Ejemplos de actividades de adaptación**
Amenaza—Precipitaciones intensas	• Mayor frecuencia/ magnitud de inundaciones • Daños a viviendas, infraestructura y medios de vida	• Mejoramiento de los sistemas de drenaje en áreas urbanas y rurales • Protección/adaptación de los sistemas de suministro de agua y saneamiento para prevenir el daño y la contaminación • Promoción de la agricultura mediante la utilización de camellones[G] • (Re)ubicación de infraestructura básica y viviendas lejos de las zonas propensas a inundaciones
Amenaza—Tormenta	• Daños a viviendas, infraestructura y medios de vida	• Adaptación/construcción de infraestructura y viviendas con diseños y materiales resistentes a tormentas • Introducción/reforzamiento de sistemas de alerta temprana para alertar a las poblaciones expuestas • Designación de 'lugares seguros' que sirven de viviendas y almacenes durante tormentas
Efecto—Aumento de temperatura	• Estrés solar en los cultivos • Mayor demanda de agua de los cultivos y/o menor disponibilidad de agua	• Mayor accesibilidad de variedades de cultivos resistentes a sequías • Promoción de técnicas para aumentar el contenido orgánico del suelo (para una mayor retención de agua) • Promoción de prácticas agroforestales y/o prácticas de agricultura de conservación que traen como resultado el mejoramiento del microclima del suelo y la reducción de la evapotranspiración

Tabla 1.1: Ejemplos de amenazas relacionadas con el clima, sus efectos y actividades de adaptación*		
Amenaza o efecto	**Impacto**	**Ejemplos de actividades de adaptación**
Efecto— Elevación del nivel del mar	• Intrusión salina • Erosión de zonas costeras • Aumento de frecuencia /intensidad de marejadas^G	• Identificación de fuentes de agua sostenibles para consumo humano y uso en actividades de subsistencia • Mayor accesibilidad de variedades de cultivo resistentes a la salinidad • Reforzamiento de defensas marinas (naturales – como manglares - y artificiales)
Efecto— Variación de la estacionalidad	• Los agricultores no saben con seguridad cuando pueden cultivar, sembrar y cosechar	• Provisión de pronósticos estacionales y meteorológicos fiables, accesibles y apropiados para los usuarios • Promoción de la diversificación y combinación de cultivos • Facilitación de recursos para la diversificación de los medios de vida

* Los ejemplos mencionados no son exhaustivos. Cuando se diseñan opciones de adaptación es necesario tener presente el contexto.

Recuadro 1.4: El perfil cambiante del riesgo de desastre

El cambio climático está alterando el perfil de los riesgos de desastre, no sólo con el incremento de los riesgos relacionados con el clima tales como: aumento del nivel del mar y de la temperatura, sino también, con el aumento de las vulnerabilidades en la sociedad, por ejemplo: de las tensiones sobre la disponibilidad de agua, la agricultura y los ecosistemas.

La reducción del riesgo de desastres y la adaptación al cambio climático comparten un espacio común de preocupación: reducir la vulnerabilidad de las comunidades y lograr el desarrollo sostenible.

1.2   Construyendo un enfoque integrado de reducción del riesgo de desastres y adaptación al cambio climático

Cada vez más, los profesionales de ayuda humanitaria y del desarrollo están descubriendo la necesidad y las ventajas de usar un enfoque que integra los conceptos y las prácticas de la reducción del riesgo de desastres y la adaptación al cambio climático, según lo expuesto a continuación:

Preocupaciones comunes

Es alto el grado de convergencia entre los problemas que la reducción del riesgo de desastres y la adaptación al cambio climático tratan de resolver. Como se muestra en la Figura 1.1, las poblaciones expuestas a amenazas relacionadas con el clima y sus efectos correrán mayor riesgo debido a un aumento previsto en la frecuencia y/o intensidad de esas amenazas y efectos como resultado del cambio climático global.

Figura 1.1: Preocupación común de la adaptación al cambio climático y la reducción del riesgo de desastres

Asimismo, las poblaciones expuestas a amenazas pueden sufrir tensiones[G] debido a los cambios a largo plazo en el clima, tales como variabilidad de las estaciones, irregularidad en los patrones de precipitación y elevación del nivel del mar que afectan sus medios de vida[G] y su salud, volviéndoles más vulnerables a todo tipo de choques[G], eventos y otros cambios.[9]

Una comprensión conceptual común del riesgo

La reducción del riesgo de desastres y la adaptación al cambio climático comparten un entendimiento conceptual común de los componentes del riesgo y de los procesos de construcción de resiliencia[G]. Ambos enfoques ven el riesgo como el producto de la exposición y vulnerabilidad, ya sea a las amenazas o a los efectos del cambio climático, o ambas. Cuanto mayor es la vulnerabilidad, la exposición y la magnitud o la probabilidad de la amenaza/efecto del cambio climático, mayor es el riesgo.

La exposición y la vulnerabilidad son exacerbadas por otras tendencias sociales y ambientales, como el desarrollo urbano, la degradación ambiental[G] y la globalización de los mercados.

Por lo tanto, para reducir los riesgos de desastres y del cambio climático es necesario minimizar la exposición, disminuir la vulnerabilidad y fortalecer las capacidades de resiliencia de tal modo que se aborde simultáneamente tanto el riesgo climático como el riesgo de desastres, sin que cada esfuerzo ponga en riesgo al otro. Este es un proceso dinámico que exige un esfuerzo permanente en las esferas económica, social, cultural, ambiental, institucional y política para pasar de la vulnerabilidad a la resiliencia.

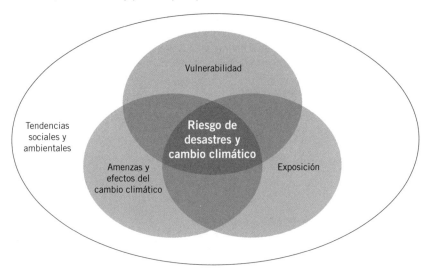

Figura 1.2: Riesgo de desastres y la cambio climático

Recuadro 1.5: Términos claves usados en la guía *Hacia la Resiliencia*

- **Amenazas**: son fenómenos naturales o actividades humanas potencialmente peligrosas que, cuando ocurren, pueden ocasionar la muerte, lesiones u otros impactos a la salud, daños a la propiedad, la pérdida de medios de vida y de servicios, trastornos sociales y económicos, o daños ambientales. Las amenazas incluyen: sequías, inundaciones, terremotos, erupciones volcánicas, epidemias, tormentas de viento, precipitaciones intensas, derrames de sustancias químicas, conflictos[G] y otros.

- **Efectos del cambio climático**: son cambios en el clima a raíz de emisiones excesivas de los gases de efecto invernadero. Entre los efectos figuran el aumento de la temperatura en la tierra y en el mar; la elevación del nivel del mar; el derretimiento de los glaciares y casquetes polares; y la variación e irregularidad de los patrones de precipitación. Como consecuencia de los efectos del cambio climático, se prevé que las amenazas climáticas existentes como las sequías, inundaciones y tormentas de viento, aumentarán en frecuencia y/o intensidad. El planeta está atrapado hasta cierto punto en el cambio climático, pero podemos adoptar decisiones tecnológicas y políticas para su reducción.

Recuadro 1.5: Términos claves usados en la guía *Hacia la Resiliencia* (cont.)

- **Exposición**: se refiere a la población, las propiedades, medios de vida, sistemas y otros elementos presentes en las zonas que pueden verse afectados por amenazas y/o efectos del cambio climático.

- **Vulnerabilidad**: es el conjunto de características y circunstancias de un individuo, familia, grupo de población, sistema o activo que le hace susceptible (o sensible, en el caso de los ecosistemas) a los efectos dañinos de una amenaza y/o los efectos del cambio climático. Estas características y circunstancias pueden ser físicas, institucionales, políticas, culturales, sociales, ambientales, económicas y humanas.

- **Resiliencia**: se refiere a la capacidad^G de un individuo, familia, grupo de población o sistema de anticipar, absorber y recuperarse de las amenazas y/o los efectos del cambio climático y otros choques y tensiones^G sin comprometer (y posiblemente mejorar) sus perspectivas a largo plazo.[10] La resiliencia no es un estado final fijo, sino un conjunto de condiciones y procesos dinámicos. Los factores que influyen en la resiliencia se presentan en la Figura 1.3.

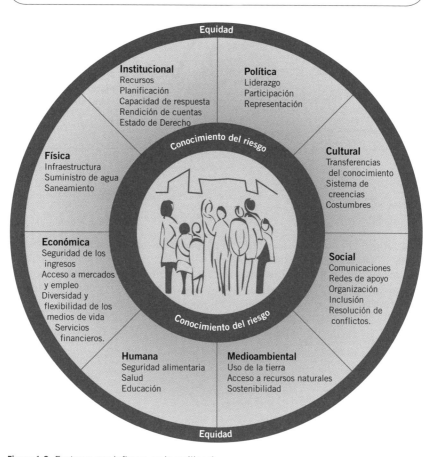

Figura 1.3: Factores que influyen en la resiliencia

Similitud de los impactos

Los impactos de los desastres[G] y los efectos del cambio climático tienen consecuencias similares para las vidas de las personas y la medida en que pueden alcanzar el disfrute duradero de sus derechos humanos básicos, como se ilustra en la Figura 1.4. Los desastres y los choques y las tensiones causadas por los efectos del cambio climático pueden provocar cuantiosas pérdidas que, a su vez, aumentan la vulnerabilidad, lo que da lugar al aumento del empobrecimiento y la negación de los derechos básicos.

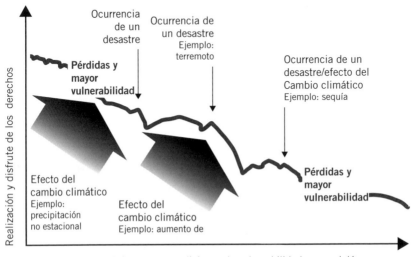

Figura 1.4: Similitud de los impactos de los desastres y otros efectos del cambio climático

La reducción del riesgo de desastres y la adaptación al cambio climático comparten metas: ambos enfoques buscan fortalecer la capacidad de resiliencia de las personas y las sociedades de tal modo que sus propios esfuerzos y los de las intervenciones que promueven el desarrollo, puedan traducirse en la realización y el disfrute duradero de sus derechos.

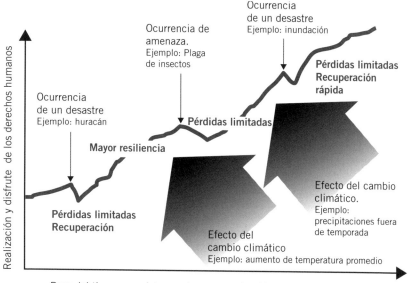

Figura 1.5: Similitud de objetivos de la reducción del riesgo de desastres y la adaptación al cambio climático

1.3   Principios de un enfoque integrado para la reducción del riesgo de desastre y adaptación al cambio climático

Así como el compromiso y la inversión global en la reducción del riesgo de desastres[G] ha aumentado, también lo ha hecho el conocimiento que los profesionales y las autoridades encargadas de formular políticas tienen de las buenas prácticas, los factores favorables y las barreras para el éxito. Mientras tanto, la innovadora investigación-acción en el campo de la adaptación al cambio climático está produciendo rápidamente indicadores valiosos de los elementos fundamentales para una programación de adaptación eficaz. Últimamente, el interés de los actores de ayuda humanitaria y del desarrollo en conocer mejor cómo generar mayor resiliencia[G] a los choques y las tensiones[G], incluyendo las amenazas[G] y los efectos del cambio climático[G], ha dado lugar a un debate constructivo. Hay una convergencia significativa en las lecciones, las recomendaciones y los desafíos que surgen de cada una de estas esferas de actividad y un consenso cada vez mayor de la necesidad de un enfoque integrado.

Los siguientes **10 principios de un enfoque integrado de reducción del riesgo de desastres y la adaptación al cambio climático** se han tomado de este creciente acervo de conocimientos.[11] Juntos ofrecen a los profesionales de ayuda humanitaria y del desarrollo un conjunto de criterios para aumentar la resiliencia a los desastres y al cambio climático, que se aplica a todo el ciclo de programa en múltiples sectores y contextos distintos.

1. **Aumentar el conocimiento del contexto de las amenazas y del cambio climático:** El entendimiento de las tendencias pasadas, las experiencias actuales y las proyecciones futuras con respecto a la ocurrencia de amenazas, la variabilidad del clima^G y la gama de efectos del cambio climático en la zona y en la población tratada, debe ser la base de las decisiones o acciones para aumentar la resiliencia a los desastres y el cambio climático. Los procesos de análisis de riesgos deben aumentar el entendimiento entre todos los actores^G, como resultado de un proceso participativo y del intercambio de resultados.

2. **Aumentar el conocimiento de la exposición, la vulnerabilidad y la capacidad:** Una evaluación de las vulnerabilidades y las capacidades de la población, los sistemas y los recursos debe ser la base de las decisiones relacionadas con la localización, poblaciones meta (incluido el entendimiento de la vulnerabilidad diferencial), los objetivos y los enfoques que se adaptarán para aumentar la resiliencia a los desastres y el cambio climático. También debe incluir el análisis de los efectos previstos del cambio climático y de los que se observan actualmente. La evaluación también debe aumentar el entendimiento de los actores respecto de las causas de la exposición^G, la vulnerabilidad y la capacidad^G, como resultado de un proceso participativo y del intercambio de resultados.

3. **Reconocer los derechos y las responsabilidades:** La reducción del riesgo de desastres y la adaptación al cambio climático deben considerarse entre las responsabilidades de los Estados y los gobiernos como titulares de deberes para la realización y el disfrute de los derechos humanos. Los sistemas de gobernanza^G y el entorno político deben permitir que las poblaciones en riesgo, o afectadas por desastres^G y por el cambio climático, exijan la rendición de cuentas de sus decisiones, acciones y omisiones. El papel de otros actores, incluidas las ONG, debe ser el de complementar y favorecer la relación entre los titulares de derechos y los titulares de deberes.

4. **Fortalecer la participación y la acción de la población en riesgo:** Todas las personas en riesgo tienen derecho a participar en las decisiones que afectan sus vidas. Su conocimiento de primera mano de los asuntos que les afectan es fundamental para asegurar que el análisis y las acciones posteriores estén basadas en evidencias empíricas. Asimismo, la sostenibilidad de las estrategias para aumentar la resiliencia depende de su apropiamiento y de sus acciones. Por consiguiente, todos los procesos de toma de decisiones y todas las acciones deben involucrar directamente a la población en riesgo, garantizando que las mujeres, los hombres, los niños y los grupos de alto riesgo, sean incluidos.

5. **Promover la participación y el cambio sistémico,** como hay múltiples causas e impulsores de la vulnerabilidad y la exposición a las amenazas y los efectos del cambio climático, las estrategias para aumentar la resiliencia a los desastres y al cambio climático deben involucrar a todos los sectores de la sociedad y el gobierno. La meta del involucramiento de múltiples actores y sectores debe ser, situar el aumento de la resiliencia a los desastres y al cambio climático en el centro de la planificación del desarrollo. El compromiso de todos los actores con esta meta debe reflejarse en sus políticas, planes y presupuestos respectivos.

6. **Promover la sinergia entre varios niveles:** La importancia de un ambiente político favorecedor es crucial para las acciones adoptadas a nivel de hogar, comunitario y local. Del mismo modo, el impacto de una política o ley depende de su aplicación por parte de los distintos niveles de gobierno y de su relevancia para la población en riesgo. Las decisiones y acciones adoptadas a cada nivel deben ser mutuamente informativas y deben facilitar el desarrollo de un enfoque coherente y coordinado.

7. **Basarse en fuentes de conocimiento diversas y ampliarlas:** El análisis los riesgos de desastres y del cambio climático debe buscar complementar los conocimientos locales y tradicionales con los resultados de las investigaciones científicas con el fin de seguir co-generando nuevos conocimientos. Las medidas para aumentar la resiliencia a los desastres y al cambio climático deben promover la replicación de las buenas prácticas, fomentar la innovación autónoma e introducir, si fuera pertinente, tecnología externa para ayudar a hacer frente a los nuevos desafíos o magnificados. Las estrategias y los programas deben ser monitoreados y evaluados para garantizar que las lecciones aprendidas sean recogidas y puestas a disposición de otros.

8. **Promover flexibilidad y capacidad de respuesta:** Como los efectos e impactos del cambio climático siguen siendo inciertos, especialmente a escala local y muchos procesos dinámicos (como el desarrollo urbano y la degradación ambiental[G]) influyen en la exposición y la vulnerabilidad, el análisis de los riesgos de desastres y del cambio climático debe tener presente los nuevos conocimientos. Del mismo modo, las estrategias y los programas orientados a aumentar la resiliencia a los desastres y el cambio climático deben ser flexibles para dar cabida a nueva información.

9. **Trabajar con diferentes escalas de tiempo:** El análisis, las estrategias y los programas deben tratar los actuales riesgos[G] identificados y los posibles escenarios futuros. La preparación para la ocurrencia de amenazas conocidas no debe descuidarse en favor del fortalecimiento de las capacidades para adaptarse a los efectos de mediano y largo plazo del cambio climático y otros choques y tensiones potencialmente desconocidos. La asignación de recursos y actividades deben planificarse como corresponde.

10. **No causar daño:** Los procesos para definir las estrategias y los programas para aumentar la resiliencia a los desastres y al cambio climático siempre deben incorporar una evaluación de sus impactos negativos potenciales, incluyendo su contribución al conflicto[G] y los efectos en el medio ambiente. En los casos en que se identifica daños potenciales, es necesario incorporar en el diseño del programa o la estrategia, medidas para reducir sustancialmente o eliminar tales daños. Para evitar crear una falsa sensación de seguridad o promover la mala adaptación[G], los programas siempre deben estar basados en una evaluación de amenazas múltiples y efectos múltiples.

Los capítulos 3 a 6 de esta guía indican cómo aplicar un enfoque integrado de reducción del riesgo de desastres y la adaptación al cambio climático en todo el ciclo del programa, en diferentes intervenciones sectoriales y en distintos contextos.

ESTUDIO DE CASO: ADAPTACIÓN A LA CRECIENTE VULNERABILIDAD AL CAMBIO CLIMÁTICO EN LAS PROVINCIAS DE LA COSTA CENTRAL DE VIETNAM[12]

Vietnam, World Vision International

A lo largo de los 3,000 kilómetros de largo del litoral vietnamita y de las desembocaduras de grandes ríos que fluyen en áreas relativamente planas, la elevación del nivel del mar y la intrusión de agua salada causadas por el cambio climático, son graves amenazas a largo plazo para la producción de arroz y la acuicultura de las que depende los medios de vida de los pobladores.[13] Las amenazas más inmediatas son los tifones, cuya intensidad está aumentando y las inundaciones, que son cada vez más frecuentes.

En el 2005, World Vision comenzó a trabajar en la provincia de Quang Ngain, en la costa central de Vietnam, donde las comunidades han atravesado grandes dificultados para recuperarse de los desastres. Para promover la capacidad de adaptación local, un proyecto se enfocó en mejorar la gama de activos disponibles en la localidad para aumentar la resiliencia de la comunidad al impacto de los desastres y eventos climáticos extremos. Cuarenta y tres pequeñas y medianas instalaciones de infraestructura se construyeron en 37 caseríos, incluyendo la elevación y el revestimiento con hormigón de los caminos de tierra—para facilitar la comunicación vía terrestre durante la estación lluviosa—y se elevaron los patios escolares para evitar que los niños entraran en contacto con el agua contaminada. Más de 1,000 hogares de 49 caseríos también recibieron préstamos para mejorar la construcción de sus viviendas. El proyecto también se enfocó en crear oportunidades de generación de ingresos alternativos para las familias de modo que dejaran de depender de un solo cultivo y 2,583 hogares recibieron apoyo para las actividades de generación de ingresos adicionales, tales como el cultivo de bambú o la venta de productos de uso doméstico a fin de diversificarse para no depender del cultivo de arroz y la acuicultura.

Los programas escolares aseguraron que los niños tuvieran la información y los conocimientos necesarios que les permitieran tomar buenas decisiones y protegerse ante un desastre. La Cruz Roja proporcionó sistemas inalámbricos de comunicación y emisoras de radio para informar a las comunidades sobre la preparación ante desastres. El proyecto también contribuyó a la gobernanza y en la toma de decisiones con visión del futuro y flexibles a través de la elaboración de planes para la reducción del riesgo de desastres a nivel familiar y caserío (DRRP) y **promovió sinergias entre múltiples niveles** a través de la integración de estos planes en los planes a nivel comunitario, distrital y provincial. Para **fortalecer la participación y la acción de la población en riesgo**, se proporcionaron más de 100 facilitadores comunitarios y se crearon 10 equipos de rescate que recibieron capacitación en mitigación de desastres naturales y en primeros auxilios. A su vez, ellos ayudaron a más de 7,000 hogares a elaborar sus propios planes de reducción del riesgo de desastres, así como los DRRP de 10 comunas y 50 caseríos, que se integraron en los planes existentes a nivel distrital y nacional. El bienestar de los niños mejoró a través de programas escolares sobre preparación ante desastres que llegaron a 500 maestros y 20,000 estudiantes.

Las lecciones aprendidas incluyen: (a) Trabajar dentro de la estructura de gobierno existente para integrar los planes locales es fundamental para promover el apoyo del gobierno y facilitar apoyo y recursos para las iniciativas a nivel local; (b) Si bien crear un entorno favorables y estimular la innovación es importante para promover opciones alternativas de medios de subsistencia, la mayoría de los hogares que recibieron préstamos pequeños solo invirtieron en un número limitado de oportunidades (confección de escobas, producción de salsa de pescado, cultivo de hortalizas), lo que provoca la saturación del mercado, un factor que es exacerbado por la distancia entre Quang Ngai y los principales centros económicos; y (c) Es crucial acompañar las actividades de diversificación de los medios de subsistencia con habilidades técnicas para asegurar el fortalecimiento de la capacidad de adaptación, ya que no todas las iniciativas de medios de subsistencia tuvieron éxito debido a la falta de mano de obra, conocimientos, tierras y vínculos con mercados necesarios para sostener los nuevos medios de subsistencia.

Algunas de las actividades de generación de ingresos que los participantes realizaron, como el cultivo de bambú cerca de las márgenes del río, no tuvieron éxito porque los brotes de bambú resultaron afectados por una inundación antes que fueran establecidos. Esto demuestra que el acceso a los recursos por si solos, no es suficiente para fortalecer la capacidad de adaptación. El proyecto supuso que la población tenía la mano de obra, los conocimientos, las tierras y los vínculos comerciales requeridos para beneficiarse de la venta de bambú y productos de uso doméstico. El cultivo de brotes de bambú requiere cierto nivel de conocimientos técnicos y es una inversión a largo plazo; esto constituyó un desafío para algunas de las comunidades que no disponían de tiempo para concentrarse en inversiones a largo plazo, ya que necesitaban ingresos rápidamente.

Preguntas Frecuentes

¿Cuál es la diferencia entre la reducción del riesgo de desastres y la adaptación al cambio climático?

La reducción del riesgo de desastres[G] y la adaptación al cambio climático[G] tienen metas similares y beneficios mutuos y por consiguiente, están íntimamente ligadas. Ambas se centran en reducir la vulnerabilidad[G] de las personas a las amenazas[G] mejorando su capacidad para anticipar, hacer frente y recuperarse del impacto; y, dado que el cambio climático aumenta la frecuencia y la intensidad de los riesgos climáticos, el uso de un enfoque de reducción del riesgo de desastres es crucial para ayudar a las comunidades a adaptarse al cambio climático.

No todos los riesgos de desastre están relacionados con el clima. Las amenazas hidro-metereológicas relacionadas con clima incluyen inundaciones, sequías y tormentas, también la reducción del riesgo de desastres se aplica igualmente a las amenazas geológicas (por ejemplo: terremotos, tsunamis y erupciones volcánicas), amenazas tecnológicas (por ejemplo: vertidos industriales, derrames de sustancias químicas) y conflictos[G]. De igual modo, los impactos del cambio climático no son todas las amenazas. Ellos incluyen los efectos a largo plazo que incidirán en las comunidades con el transcurso del tiempo, como, por ejemplo: el aumento de la temperatura, la variación de los patrones estacionales, la irregularidad de los patrones de precipitación y la elevación del nivel del mar, así como los efectos indirectos en la seguridad alimentaria y nutrición, la salud y la pobreza en general.

¿Cuál es la diferencia entre clima y tiempo?

La diferencia es la escala de tiempo. El tiempo se refiere a condiciones como la lluvia, la temperatura y el viento durante un periodo de horas a días. El clima se refiere a las condiciones atmosféricas promedio registradas durante un periodo mucho más largo (más de 30 años).

¿Cómo enfrentamos la incertidumbre en los pronósticos climáticos?

Aunque los pronósticos climáticos son inciertos, las conclusiones generales de la ciencia del cambio climático están basadas en muchos elementos de prueba que juntos dan un alto grado de confianza de que la Tierra se está calentando debido al aumento de los gases de efecto invernadero liberados en la atmósfera, el cual es causado por las actividades humanas. Debido, por una parte, a la incertidumbre científica y por otra parte, a que muchos aspectos de la vida humana están implicados, las decisiones respecto a las acciones relacionadas con el cambio climático tendrán que tener muy en cuenta los asuntos que van más allá de la ciencia, entre ellos los sociales, económicos y ambientales.

¿La adaptación al cambio climático es la única alternativa?

No. Para hacer frente al cambio climático, el mundo también tiene que hacer frente a sus causas subyacentes – la contaminación por los gases de efecto invernadero. Si la actual trayectoria de las emisiones continúa, la temperatura promedio global podría elevarse dos a tres grados centígrados en los próximos 50 años, al final del siglo podría superar los cinco o seis grados. Esto podría ocasionar una serie de impactos: el derretimiento del permafrost y la pérdida de los bosques tropicales (ambos, almacenes de carbono) la pérdida de casi todos los glaciares tropicales y el derretimiento de los casquetes polares. Sería sumamente difícil detener el calentamiento acelerado una vez que se llegue a dos o tres grados de temperatura umbral.

Por lo tanto, el grave problema que enfrenta hoy la humanidad es cómo reducir drásticamente las emisiones para mantener el calentamiento global por debajo de niveles peligrosos. Esto demanda grandes esfuerzos por parte de todos los países.

¿La reducción del riesgo de desastres es realista en las intervenciones de respuesta humanitaria?

En situaciones de necesidad urgente, puede prestarse ayuda humanitaria de tal forma que se tome como punto de partida las capacidades de las personas como individuos, hogares y comunidades y que fortalezca las capacidades de las instituciones locales. Por ejemplo: el reparto de dinero permite a las personas equilibrar la satisfacción de sus necesidades urgentes con la conservación de sus activos de subsistencia, evitándose así acciones que incrementarían su vulnerabilidad. Cuando las organizaciones internacionales trabajan con organizaciones locales para distribuir ayuda de emergencia, como materiales para refugios temporales o provisionales, no solo favorece el conocimiento local, sino que las organizaciones locales adquieren experiencia en la respuesta a desastres que puede ayudarles a mejorar las medidas de preparación ante desastres en sus comunidades. La ayuda humanitaria es más efectiva en tales condiciones en diferentes situaciones de desastre y es una expectativa realista. Para mayor información, consultar la sección *5.2 Recuperación temprana de una crisis humanitaria* Pág. 98.

En desastres de evolución lenta^G hay incluso mayores oportunidades de reducir el riesgo presente y futuro. Las organizaciones humanitarias y de desarrollo pueden prestar asistencia que permita a las personas reducir el riesgo de enfermarse mediante, por ejemplo: la rehabilitación de las fuentes de agua en zonas afectadas por sequías y a través del suministro de información y cloro para hacer que el agua sea apta para consumo durante inundaciones. Las organizaciones también pueden proporcionar asistencia técnica para reforzar los sistemas de alerta temprana, mejorar los procedimientos de evacuación y fortalecer las capacidades de las autoridades locales para evaluar y reducir los riesgos. Para mayor información, consultar la sección *5.4 Desastres de evolución lenta* Pág. 111.

Varias de las Normas Esenciales y Normas Mínimas para la Respuesta Humanitaria del Proyecto Esfera son relevantes para la reducción del riesgo de desastres. En el *Manual Esfera* puede encontrar mayor información sobre acciones realistas, indicadores y notas de orientación. Para más información y enlaces, consulte el cuadro *Herramientas y Recursos* Pág. 133.

2

GRUPOS CLAVE
EN LA REDUCCIÓN DEL RIESGO DE DESASTRES Y LA ADAPTACIÓN AL CAMBIO CLIMÁTICO

El capítulo 2 tiene como objetivo ayudar a los profesionales de ayuda humanitaria y del desarrollo a entender la manera en que grupos específicos de la población – niños, hombres, mujeres y grupos de alto riesgo – tienden a experimentar el riesgo del cambio climático y de desastres y cómo pueden contribuir a aumentar la resiliencia[G]. Su finalidad es generar conciencia de la vulnerabilidad[G] diferencial presentando ejemplos destacados. Se invita a los profesionales a usar la Lista de Verificación, al final de este capítulo, para analizar los temas relacionados con otros grupos de alto riesgo en determinados contextos.

El capítulo 2 incluye:

- *Explicaciones* de la naturaleza y las causas del riesgo experimentado por cada grupo.
- *Ejemplos* de los tipos de programas y acciones de incidencia que benefician a cada grupo.
- Respuestas a *preguntas frecuentes.*
- Una lista de verificación para asegurar la participación y la acción de grupos clave que forman parte de la población en riesgo.

2.1 Niños

Si el riesgo de desastres es alto para la población en general, es probable que sea más alto para los niños.[14]

En eventos de rápida evolución, tales como terremotos y deslizamientos, los niños que asisten a escuelas cuya construcción no es resistente a esas amenazas son particularmente vulnerables. Después de todos los tipos de desastre[G], incluidos los de perfil bajo y de impacto bajo, como inundaciones y sequías periódicas, es probable que el bienestar futuro de los niños también se vea comprometido por la reducción de los ingresos familiares, la interrupción de la educación y la pérdida o enfermedad de los familiares de los que dependen.[15] En los hogares que tienen grandes dificultades económicas, las adolescentes pueden verse obligadas a contraer matrimonio a temprana edad o a prostituirse y los adolescentes pueden caer en la delincuencia.

La creciente intensidad y frecuencia de los riesgos relacionados con el clima[G], así como el cambio climático[G] a largo plazo y los posibles daños a la seguridad alimentaria y nutrición, la salud y los servicios básicos, dejarán un número de víctimas desproporcionadamente alto entre los niños ya que la desnutrición y los problemas de salud durante la infancia impiden el desarrollo físico y el aprendizaje en el futuro.[16]

Los niños tienen derecho a ser protegidos y a participar en las decisiones que afectan sus vidas.[17] También tienen la capacidad[G] de ser defensores influyentes y dinámicos de la reducción del riesgo de desastres[G] y la adaptación al cambio climático[G] en sus familias, escuelas y comunidades y se les debe alentar a participar en intervenciones dirigidas a la construcción de resiliencia.

Recuadro 2.1: Ejemplos de programación de reducción del riesgo de desastres y la adaptación al cambio climático enfocada en los niños.

- Proporcionar capacitación y recursos a las instituciones responsables de la reducción del riesgo de desastres y la adaptación al cambio climático para involucrar a los niños y jóvenes en el diseño e implementación de programas y en el monitoreo de los impactos, teniendo presente sus opiniones/contribuciones al momento de formular las políticas.

- Programas de alimentación escolar durante y después de amenazas cíclicas, para prevenir la desnutrición y dar incentivos a las familias para que envíen a sus hijos a la escuela.

- Medidas de protección social /transferencia de dinero a las familias para reducir las vulnerabilidades existentes.

- Participación de clubes de jóvenes y grupos infantiles en evaluaciones participativas de riesgos.

- Facilitación del involucramiento de los niños para que hagan contribuciones al diseño y la formulación de políticas nacionales sobre gestión de desastres, bienestar infantil y adaptación al cambio climático.

- Reforzamiento estructural de las escuelas en relación con las amenazas conocidas y los efectos locales previstos del cambio climático.

- Planes de contingencia para la educación y la provisión de servicios en relación con las amenazas conocidas y los efectos locales previstos del cambio climático.

- Teatro infantil, historietas y otros medios visuales que expliquen las causas y los efectos del riesgo del cambio climático y de desastres.

- Murales que ilustran prácticas de reducción de riesgos y de adaptación, como procedimientos de evacuación, conservación y tratamiento del agua, higiene, protección del ganado, etc.

- Participación de los niños y adolescentes, de acuerdo a su edad, en proyectos locales para aumentar la resiliencia, como, por ejemplo: mantener manglares costeros, limpiar estanques de agua en zonas propensas a sequías, plantar árboles en laderas expuestas, etc.

- Uso de videos participativos para involucrar a los niños en las actividades de reducción del riesgo de desastres y la adaptación al cambio climático.

Preguntas frecuentes

¿A quién se le considera niño?

La Convención sobre los Derechos del Niño establece que un niño es un individuo menor de 18 años. Esta definición puede diferir dependiendo de los contextos culturales y sociales. Debe realizarse un análisis minucioso de cómo las poblaciones afectadas y en riesgo definen a los niños, para garantizar que ellos y los adolescentes puedan ejercer su derecho a la protección[G] y para participar en los procesos de análisis y toma de decisiones sobre asuntos relacionados con la reducción del riesgo de desastres y la adaptación al cambio climático.

¿Cuáles son los beneficios de involucrar a los niños en acciones para reducir los riesgos de desastres y del cambio climático?

Los niños conforman generalmente más de la mitad de la población de comunidades vulnerables, barrios urbanos y países. Al involucrarles en el diseño e implementación de estas acciones aumentan las probabilidades de que una política o un programa de construcción de resiliencia atiendan sus necesidades. Cuando los niños interactúan con otros niños y adultos, si son bien informados y reciben apoyo, pueden ser canales eficaces de información, modelos a seguir y agentes de cambio. Asimismo, cuando se fomenta la comprensión del niño acerca del riesgo y las formas de gestionarlo, es más probable que las intervenciones tengan un impacto sostenible en el mediano a largo plazo.

¿Cuáles son algunos de los obstáculos para involucrar a los niños en acciones de reducción de riesgo de desastres y el cambio climático y cómo se pueden superar?

En ciertas culturas no se alienta ni se permite a los niños compartir sus opiniones por respeto hacia los ancianos de la comunidad. Se debe sensibilizar a la población en general acerca del motivo y de los beneficios de involucrar a los niños y los adultos, en actividades de reducción del riesgo de desastres y la adaptación al cambio climático.

En otros casos, los padres pueden temer que sus hijos sean puestos en peligro si intervienen en tales actividades, ya sea directamente o porque grupos con intereses creados en mantener el estatus quo pueden enfocarse en ellos si dicen lo que opinan. Antes de promover cualquier acción, es fundamental analizar las posibles consecuencias del involucramiento de los niños y garantizar que su protección esté por encima de todo.

Otras consideraciones más prácticas incluyen diseñar actividades que se ajusten a los horarios escolares, los deberes escolares y las tareas del hogar.

¿Qué crea un entorno propicio que facilita la participación del niño en la programación sobre reducción del riesgo de desastres y la adaptación al cambio climático?

Los factores incluyen el nivel de conocimiento del riesgo en la comunidad o barrio; la disposición de los maestros, líderes religiosos y otras personas con autoridad para entablar un diálogo sobre los factores de riesgo y la reducción del mismo; la organización de la comunidad o el barrio; la existencia y el conocimiento de las leyes de protección y bienestar infantil; políticas y presupuestos de gobierno para la participación inclusiva del nivel nacional al local; actitudes hacia los niños (especialmente las niñas) que expresan sus opiniones y toman parte en actividades colectivas. Para mayor información sobre la creación de un entorno propicio consultar el *Capítulo 6. Crear un Entorno Propicio para la Reducción del Riesgo de Desastres y la Adaptación al Cambio Climático.*

ESTUDIO DE CASO: EJERCICIO EN CAMPAMENTO DE VERANO AYUDA A LOS NIÑOS A SENTIRSE MÁS SEGUROS Y PROTEGIDOS [18]

Filipinas, Save the Children

Jessica es una estudiante de cuarto grado de la Escuela Elemental de Manila, localizada en un municipio de alto riesgo en Albay, cerca del Volcán Mayón, en la Isla Luzón de Filipinas. Ella es uno de los muchos niños que presenciaron la devastación causada por el Tifón Durián en noviembre de 2006, que ocasionó gran pérdida de vidas debido a deslizamientos en las laderas del volcán, donde el suelo no está bien consolidado. Jessica y otros 616 estudiantes de 22 escuelas elementales públicas de alto riesgo asistieron al Campamento de Verano para Niños, patrocinado por el Proyecto de Asistencia de Bicol que ejecutó Save the Children con fondos de USAID, para aprender a prepararse y responder a los desastres.

Jessica tiene especial interés en el proyecto porque vive a sólo ocho kilómetros del volcán, el de mayor actividad en la Región de Bicol. También es consciente de que su familia y su comunidad enfrentan constantemente riesgos asociados a tifones, deslizamientos de tierra, inundaciones repentinas, terremotos, incendios y erupciones volcánicas.

En el campamento, ella participó en el simulacro de un terremoto de 7.5 grados de magnitud que a su vez, desencadenó un incendio, que dejó numerosas "víctimas" en las instalaciones. Después de oír la explosión que dio la señal de inicio del terremoto simulado, ella y el resto de niños se agacharon, protegieron sus cabezas con sus manos y se pusieron a salvo debajo de sillas y mesas pesadas, tal como les habían enseñado. Como uno de las principales líderes del Equipo de Respuesta a Emergencias Bulilit (BERT) en su escuela durante el campamento, Jessica guió a los niños desde el aula hasta la zona segura después de oír las campanas y silbatos de la alerta de evacuación rápida.

En la zona segura, ella escuchó atentamente al director de la escuela convertido en jefe del incidente, dar a los Comités de Seguridad del Equipo de Respuesta a Emergencias de la escuela y a su Grupo de Gestión para la Reducción del Riesgo de Desastres de la Escuela (SDRRMG) las instrucciones de contar inmediatamente el número de personas y formar un cordón humano alrededor de los estudiantes en pánico. El director pidió a un equipo de búsqueda y rescate, compuesto de adultos, que revisara rápidamente las aulas y trasladara a las víctimas a la zona segura. Jessica se dio cuenta que los niños no debían participar en las labores de búsqueda y rescate, que los adultos recibían capacitación en estas actividades en virtud del 'interés superior del niño', establecido en la Convención sobre los Derechos del Niño y dónde comenzaba y terminaba la participación de los niños por su propia seguridad. Al igual que otros niños que prestaban asistencia, Jessica dio primeros auxilios básicos a su compañera de aula. Después que la víctima recibió primeros auxilios, otros estudiantes ayudaron a Jessica a trasladar a las víctimas de la zona de primeros auxilios hasta la ambulancia para transportarles al hospital más cercano.

El simulacro fue posible gracias a la participación de un equipo de maestros capacitados, los socios de proyecto de la Cruz Roja Filipina, el Equipo Municipal de Respuesta a Emergencias, el Equipo Municipal de Intervención en Emergencias, el Consejo Municipal de Coordinación para Casos de Desastre, la Oficina de Protección contra Incendios y el Grupo de Trabajo de Albay Mabuhay.

Jessica señaló que esta experiencia le demostró que podía ayudar a salvar vidas y también hizo que otros niños se sintieran más seguros y protegidos.

Herramientas y recursos

Para más información y enlaces, consulte el cuadro *Herramientas y Recursos* Pág. 137.

2.2   Mujeres y hombres

Los riesgos climáticos y de desastres no hacen diferencias en lo que a género se refiere. La naturaleza y el grado de su exposición^G y vulnerabilidad^G es diferente en las mujeres, los hombres, las niñas y los niños ya que sus roles, sus responsabilidades y su acceso a recursos, leyes y tradiciones nacionales y aspectos jurídicos y culturales oportunidades son distintos. Por ejemplo:

- Las mujeres pueden estar menos capacitadas para evacuar a un lugar seguro después de una amenaza^G porque están embarazadas o están cuidando a sus hijos y familiares dependientes con movilidad limitada. Su exposición y la de sus familiares dependientes, puede ser mucho mayor que la de otras personas que sí pueden abandonar zonas de alto riesgo.

- La falta de propiedad oficial de la tierra por parte de las mujeres puede impedirles el acceso a crédito para introducir medidas de adaptación al cambio climático en sus medios de vida^G, invertir en materiales de construcción adecuados o mudarse a un lugar más seguro.

- La disminución en la productividad de los medios de vida rurales tradicionales puede obligar a los hombres a migrar en busca de trabajo, o dedicarse a actividades de subsistencia de alto riesgo para continuar sosteniendo a sus familias.

- Los niños/hombres no saben alimentar y cuidar a sus hijos pequeños si tiene que asumir estos roles cuando sus esposas mueren o resultan heridas como consecuencia de un desastre^G.

Las causas fundamentales de la vulnerabilidad de las mujeres a menudo se originan en las desiguales relaciones de poder dentro de las sociedades, que se extienden a todos los aspectos de sus vidas y niegan sus derechos fundamentales, desde el acceso a la educación hasta la participación en la gobernanza^G de la comunidad. Su vulnerabilidad también puede estar condicionada por roles culturales que les impiden adquirir conocimientos y competencias que les permitirían salvar vidas y prevenir pérdidas por desastres, como, por ejemplo: aprender a nadar o participar en reuniones públicas. Esto, a su vez, afecta a otros miembros vulnerables de sus hogares.

En la mayoría de las sociedades, la vulnerabilidad de los hombres también está íntimamente ligada a las expectativas culturales. Muchos de ellos están condicionados para sentir que es su obligación satisfacer las necesidades básicas de sus familias y cuando no pueden hacerlo, recurren a empleos peligrosos, la migración para buscar trabajo en otros lugares, o consumen bebidas alcohólicas o sustancias peligrosas.

Las capacidades de las mujeres y los hombres para aumentar la resiliencia^G a los desastres y el cambio climático están modeladas por sus roles sociales, culturales, económicos y de gestión de los recursos naturales^G. Por ejemplo:

- Las mujeres a menudo tienen mucha influencia en el comportamiento de sus hijos y de otros miembros de su familia, así como en el de su comunidad en general y por lo tanto, pueden desempeñar un papel decisivo en la reducción del riesgo, asegurando el almacenamiento adecuado de los alimentos, adoptando prácticas de consumo de agua e higiene acordes al clima y preparándose para las condiciones adversas.

- En muchas culturas, los hombres pasan más tiempo fuera de la casa y pueden recibir mensajes públicos de alerta temprana antes que las mujeres y los niños.

Pueden reducir los riesgos para sus familias pasando esta información lo más rápidamente posible.

- Tanto los padres como las madres trasmiten a sus hijos e hijas conocimientos y técnicas tradicionales relacionadas con los medios de vida, incluyendo cómo gestionar el riesgo mediante diversas actividades generadoras de ingresos y cómo adaptarse a diferentes patrones climáticos o a las fluctuaciones en las condiciones del mercado.

- Las mujeres y los hombres tienen conocimientos específicos sobre la gestión de los recursos naturales fundamentales para sus medios de vida y por consiguiente, pueden tener habilidades únicas para adaptarlos ante el cambio climático[G].

Las crisis y tensiones[G] también dan a los hombres y las mujeres la oportunidad de desafiar los roles de género[G] condicionados por la sociedad y las estructuras de poder, tales como: los roles de liderazgo comunitario en negociaciones con el gobierno local acerca de las prioridades de adaptación o como receptores de asistencia financiera para la recuperación de desastres. En esas situaciones, el aumento de la resiliencia al cambio climático y a los desastres puede dar resultados que beneficien a todos en términos de la gestión del riesgo y equidad de género.

Recuadro 2.2: Ejemplos de programación sobre reducción del riesgo de desastres y la adaptación al cambio climático que tiene presente el género.

- Asegurar que las mujeres y los hombres participen en los procesos de planificación, talleres de capacitación y simulacros de alerta temprana y de evacuación.

- Proporcionar directamente a las mujeres transferencias de dinero que pueden servirles como una red de seguridad para cubrir las necesidades básicas y de seguridad alimentaria de sus familias.

- Proveer alimentos y servicios veterinarios para los animales que tradicionalmente crían las mujeres y los hombres.

- Facilitar las consultas de las mujeres y los hombres en los análisis participativos de riesgo y generar los aportes de ambos con respecto a sus prioridades relacionadas con el aumento de la resiliencia.

- Apoyar las investigaciones sobre los impactos de género en relación con el riesgo del cambio climático y de desastres y prácticas exitosas en la programación que tiene presente el género.

- Facilitar el acceso a facilidades de crédito y a talleres de capacitación de hombres y mujeres para que adapten sus medios de vida a las condiciones cambiantes.

- Involucrar a las mujeres y los hombres en la formulación de políticas sobre el uso de la tierra, para generar conciencia de las áreas de alto riesgo y oportunidades de reubicación.

- Dar asistencia legal a las mujeres y los hombres para obtener partidas de nacimiento, documentos de identidad y títulos de propiedad de modo que les permita hacer valer sus derechos y participar en los procesos políticos para su beneficio.

Preguntas frecuentes

¿Quiénes corren más riesgo, los hombres o las mujeres? ¿El riesgo es diferente ante los desastres y el cambio climático?

La naturaleza y el grado de los riesgos de desastres y del cambio climático para los hombres y las mujeres son diferentes en cada lugar y en cada conjunto de circunstancias. En términos de mortalidad después de desastres, durante el Huracán Mitch (1998) más hombres que mujeres murieron porque ellos tuvieron una mayor intervención en las labores de rescate, mientras que durante el Tsunami del Océano Indico (2004) más mujeres que hombres murieron porque no sabían nadar y porque su ropa larga obstaculizaba sus movimientos.[19] Pero correr riesgos implica otros tipos de pérdidas potenciales, como la pérdida de los activos de subsistencia, la vivienda, la salud y el bienestar. Después del terremoto en el Perú (2007), la tasa de desempleo de las mujeres se incrementó en mayor proporción que la de los hombres ya que las principales industrias de producción y de servicios que les habían contratado resultaron afectadas, mientras que en la zona rural de Australia las frecuentes inundaciones y sequías están teniendo un impacto más fuerte en la salud mental y en las tasas de suicidio de los hombres que en las de las mujeres.[20] Un estudio de las inundaciones que asolaron a Nepal en 2007 reveló que las mujeres sufrían de ansiedad, insomnio y sensación de desamparo como resultado del desplazamiento y la pérdida de las redes sociales de las que dependían.[21]

Para asegurar que los programas tengan presente el género, las evaluaciones de riesgo deben involucrar, a los hombres y las mujeres y todos los datos deben ser desagregados por sexo y por otras variables (edad, tipo de medios de vida, localidad, etc.) en la mayor medida posible. Las consideraciones de género y los impactos diferenciados por género del programa deben seguir siendo monitoreados y abordados en todas las etapas del ciclo de programa. Para mayor información, revise la *Lista de Verificación* que se presenta en la página 30 de este capítulo.

¿En las culturas en las que las mujeres no se sienten empoderadas para expresar sus opiniones, especialmente en público, ¿Cómo se les puede involucrar en acciones de reducción del riesgo de desastres y de adaptación al cambio climático^G?

Si aún no se ha efectuado un análisis de género, es necesario realizar uno sobre los roles sociales, económicos, políticos y de gestión de recursos naturales de las mujeres, los hombres, las niñas y los niños antes de comenzar otras actividades. De esta manera se dispondrá de información básica de referencia para la programación y también se podrá usar para generar debates sobre los resultados. Para ello, a lo largo del programa, se debe realizar reuniones con grupos focales separando los grupos por sexo, debe entrevistarse a los hombres y las mujeres por separado, debe realizarse estudios que proporcionen datos desagregados y los métodos de facilitación en reuniones de ambos sexos deben permitir que los hombres y las mujeres hagan contribuciones. No todas las acciones de reducción del riesgo de desastres^G y la adaptación al cambio climático implican hablar en foros públicos. Las medidas de reducción del riesgo se adoptan a todos los niveles, desde el hogar hasta las entidades que determinan las políticas nacionales y en todas las esferas de la vida diaria, desde la recolección de agua hasta la cosecha de cultivos y la realización de simulacros de emergencia en fábricas y escuelas. Existen muchas oportunidades de participación de los hombres y las mujeres, tanto dentro como fuera de sus roles culturales o tradicionales.

Herramientas y recursos

Para más información y enlaces, consulte el cuadro *Herramientas y Recursos* p. 138.

2.3 Grupos de alto riesgo

Es probable que ciertos factores físicos, sociales y culturales hagan que algunos grupos de personas estén más expuestos y sean más vulnerables a las amenazas[G] y los efectos del cambio climático[G].

Personas con discapacidad

Las discapacidades son impedimentos físicos y mentales que limitan la capacidad cognitiva, movilidad, habilidad y la actividad de una persona, a estas se les define como personas con discapacidad. Los hombres, mujeres y niños con discapacidad a menudo son excluidos de aspectos de la vida diaria de una comunidad debido al desconocimiento o a las suposiciones de otros miembros de esa comunidad. No les invitan a participar en conversaciones sobre los riesgos[G] que enfrenta la comunidad y por lo tanto, no pueden ayudar a identificar medidas de reducción de riesgos y adaptación al cambio climático que puedan aplicar y que, al mismo tiempo, sean eficaces para las personas que viven con discapacidades.

Las personas con capacidad cognitiva limitada son particularmente vulnerables a los desastres de evolución rápida. Por ejemplo: ellas pueden tener una comprensión limitada de lo que significa una alerta temprana ante un tsunami y tal vez no reaccionan a tiempo para ser evacuados de forma segura. Las personas con movilidad limitada, por ejemplo: tienden a ser muy vulnerables en contextos de mayor escasez de agua, ya que es posible que no lleguen hasta puntos de agua más distantes.

Todas las personas con discapacidad tienen capacidad para realizar actividades que les benefician a ellas y otras personas. En muchas culturas, los miembros de familia de sexo femenino con discapacidades físicas son una presencia constante en el hogar y tienen a su cargo algunos aspectos del cuidado de los niños. En esos roles, ellas tienen capacidad[G] para educar a los niños en prácticas de reducción del riesgo. Los hombres y las mujeres con movilidad limitada también pueden actuar como puntos focales para recopilar y diseminar información a la comunidad en general, como por ejemplo: el monitoreo de las lluvias o el envío de mensajes de alerta temprana.

Recuadro 2.3: Ejemplos de programación sobre reducción del riesgo de desastres y la adaptación al cambio climático que incluye a las personas con discapacidad.

- Crear redes de apoyo vecinal para ayudar a las personas con discapacidad mental y física en caso de evacuación, distribución de suministros de socorro y otras actividades relacionadas con la gestión de desastres.

- Ubicar pozos y puntos de distribución de agua en lugares que sean accesibles para las personas con movilidad limitada.

- Entregar cocinas eficientes que no utilizan demasiado combustible a las familias cuyos miembros tienen limitaciones de movilidad.

- Proporcionar subsidios para la diversificación de los medios de vida y capacitación a las personas con discapacidad, cuyas actividades de subsistencia tradicionales están expuestas a amenazas y/o los efectos del cambio climático.

Personas con enfermedades crónicas

Las enfermedades crónicas como el VIH/SIDA, la tuberculosis y la malaria, tienen un efecto crítico en la forma cómo los hogares y las comunidades resultan afectados por el riesgo de desastres[G]. Por ejemplo: los hogares afectados (incluyendo los hogares integrados por personas de edad avanzada y los encabezados por niños) suelen ser deficientes en los trabajos físicos y la inversión requerida para prepararse para una inundación, o recuperarse de una sequía, debido a la enfermedad de los familiares adultos, la falta de ingresos y la carga que representa los gastos adicionales de salud o entierro. Por las mismas razones, es probable que los niños de hogares afectados tengan una salud precaria y una nutrición deficiente y que, por lo tanto, sean más vulnerables a enfermedades que se vuelven más frecuentes en un clima cambiante.

Cuando un desastre[G] interrumpe o causa daños a los servicios, las personas con VIH y SIDA dejan de tener acceso a tratamiento de carácter vital y si esta situación se prolonga se puede acelerar la progresión del virus. Las personas con otras enfermedades crónicas también pueden tener problemas para recibir los medicamentos de los que dependen.

Las enfermedades crónicas también afectan la capacidad de los hogares y las comunidades para adaptarse al cambio climático. La inseguridad de los ingresos desalienta a las personas a innovar o diversificar sus medios de vida[G] porque consideran que el riesgo de fracaso es mayor que los riesgos que enfrentan día a día. Los niños de hogares afectados suelen tener niveles de alfabetización más bajos porque han asumido funciones productivas o de prestación de cuidados en lugar de asistir a la escuela. En consecuencia, es probable que ellos tengan ingresos bajos y reducción de su esperanza de vida.

Recuadro 2.4: Ejemplos de programación sobre reducción del riesgo de desastres y la adaptación al cambio climático que incluye a personas con enfermedades crónicas.

- Facilitar la participación de las personas y los hogares afectados por otras enfermedades crónicas en las evaluaciones de riesgo, capacitación sobre reducción de los riesgos de desastres y del cambio climático, e involucramiento en actividades colectivas para reducir el riesgo. En la página 30 se presenta una Lista de Verificación que indica cómo se puede facilitar la participación de grupos de alto riesgo.

- Intervenir a tiempo a través de transferencias de dinero específicas y/o ayuda alimentaria a las familias afectadas para prevenir la inseguridad alimentaria durante desastres tales como sequías y otros períodos críticos.

- Adaptar los insumos y mensajes relacionados con la promoción de la higiene para reducir el riesgo de infecciones secundarias durante amenazas, en las que se incluye las inundaciones y el traslado a refugios temporales.

- Asegurar la protección física (readaptación) de los establecimientos de salud y la coordinación con el personal de salud para asegurar la continuidad de los servicios durante amenazas.

- Elaborar planes de contingencia con establecimientos de salud para garantizar el acceso ininterrumpido a los medicamentos durante amenazas y tensiones climáticas.

Adultos mayores

En general, la edad avanzada puede traer consigo una disminución de la movilidad y fuerza muscular. Estas limitaciones físicas impiden a las personas adultos mayores prepararse para las amenazas realizando actividades como por ejemplo: elevar el nivel del piso para hacer frente a las inundaciones o cubrir con tablas las ventanas para reducir la probabilidad y magnitud de los daños de un huracán. Las limitaciones físicas también impiden a los adultos mayores adoptar medidas de reducción de riesgos y de adaptación que exigen trabajo físico como, por ejemplo: plantar árboles para reducir la erosión del suelo alrededor de las tierras de cultivo y cuando ocurren situaciones de emergencia, pueden ser un obstáculo para escapar.

Los hombres y mujeres adultos mayores con mala salud también son más propensos a contraer enfermedades, algunas de las cuales – como la malaria y el cólera – son comunes después de un desastre[G] y tienden a propagarse como resultado del cambio climático. Las personas adultos mayores también tienen más probabilidades de sufrir complicaciones de salud (e incluso morir) cuando se presentan temperaturas extremas.

Muchas personas ancianas, en particular las mujeres, dependen físicas, social y emocionalmente de su familia y de redes de apoyo comunitario. Estas redes generalmente son consideradas como una ventaja, pero si no se hace todo lo posible para fortalecerlas pueden debilitarse considerablemente por el desplazamiento, la migración, la pérdida/menoscabo de los activos y por otros impactos del cambio climático y los desastres si no se hacen esfuerzos para reforzarlos.

Sin embargo, los conocimientos que los adultos mayores tienen sobre la historia de la comunidad y la distribución y los datos demográficos de la comunidad pueden ser una ventaja para cualquier proyecto, comunidad/barrio y ellas pueden ocupar una posición idónea para identificar a otras personas vulnerables. Algunos hombres y mujeres adultos mayores pueden tener un mayor conocimiento de las medidas de afrontamiento y prácticas de reducción de riesgos tradicionales, tales como: bancos de granos comunitarios y recolección de agua o cultivos mixtos, algunas de las cuales pueden adaptarse y aplicarse. Las mujeres adultos mayores suelen desempeñar un papel importante en el cuidado de los niños, permitiendo a las generaciones productivas dedicar su tiempo en la reducción de nuevos riesgos o estrategias de de adaptación.

Recuadro 2.5: Ejemplos de programación sobre reducción del riesgo de desastres y la adaptación al cambio climático que incluye a las personas adultos mayores

- Formar redes comunitarias para ayudar a las personas de edad avanzada que viven solas a proteger sus viviendas y sus bienes contra las amenazas inminentes como tormentas e inundaciones.

- Destinar apoyo a las personas de edad avanzada en lo que se refiere a la salud y la higiene (asesoramiento y suministros, tales como mosquiteros, cloro, etc.) para reducir los riesgos de enfermedad a causa de condiciones insalubres provocadas por el desplazamiento, inundaciones y otras amenazas.

- Elaborar planes de contingencia con proveedores de servicios de la salud para garantizar la continuidad de las operaciones durante y después de las amenazas.

- Facilitar su participación en evaluaciones de riesgos comunitarios, procesos de toma de decisiones e intercambio de conocimientos.

- Involucrarles en los componentes de los sistemas comunitarios de alerta temprana, tales como: operación de estaciones de radio comunitarias, transmisión de mensajes de alerta/evacuación, registro del nivel de los ríos, etc.

Población indígena

La mayor parte de los 300 millones de indígenas que hay en el mundo son pobres y están marginados.[22] Muchos viven en lugares aislados, al margen de los mercados internacionales, las economías nacionales y el apoyo al desarrollo. Sus territorios, cuya tenencia formal es a menudo un tema controvertido, carecen de infraestructura básica, tales como caminos, escuelas y puestos de salud.[23]

La pobreza económica de muchos pueblos indígenas se ve agravada por la 'pobreza de voz' — la marginación de los procesos de toma de decisiones nacionales o regionales que tienen un impacto directo en sus vidas. Las diferencias lingüísticas y culturales pueden aislarles aún más de la mayoría.

La precaria situación económica y política de la población indígena les hace vulnerables a los impactos de las amenazas. Asimismo, los ecosistemas de los que dependen muchos de sus medios de vida para satisfacer sus necesidades básicas — altitudes elevadas, trópicos húmedos, desiertos y zonas áridas, regiones polares e islas pequeñas — se encuentran entre los más expuestos a los efectos del cambio climático.

Sin embargo, gracias a la transmisión de conocimientos de una generación a otra, la población indígena han detectado y se han adaptado a la variabilidad del clima[G] y al cambio climático a nivel local durante miles de años. Su conocimiento de las estrategias tradicionales de afrontamiento les ofrece bases sólidas para la resiliencia[G] y la capacidad de adaptación[G] que podrían mejorar en un entorno propicio que respete y promueva sus derechos.

Recuadro 2.6: Ejemplos de programación sobre reducción del riesgo de desastres y la adaptación al cambio climático para aumentar la resiliencia de la población indígena

- Apoyar el reconocimiento legal de los derechos colectivos e intergeneracionales de los pueblos indígenas a sus territorios y recursos naturales, como base para la seguridad de los medios de vida, la identidad cultural y la influencia política.

- Promover el acceso a recursos financieros para el desarrollo de servicios básicos en territorios indígenas.

- Desarrollar materiales educativos e informativos en medios apropiados sobre las causas de los riesgos de desastres y del cambio climático y medidas para su reducción.

- Promover foros en y entre, las comunidades indígenas para identificar y compartir mecanismos tradicionales que les permitan hacer frente a la variabilidad del clima y las amenazas naturales y para analizar su eficacia en futuros escenarios de cambio climático.

- Promover el acceso a tecnología y conocimientos científicos generados por pueblos no indígenas.

- Integrar la participación en mecanismos regionales de alerta temprana por medio de mecanismos adecuados desde el punto de vista lingüístico y cultural.

ESTUDIO DE CASO: INICIATIVA DE APRENDIZAJE DE CONSTRUCCIÓN DE HUERTOS PARA LA REDUCCIÓN DEL RIESGO DE DESASTRES [24]

Lesotho, Catholic Relief Services

Aunque se cultiva alimentos en cantidad suficiente para satisfacer las necesidades calóricas de las personas, la diversidad en el consumo de alimentos es crucial para mantener un buen estado de salud y la resiliencia a los choques[G] externos, tales como enfermedades o malas cosechas periódicas. En muchas partes del mundo, las dietas tradicionales son bajas en diversidad y en contenido de nutrientes, la dependencia de almidones tales como el maíz o la yuca, uno o dos tipos de hortalizas de hoja verde y, ocasionalmente, algunas proteínas, generalmente de origen vegetal. Además, la disponibilidad de las hortalizas depende mucho de la estación, por lo que el consumo de micronutrientes puede no ser continuo a lo largo del año.

El ochenta por ciento de la superficie agrícola mundial es de secano y, durante épocas de sequía, sólo en el Sur de África, decenas de millones de personas requieren ayuda alimentaria. Como el cambio climático contribuye a la creciente incertidumbre acerca de los patrones de precipitación y otros patrones climáticos, muchas partes del mundo pueden comenzar a sufrir sequías, inundaciones, cambios en el rendimiento de los cultivos y más plagas o diferentes clases de plaga. Se necesita estrategias no sólo para proporcionar métodos de cultivos básicos en zonas áridas, sino también para maximizar los beneficios del agua disponible para las personas vulnerables.

Se prevé que los efectos inducidos por el cambio climático en Lesotho van a tener un profundo impacto en los recursos de agua dulce de la región ya que el país es una fuente importante de agua dulce y las áreas de drenaje se extienden hasta el Océano Atlántico pasando por Sudáfrica, Namibia y Botswana. Las tensiones[G] relacionadas con el clima han sido frecuentes en Lesotho durante mucho tiempo. La población de Lesotho se ha desenvuelto dentro de este contexto climático y ha creado una serie de mecanismos de afrontamiento que le han sido muy útiles, pero lo que ha cambiado últimamente es el aparente aumento de la frecuencia, la magnitud y la duración de crisis climáticas, dando poco o ningún tiempo para recuperarse del último evento.

Desde 2005 hasta 2008, el programa del Consorcio para la Emergencia de Seguridad Alimentaria en África Meridional (C-SAFE) financiado por el Programa de Alimentos para la Paz de USAID, que se ejecutó en Lesotho promovió la construcción de huertos domésticos o familiares, en forma de ojo de cerradura, entre la población vulnerable a la inseguridad alimentaria como una manera de aumentar la resiliencia de los hogares a los choques externos como las sequías. Estos huertos se construyen con materiales locales, formando un círculo de aproximadamente dos metros de diámetro por un metro de alto, con una entrada en forma de "ojo de cerradura" en el centro para que el agricultor pueda trabajar en toda la parcela con poco esfuerzo. Una canasta de compost se coloca en el centro del "ojo de cerradura" y el agua gris generada por el lavado de utensilios y ropa o por el baño de las personas, se usa para regar por medio de la canasta, para conservar el agua y reducir el trabajo de recolectar más cantidad de agua para el riego. La paja para techos, el carrizo u otros materiales usados para construir la canasta ayudan a filtrar del agua gris las sustancias químicas que forman parte de los jabones y detergentes. El huerto se construye colocando capas de material orgánico que tiene el doble fin de añadir nutrientes al suelo y retener la humedad, lo que hace que el huerto sea muy productivo incluso en los meses fríos y secos del invierno. Una vez construido, el huerto requiere poco mantenimiento y algunos insumos adicionales (fertilizante). Además, el diseño en capas ayuda al huerto a retener la humedad, por lo que requiere menos agua.

Las ventajas de estos huertos para aumentar la resiliencia de los hogares pobres son múltiples: tecnología que ahorra mano de obra, retención de la humedad en climas áridos o semiáridos, aumento del contenido de nutrientes del suelo, mejora de la nutrición, producción de hortalizas durante todo el año, menor dependencia de insumos externos, y aumento de los ingresos por la venta de los excedentes de producción.

Las comunidades participan en la construcción de los huertos, recogiendo los materiales y construyendo las estructuras. En Lesotho, los miembros de la comunidad construyen huertos para los más necesitados y continúan con la construcción como un colectivo para las familias vulnerables, beneficiando así a toda la comunidad. Al involucrar a la comunidad en todos los aspectos de la construcción—identificar el lugar, recoger materiales y construir el huerto—el proceso **fortalece la participación y la acción de la población en riesgo.** Los miembros de la comunidad aprenden a construir y mantener los huertos para poder seguir construyendo más huertos según su voluntad.

Los huertos en forma de ojo de cerradura pueden cumplir una función importante en la reducción del riesgo de desastres, ya que aumentan la resiliencia de los pequeños agricultores a la escasez de agua y, al mismo tiempo, estimulan la diversidad en el consumo de alimentos y proporcionan oportunidades para la generación de ingresos en efectivo. La metodología se ha probado con éxito y se ha adoptado ampliamente en Lesotho, pero todavía no es muy conocida y no se ha adoptado en otros lugares a pesar de su enorme potencial para aumentar la resiliencia de los hogares en África y Más allá.

Teniendo presente que estos huertos lograron reducir la vulnerabilidad de los hogares a los choques externos, como las sequías y al mismo tiempo, aumentar la seguridad alimentaria de las personas vulnerables debido a limitaciones en la mano de obra — ancianos, niños, personas que viven con VIH o SIDA y personas con discapacidad — en 2012, CRS lanzó un proyecto para ampliar el aprendizaje y probar la adaptación de la metodología en otras partes del mundo. Durante la ceremonia de lanzamiento del proyecto, representantes de ONG, la ONU, entidades del gobierno local, académicos y científicos de 17 países se congregaron para conocer las experiencias con esta metodología en Lesotho, participar en la construcción de estos huertos y para generar ideas sobre cómo se podría adaptar la práctica en el contexto de sus propios países. Las ideas incluyeron el uso de materiales locales, como el bambú, para la parte externa de las paredes, en lugar de las rocas usadas en Lesotho y la promoción del diseño en zonas muy pobladas, como los barrios urbanos y en los campamentos de desplazados internos o refugiados.

Como resultado de esta iniciativa de aprendizaje, en setiembre de 2012 se publicó un manual para los profesionales acompañado de un video de capacitación. Ambos materiales incorporan las adaptaciones locales y las mejores prácticas.

El proyecto está demostrando que: 1) Existen formas de adaptar la metodología para que huertos familiares similares ayuden a reducir el riesgo de desastres y promover la adaptación al cambio climático; 2) Hay gran interés en promover la metodología dadas las experiencias en Lesotho, aunque la adaptación no siempre es fácil; 3) Es importante adoptar un enfoque participativo para la selección de los beneficiarios y la participación de la comunidad, e incluir la sostenibilidad en los criterios de selección de los objetivos y socios; y 4) Los huertos en forma de ojo de cerradura deben promoverse en programas de desarrollo integrado que comprenden iniciativas de seguridad alimentaria y reducción del riesgo de desastres.

CRS Lesotho ha ampliado la construcción de estos huertos para atender las necesidades alimentarias y nutricionales de otros grupos vulnerables, entre ellos huérfanos, niños vulnerables y personas que viven con VIH.

Preguntas frecuentes

¿Hay otros grupos de alto riesgo? De ser así, ¿cómo se debe tomar en cuenta sus necesidades y derechos particulares?

Cada contexto es diferente. Por lo tanto, los factores económicos, sociales, físicos, culturales y políticos que ponen a distintos grupos en mayor riesgo que a otros son diferentes. Algunos otros grupos de alto riesgo son las minorías religiosas, minorías étnicas, refugiados, desplazados, inmigrantes ilegales, personas de castas inferiores y marginados y personas con estilos de vida no convencionales en cuanto a la sexualidad.

Use el conocimiento existente de la población para identificar a potenciales grupos de alto riesgo y siga los pasos de la *Lista de Verificación* para asegurar que se les tenga muy presentes, se les consulte sobre las decisiones y participen en las actividades a lo largo del programa.

Herramientas y recursos

Para más información y enlaces, consulte el cuadro *Herramientas y Recursos* p.138.

2.4 Lista de verificación de la participación, y de la acción, de los grupos clave

Los derechos, las necesidades y la contribución de todas las personas en riesgo, especialmente de las poblaciones que corren mayor riesgo, deben ser incluidos en todas las etapas de los programas de reducción del riesgo de desastres[G] y la adaptación al cambio climático[G], así como, en la acciones de incidencia política. Esta lista tiene como objetivo ayudar a los profesionales en este proceso y debe ser utilizada con esta guía para aplicar los principios en todos los sectores y contextos.

Lista de verificación de la participación y acción de los grupos clave

- Obtener o elaborar un **perfil demográfico** de la población y de los actores involucrados asegurando que todos los datos sean desagregados por sexo y edad y otros grupos relevantes señalados en este capítulo.

- Asegurar que el personal entienda y actué de acuerdo a un enfoque basado en derechos[G] y que conozca los marcos legales nacionales e internacionales para la población objetivo. Fortalecer la capacidad del personal para promover este enfoque entre los socios, los gobiernos y otros actores.

- Aplicar una **metodología participativa** en todas las etapas del ciclo de programa, desde el diagnóstico de riesgos hasta las evaluaciones y asegurar que la participación de todos los grupos de alto riesgo identificados en el perfil demográfico sea facilitada. Esto puede implicar la organización de actividades en horarios convenientes para ellos, la provisión de apoyo logístico o financiero para que puedan asistir a las reuniones, facilitación de intérpretes, etc.

- Situar el involucramiento de los grupos clave en el centro del **diseño y la implementación** de los programas y de incidencia y priorizar estrategias y acciones que beneficien a los grupos de alto riesgo.

- Continuar **desagregando datos** para el análisis y la toma de decisiones durante el ciclo del programa y las acciones de incidencia, utilizando los mismos grupos identificados inicialmente y otros que posteriormente se consideren importantes.

3

GESTION DEL CICLO DE PROGRAMA
PARA LA REDUCCION DEL RIESGO DE DESASTRES Y LA ADAPTACION AL CAMBIO CLIMÁTICO

El capítulo 3 tiene como objetivo ayudar a los profesionales de ayuda humanitaria y de desarrollo a diseñar, implementar, monitorear y evaluar programas que aumenten la resiliencia^G a los desastres y al cambio climático. También se puede aplicar a programas que centran su atención en la reducción del riesgo de desastres^G y la adaptación al cambio climático^G y a intervenciones multisectoriales o sectoriales que requieren la integración de la reducción del riesgo de desastres y la adaptación al cambio climático. Este capítulo está adaptado de: *Caja de herramientas de adaptación basada en la comunidad* (CARE 2010). En este capítulo se incluye:

- Una visión global de la gestión del ciclo de programa.
- Orientación para los profesionales en cada etapa del ciclo de programa, que incluye pasos clave, actividades y productos relacionados con el monitoreo, evaluación y aprendizaje MEL^G por sus siglas en inglés, así como, la gestión del conocimiento.
- Ejemplos de buenas prácticas y lecciones aprendidas por los profesionales.
- Guía para aplicar los *10 principios* del enfoque integrado de la reducción del riesgo de desastres y la adaptación al cambio climático en la gestión del ciclo de programa.

3.1 Visión general de la gestión del ciclo de programa

El término Gestión del Ciclo de Programa (GCP) se utiliza para describir la gestión de las actividades y los procedimientos de toma de decisiones utilizados durante el ciclo de vida de un programa. Destaca el carácter cíclico y recurrente de la programación, así como la interdependencia de las acciones dentro de una intervención a lo largo de las diferentes etapas.

Esta guía utiliza un modelo simplificado del ciclo de programa compuesto de tres etapas: análisis, diseño e implementación—cada una con sus respectivas actividades y productos. La generación y gestión del conocimiento es un proceso imprescindible y continuo a lo largo del ciclo de programa. Incorpora el monitoreo y la evaluación y apoya la transición entre cada una de las etapas. Si bien existen otros tipos de GCP y muchas organizaciones tienen sus propios modelos, los componentes clave tales como: las etapas separadas que facilitan la planificación y el carácter cíclico del proceso, sean los mismos. El proceso descrito en esta guía incluye:

- Establecer líneas de base específicas del programa, así como información de referencia relevante relativa al entorno externo;
- Definir y monitorear los indicadores de cambio;
- Revisar y evaluar los progresos y logros frente a los resultados previstos y utilizarlos para mejorar el programa continuamente y;
- Recoger y compartir el conocimiento generado en apoyo del aprendizaje.

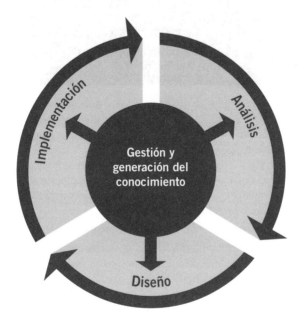

Figura 3.1: Etapas del ciclo de programa

La participación activa de las poblaciones en riesgo es primordial para la gestión del Ciclo de Programa ya que los programas serán eficaces sólo si están basados en las necesidades de las personas expuestas al cambio climático[G] y a los desastres[G]. Por lo tanto, la GCP debe:

- Buscar la plena inclusión de los grupos de alto riesgo en todos los niveles de planificación, al igual que en los procesos de implementación, monitoreo y evaluación (proporcionando, por ejemplo: información en las lenguas locales);
- Entender y atender las necesidades únicas de las poblaciones en riesgo por medio de intervenciones focalizadas;
- Garantizar que las actividades de reducción del riesgo de desastres[G] y la adaptación al cambio climático[G] no acentúen inadvertidamente su vulnerabilidad;
- Corregir los desequilibrios de poder y otras causas estructurales de la exposición[G] y vulnerabilidad diferencial en y entre, los hogares.[25]

3.2   Análisis

El *propósito* de la etapa de análisis es el siguiente: 1) reunir información pertinente para que los actores^G entiendan mejor la naturaleza y el grado del riesgo del cambio climático y de desastres en el contexto de un programa nuevo o en marcha (identificación de problemas); y 2) asegurar que la programación siga siendo pertinente en relación con las necesidades de las poblaciones en riesgo beneficiarias.

Específicamente, esta etapa debe generar conocimiento de diversas fuentes sobre:

- Las amenazas^G y condiciones climáticas que generalmente han ocurrido en la zona objetivo.
- Los cambios observados y previstos en las amenazas y condiciones climáticas.
- El impacto del cambio climático y de las amenazas actuales y futuras (incluyendo el nivel de precisión) en las poblaciones en riesgo localizadas en la zona objetivo, así como, en los recursos de los que ellas dependen.
- La eficacia de las actuales estrategias empleadas por las poblaciones en riesgo para gestionar el riesgo del cambio climático y de desastres y su sostenibilidad en el contexto de escenarios climáticos futuros.
- Los grupos sociales y medios de vida^G que son particularmente vulnerables a las amenazas y condiciones climáticas actuales y futuras.
- Las políticas y los programas de gobierno que facilitan o impiden la reducción del riesgo de desastres y la adaptación al cambio climático.
- Los temas prioritarios identificados por la población objetivo para la programación sobre reducción del riesgo de desastres y la adaptación al cambio climático.
- Los posibles socios, aliados y opositores de la programación sobre reducción del riesgo de desastres y la adaptación al cambio climático.
- Las necesidades de desarrollo de capacidades^G del personal y los socios que tienen la responsabilidad de diseñar, implementar y monitorear cualquier programa potencial.
- Otras iniciativas que pueden complementar o coincidir con programas potenciales.

El calendario de la etapa de análisis puede adaptarse de acuerdo a las circunstancias de cada programa. Por ejemplo: la etapa inicial de un programa de respuesta y recuperación de un desastre requiere un análisis rápido y "suficientemente bueno" que puede mejorarse durante la implementación del programa, mientras que un programa de desarrollo a largo plazo generalmente permite que la etapa de análisis y planificación sea más larga. Sin embargo, sea cual sea la duración del programa, los posibles impactos a largo plazo del cambio climático deben tomarse en cuenta para asegurar que cualquier intervención sea sostenible en el largo plazo, incluso después finalización del programa.

El ámbito de aplicación del proceso de análisis debe ser adaptado al ámbito de la programación potencial. Por ejemplo: si el objetivo del análisis es crear un plan de desarrollo local, éste debería ser multisectorial, mientras que si el análisis tiene como objetivo informar una nueva etapa de un programa de seguridad alimentaria, éste podría centrarse en los asuntos que afectan los medios de vida y la nutrición.

Pasos clave en la etapa de análisis

1. *Definir el propósito y el proceso de análisis:*

   - Discutir y acordar entre los principales actores (incluidas las poblaciones en riesgo y los socios potenciales) cuál es el propósito de analizar el riesgo del cambio climático y de desastres en términos generales y cómo se usarán los resultados del análisis. Ello podría incluir el desarrollo de programas nuevos e independientes de reducción del riesgo de desastres y/o de adaptación al cambio climático y el rediseño de los programas existentes para incluir los componentes de la reducción del riesgo de desastres y/o de la adaptación al cambio climático a fin de mejorar su eficacia.

   - Decidir cómo se llevará a cabo el análisis: quién lo hará, en qué plazo se hará; qué fuentes de información se utilizarán; y cómo se involucrará a los actores.

   - Asegurar que el proceso incluya la recopilación de datos de fuentes primarias (miembros de la comunidad, servicios meteorológicos) y secundarias (estadísticas oficiales, informes de investigación).

   - Identificar una herramienta de análisis participativo de riesgos o varias técnicas de investigación participativa para un análisis a nivel local y adaptarla/adaptarlas para asegurar que las necesidades de las poblaciones en riesgo sean el centro del análisis.

   - Asegurar que todos los facilitadores del proceso estén familiarizados con la metodología elegida.

2. *Analizar el contexto climático y de las amenazas:*

   - Recopilar datos de fuentes primarias y secundarias sobre:
     - Las condiciones climáticas históricas y los escenarios de cambio climático previstos en la zona objetivo (o a la escala mínima disponible).
     - La ocurrencia de amenazas climáticas y no climáticas en la comunidad objetivo y sus alrededores.

   - Consultar a grupos socioeconómicos y con medios de vida distintos dentro de la población objetivo respecto a:
     - Observaciones de cambios en las condiciones climáticas durante su vida.
     - Las amenazas que han afectado a su comunidad y las zonas aledañas durante su vida.

   - Analizar los efectos de lo anterior sobre los activos, recursos e instalaciones de los cuales dependen el bienestar y los medios de vida de los miembros de la comunidad.

   - Analizar como los riesgos y escenarios climáticos actuales y futuros pueden afectar a los programas existentes en el área.

   - Analizar de qué manera la información facilitada por los proveedores de información sobre el clima es entendida y aplicada por la población objetivo (y como se podría mejorar), e incluir esto en la información de línea base.

Recuadro 3.1: Ejemplo de información primaria y secundaria sobre el tema

- Estaciones meteorológicas locales
- Conocimientos de la comunidad y pronósticos locales
- Servicios meteorológicos nacionales
- Dependencias gubernamentales de cambio climático
- Centros regionales sobre el clima
- Instituciones internacionales dedicadas al clima

---

3. *Analizar las capacidades de resiliencia y la vulnerabilidad dentro de la población objetivo para entender:*
   - Cómo los diferentes grupos y sectores de la población están enfrentando a las amenazas y a la variabilidad climática[G] y qué tan eficaces y sostenibles son sus métodos.
   - El potencial impacto de los programas actuales sobre lo anterior.
   - Los grupos y sectores de la población que probablemente sean, los más vulnerables a las amenazas y los efectos del cambio climático.
   - Las razones de su vulnerabilidad, partiendo de las condiciones en que viven y trabajan, hasta los factores subyacentes tales como: el acceso a los recursos, la influencia política y las estructuras sociales.
   - Cómo han cambiado las vulnerabilidades, las capacidades y los mecanismos de afrontamiento a lo largo del tiempo.

4. *Analizar el entorno programático realizando un análisis de poder:*
   - Identificar las oportunidades y los obstáculos para la reducción del riesgo de desastres y la adaptación al cambio climático creados por programas gubernamentales y no gubernamentales que están siendo implementados o se tiene planificado implementar, en la zona objetivo.
   - Identificar las políticas de gobierno pertinentes y/o los vacíos en las políticas que pueden afectar la vulnerabilidad y resiliencia[G] entre la población objetivo.
   - Identificar las actividades del sector privado que presentan oportunidades y obstáculos para la reducción del riesgo de desastres y la adaptación al cambio climático.
   - Analizar el interés de las organizaciones gubernamentales, no gubernamentales y del sector privado en la reducción del riesgo de desastres y la adaptación al cambio climático, así como su capacidad de acción (planes, estructuras, actividades).

5. *Validar y documentar el análisis y establecer una línea base contextual:*
   - Discutir y modificar (si fuera necesario), los resultados e involucrar a los actores en la validación de los resultados.
   - Documentar el proceso (fuentes de datos y métodos de análisis) y los resultados, incluidos los vacíos y compartirlos con los actores clave, especialmente con la población objetivo.

- Seleccionar los datos principales para crear una línea base contextual con la cual se pueda medir las tendencias en la ocurrencia de amenazas, las condiciones climáticas, los avances logrados en el programa y el entorno institucional y de política para aumentar la resiliencia al cambio climático y a las amenazas.

Productos de la etapa de análisis

- Un documento elaborado en consulta con los actores, que describe el método y los resultados obtenidos, que se comparte con la población objetivo en un lenguaje fácil de entender.

- Un análisis y una línea base contextuales que constan de datos clave seleccionados de los resultados generales.

- Un informe de evaluación inicial sobre el riesgo del cambio climático y de desastres que identifica las prioridades fundamentales determinadas por todos los actores (especialmente la población objetivo) y las prioridades que los actores se encuentran en mejor posición de atender.

Herramientas y recursos

El cuadro *Herramientas y Recursos* contiene información y enlaces Pág. 139.

3.3 Diseño

El propósito de la etapa de diseño es utilizar las conclusiones del análisis para desarrollar un programa, o nuevas estrategias dentro de un programa existente, que aumente la resiliencia al cambio climático y a los desastres dentro de la población objetivo. Durante el proceso de diseño, debe definirse la meta y los objetivos del programa, los resultados que se propone lograr y las actividades a realizarse.

Idealmente, la etapa de diseño se debe llevar a cabo inmediatamente después de la etapa de análisis para aprovechar el interés y el conocimiento generado entre los actores.

El diseño de una intervención de reducción del riesgo de desastres y la adaptación al cambio climático dependerá de:

- Los asuntos planteados durante el análisis.
- La responsabilidad, las prioridades y competencias de la organización que planea implementar el programa.
- Otros programas y planes en el área que pueden ser complementarios y de qué manera el diseño del programa enriquecería, en lugar de duplicar, otros programas.
- Socios, aliados y redes potenciales.
- Disponibilidad de financiamiento y restricciones de financiamiento.

Dentro de estos parámetros, es probable que el diseño de un programa de reducción del riesgo de desastres y la adaptación al cambio climático a nivel local incluya estrategias para:

- Mejorar el acceso a y el conocimiento de las poblaciones en riesgo y de otros actores respecto a los riesgos[G] actuales y futuros, su capacidad para evaluarlos y su capacidad para tomar decisiones adecuadas que les permitan gestionarlos. Por ejemplo: campañas de información pública, mapeo y monitoreo de riesgos[G], mayor acceso a los pronósticos meteorológicos y sistemas eficaces de alerta temprana[G], al igual que ejercicios/juegos que promuevan el entendimiento y la aplicación correcta de la información sobre el cambio climático y los niveles de certeza en esta información.
- Desarrollar o reforzar estructuras, mecanismos y recursos para prepararse, responder y facilitar la recuperación de los desastres y cambios de gran impacto. Por ejemplo: comités de gestión de desastres, servicios de emergencia, planes de contingencia, fondos para contingencias, seguro social, bancos de granos y refugios temporales.
- Construir una base diversa de activos para mejorar los medios de vida y el bienestar y para gestionar el riesgo. Por ejemplo: varias fuentes de ingresos y opciones de medios de vida, ahorros familiares, recursos naturales sostenibles (como fuentes de agua, tierras fértiles, bosques), buena salud y redes sociales.
- Proteger los bienes y servicios contra las amenazas y condiciones climáticas actuales y previstas. Por ejemplo: técnicas de construcción de viviendas, escuelas y hospitales resilientes a las amenazas; y tecnología apropiada para sistemas de distribución de agua y saneamiento.
- Reducir el riesgo promoviendo tecnologías de adaptación apropiadas a nivel local. Por ejemplo: uso de variedades de semillas resistentes a sequías, mejores condiciones de almacenamiento de granos y recolección de agua.

- Proteger el medio ambiente. Por ejemplo: prácticas de manejo integrado de cuencas, control de la erosión y reforestación.

A nivel nacional, es probable que la programación sobre reducción del riesgo de desastres y la adaptación al cambio climático incluya estrategias para:

- Fortalecer las instituciones y los sistemas de derechos a fin de garantizar el acceso equitativo a activos clave para la resiliencia y la adaptación. Por ejemplo: políticas nacionales sobre el acceso a agua potable, servicios de salud, educación, información sobre el clima y otros derechos básicos; normas locales que regulen el acceso a los recursos naturales, leyes que respeten los derechos ancestrales de los grupos indígenas sobre la tierra; y costumbres sociales que incentiven a los hogares de mayor poder adquisitivo a apoyar a sus vecinos más pobres en épocas de de tensión[G] o crisis.

- Apoyar la capacidad de las personas para influenciar los procesos de política y planificación a diferentes niveles del gobierno y los procesos de gobernanza[G]. Por ejemplo: actividades de campaña que den a las poblaciones la oportunidad de plantear inquietudes respecto al riesgo del cambio climático y de desastres, que sean escuchadas y solucionadas por las autoridades competentes.

- Apoyar la capacidad de las personas para innovar y aprender de la innovación. Por ejemplo: proporcionar insumos o seguros para cambiar los tipos de cultivos, impartir capacitación en nuevas competencias laborales, promover la adopción de diseños de saneamiento mejorados, etc.

- Crear o fortalecer marcos de gobernanza para gestionar el riesgo del cambio climático y de desastres, tales como leyes nacionales, ministerios dedicados y políticas de integración, al igual que mecanismos dirigidos a involucrar a múltiples actores y niveles en la adopción de decisiones para que los esfuerzos puedan llevarse a escala, desde el nivel local, distrital hasta el nacional.

- Desarrollar planes a largo plazo y respuestas al cambio climático y los desastres que: 1) incluyan a múltiples dependencias y ministerios en un enfoque que abarque 'la totalidad del gobierno'; 2) identifiquen alianzas clave de diferentes sectores de la sociedad para desarrollar e implementar proyectos específicos; y 3) identificar los recursos humanos y financieros necesarios para financiar íntegramente los planes y las respuestas.

Para obtener más información sobre la programación de reducción del riesgo de desastres y la adaptación al cambio climático por sector, consulte el *Capítulo 4: Sectores clave para la reducción del riesgo de desastres y la adaptación al cambio climático* Pág. 47.

Pasos clave en la etapa de diseño

La etapa de diseño consta de cinco pasos clave:

1. *Definir el proceso de diseño y el alcance del programa:*

   - Acordar entre los principales actores cómo debe realizarse el proceso de diseño, quiénes deben hacerlo y qué conocimientos se requieren.

   - Si ha pasado tiempo desde que finalizó la etapa de análisis, verificar la línea base contextual, identificar nuevas fuentes de información y actualizar el análisis.

- Discutir los Elementos clave generados por el análisis, las responsabilidades y las competencias de la(s) organización(es) ejecutora(s), el objetivo de otros programas y planes en el área, así como los posibles montos y condiciones de financiamiento.

- Decidir las intervenciones, la duración y las comunidades o poblaciones a las que el programa se propone beneficiar.

2. *Desarrollar la lógica del programa:*

- Definir, o en el caso de un programa existente, verificar y redefinir los objetivos del programa. En el caso de programas específicos de reducción del riesgo de desastres y la adaptación al cambio climático, los objetivos suelen referirse específicamente al aumento de la resiliencia al cambio climático y los desastres. Los objetivos de los programas en los que se integran medidas de reducción del riesgo de desastres y la adaptación al cambio climático suelen ser más generales, pero deben referirse a la sostenibilidad de los impactos del programa en un contexto de riesgo del cambio climático y de desastres.

- Desarrollar las actividades correspondientes para lograr los objetivos, resultados y la meta de impacto global. Estas deben basarse en las estrategias más eficaces y sostenibles que aplican las poblaciones en riesgo para gestionar el riesgo y aprovechar los conocimientos existentes en la organización ejecutora o incluir un presupuesto que permita asegurar la asistencia oportuna de expertos en el proyecto.

- Incluir medidas de contingencia para responder a las amenazas y los efectos del cambio climático que pueden ocurrir durante el ciclo de vida del proyecto.

- Señalar los supuestos en que se basa el programa y destacar explícitamente la necesidad de flexibilidad para adaptar el programa a los elementos imprevistos o inciertos del cambio climático.

3. *Elaborar un plan de incidencia política:*

- Decidir cuáles son los factores clave para crear un ambiente que favorezca el desarrollo del programa y otros esfuerzos de reducción del riesgo de desastres y la adaptación al cambio climático, utilizando la información generada durante la etapa de análisis sobre las instituciones clave, las políticas y otros actores, Por ejemplo: la aprobación de una política nacional sobre cambio climático, o de una legislación que exija a todos los niveles del gobierno hacer asignaciones presupuestarias para intervenciones de reducción del riesgo de desastres, es crucial para generar una relación de cooperación con el gobierno local.

- Realizar investigaciones adicionales, si fuera necesario, para comprender mejor cómo se puede influir en determinados factores.

- Modificar la lógica del programa, si fuera necesario, para que refleje los componentes del plan de incidencia política.

- Para más información sobre las acciones de incidencia política, consultar el *Capítulo 6: Crear un entorno propicio para la reducción del riesgo de desastres y la adaptación al cambio climático.*

4. *Crear un marco de monitoreo y un plan de gestión del conocimiento*

- Discutir y acordar entre los actores qué tipos de indicadores son los más adecuados para monitorear el progreso del programa. Utilizar los últimos estudios participativos sobre las características de la resiliencia, así como otros recursos mencionados más adelante que apoyen el debate. Al igual que con todos los programas, asegurar que los indicadores seleccionados sean 'S.M.A.R.T.' (Específicos, Medibles, Alcanzables con una buena relación costo-eficacia, Relevantes para el programa y disponibles en forma Oportuna) y que tengan presente la perspectiva de género, cuando proceda.

- Perfeccionar los aspectos relevantes de la línea base, creada durante la etapa de análisis, para documentar la situación antes del programa en relación con los indicadores seleccionados.

- Crear un plan para reunir y analizar los datos de monitoreo en relación con la línea base del programa y la línea base externa. Es muy importante monitorear ambas, ya que los cambios en el contexto externo generalmente exigen modificaciones en el programa.

- Identificar posibles áreas de aprendizaje que puedan ser útiles para otros, tales como tecnologías innovadoras, desafíos contextuales, etc. y definir cómo se recogerá y compartirá el conocimiento generado sobre estas áreas. Agregar actividades específicas dentro de la lógica del programa para tener esto en cuenta.

- Discutir y acordar entre los actores qué tipo de evaluación/evaluaciones debe realizarse. En el caso de programas a largo plazo o muy innovadores, sería recomendable hacer una evaluación intermedia, además de la evaluación final.[26]

5. *Preparar el presupuesto del programa:*

- Definir los recursos humanos, financieros y materiales necesarios para realizar y monitorear las actividades propuestas (incluidas las actividades de incidencia política).

- En el rubro presupuestario de recursos humanos, incluir una partida para el fortalecimiento de las capacidades del personal, ya que lo más probable es que el personal tenga que desarrollar conocimientos o habilidades específicas relacionadas con la reducción del riesgo de desastres y la adaptación al cambio climático.

- Incluir fondos de contingencia para responder a las amenazas o los efectos del cambio climático durante el ciclo de vida del programa.

- Siempre que sea posible, prepara un presupuesto flexible que permitir modificaciones durante la etapa de implementación. La incertidumbre en los pronósticos del cambio climático y la naturaleza innovadora de algunas acciones orientadas a aumentar la resiliencia implican cambios importantes en los programas y presupuestos. También debería incluirse las contribuciones en especie de la comunidad al programa.

Productos de la etapa de diseño

- Descripción del programa.
- Plan de incidencia política.
- Línea base específica del programa.
- Marco de monitoreo que incluye un plan/sistema de rendición de cuentas a los beneficiarios.
- Documento sobre los indicadores de cambio.
- Plan de gestión del conocimiento.

ESTUDIO DE CASO: PROYECTO DE REHABILITACIÓN Y RECONSTRUCCIÓN DESPUÉS DE UN CICLÓN

Madagascar, CARE International

Madagascar, uno de los 30 países más pobres del mundo, es azotado periódicamente por ciclones, varios de los cuales han sido muy violentos y han afectado a la mayor parte del país. Aunque la población está familiarizada con los ciclones y con sus consecuencias, las autoridades locales tienen pocos recursos para adoptar medidas de preparación ante futuras amenazas.

En el distrito de Antalaha, ubicado en el noreste del país, las personas suelen vivir sobre las riberas de los ríos o en aldeas costeras. Esto les da acceso al agua y a canoas, lo que reduce su dependencia de otros medios de transporte, pero les expone directamente a los efectos de los ciclones. En los últimos 12 años, Antalaha ha sufrido ocho ciclones, tres de los cuales han sido clasificados como ciclones tropicales de gran intensidad.

Después de las marejadas ocasionadas por los ciclones, la erosión de las zonas costeras aumentó y, en algunas aldeas, el mar avanzó más de 100 metros ocasionando la pérdida de más del 50 por ciento de las tierras de las aldeas y la destrucción de los principales caminos. La erosión aumentó debido a la pérdida de árboles costeros que servían de cortavientos y a la destrucción de manglares y arrecifes de coral que antes habían reducido el impacto de las mareas de tormenta.

La etapa de análisis del ciclo del programa consideró el grado de destrucción por los ciclones ocurridos entre 2000 y 2004 —que provocaron la destrucción de dos puentes (de 45 metros y 100 metros) y de un ferry—para determinar cuál era la mejor manera de reconstruir la infraestructura comunitaria. CARE concluyó que, en lugar de reparar los puentes constantemente, sería más efectivo invitar a los 2000 pobladores de las comunidades de Ambodipont y Antsiribe a construir un desvío de cinco kilómetros hacia el interior. Esto involucraría a la comunidad en su propio esfuerzo de reconstrucción y reduciría los gastos de mantenimiento a largo plazo ya que el camino estaría menos expuesto a ciclones, a mareas de tormenta y a la erosión. Se propuso la idea a la comunidad y, después de un proceso de consulta interna, los pobladores decidieron construir el desvío. En la segunda etapa del GCP, la comunidad identificó a las familias que podían ofrecer sus terrenos y/o árboles para la construcción y las personalidades destacadas de las aldeas ayudaron en las negociaciones para compensar a esas familias, de modo que el proyecto de CARE pudiera ser diseñado e implementado con la participación de toda la comunidad.

A partir de la decisión de la comunidad, el proyecto de construcción del desvío fue diseñado para facilitar el transporte de las personas y sus bienes con actividades de alimentos por trabajo, en la primera fase y dinero por trabajo, en la segunda fase para: (1) garantizar la seguridad alimentaria de los más afectados por los ciclones, (2) facilitar la circulación de las personas y sus bienes para ayudar a reactivar la economía local (acceso a los mercados) y (3) mejorar la seguridad y el acceso de las cinco aldeas costeras.

Al **fortalecer la participación y la acción de la población en riesgo**, la comunidad tomó sus propias decisiones para construir el desvío. La intervención no solo redujo la exposición del camino a los desastres, sino también la exposición de la población. Ocho años después de su construcción, 2,200 pobladores de la costa se reubicaron a aproximadamente un kilómetro del litoral para estar más cerca del desvío. Ellos continúan beneficiándose de las ventajas económicas y del acceso a la comunicación que el camino les brinda. Al desplazarse hacia el interior, el impacto humano en el medio ambiente costero disminuyó. La distancia entre las aldeas y las tierras agrícolas se redujo, lo que se tradujo en una mayor producción agrícola y los hombres, que en el pasado habían dedicado todo su tiempo al mar o a cuidar de sus materiales de pesca, ahora estaban dedicando más tiempo a las actividades agrícolas con las mujeres.

Herramientas y recursos

El cuadro *Herramientas y Recursos* contiene información y enlaces Pág. 142.

3.4   Implementación

La implementación es la etapa durante la cual se realizan las actividades planificadas, se genera resultados y se monitorea y modifica el programa en respuesta a las nuevas condiciones o situaciones imprevistas.

El *propósito* de esta etapa es alcanzar los objetivos del programa en el plazo previsto y dentro del presupuesto del proyecto. La implementación abarca todas las actividades de asistencia directa, apoyo, fortalecimiento de capacidades, incidencia política y gestión del conocimiento.

Pasos clave en la etapa de implementación

Hay tres pasos clave al inicio de esta etapa (actividades iniciales) y tres áreas que requieren atención permanente:

Actividades iniciales

1. *Preparar un plan operacional junto con la comunidad objetivo y otros actores:*

   - Elaborar un calendario realista para iniciar y finalizar todas las actividades previstas del programa y compartirlo con todas las partes.

   - En lo posible, introducir cierta flexibilidad para prepararse y responder a las amenazas que pueden ocurrir durante el ciclo de vida del programa, particularmente en contextos de amenazas recurrentes, como la temporada de monzones.

2. *Concertar alianzas y redes:*

   - Reunirse con los socios y aliados para seguir elaborando los planes del programa, adaptarlos cuando sea necesario (si ha cambiado el contexto) y coordinar las actividades.

   - Discutir y formalizar acuerdos con los socios y aliados sobre las funciones y responsabilidades de implementación, incidencia política y gestión del conocimiento.

3. *Desarrollo de capacidades del personal y de los socios:*

   - Utilizar la información reunida durante la etapa de análisis, elaborar un plan adecuado de fortalecimiento de las capacidades acorde a las necesidades del programa y los vacíos identificados, e incorporarlo en el plan principal del programa para garantizar que se le provea recursos y que se implemente.

Áreas que requieren atención permanente durante la etapa de implementación

1. *Monitoreo, evaluación, aprendizaje y gestión del conocimiento*

   - Asegurar que las actividades, productos y resultados del programa, así como el contexto externo, sean monitoreados sistemáticamente de conformidad con el plan de monitoreo, analizados, y que se comparta los resultados con todos los actores para perfeccionar el diseño y mejorar la implementación del programa.

   - Asegurar que los datos relevantes sean desagregados por sexo y por otros factores diferenciales.

   - Tener presente los impactos imprevistos, especialmente los negativos, e introducir cambios en el programa, si fuera necesario.

- Preparar y difundir ejemplos de prácticas innovadoras y exitosas.
- Planificar y efectuar revisiones y evaluaciones del aprendizaje a intervalos clave, como parte del ciclo del programa.

2. *Participación de los grupos de alto riesgo:*

- Verificar si el programa está atendiendo las necesidades prácticas y estratégicas de las mujeres, los hombres, los niños y los grupos de alto riesgo; de no ser as así, aprovechar sus aportes para hacer modificaciones, y verificar nuevamente.
- Recoger lecciones específicas sobre género y diversidad en la programación de reducción del riesgo de desastres y la adaptación al cambio climático, para promover la adopción de buenas prácticas.

3. *Preparación y respuesta ante situaciones de emergencia:*

- Elaborar, junto con todos los actores, un plan de contingencia o preparación ante desastres[G] al inicio de la etapa de implementación y revisarlo periódicamente durante el programa.
- Establecer o reforzar un sistema básico de alerta temprana de todas las amenazas y condiciones climáticas pertinentes al inicio de la etapa de implementación, probarlo y mejorarlo a intervalos regulares a medida que avance el programa.
- Garantizar que todos los actores (miembros de la comunidad, personal del programa y el de otras organizaciones) conozcan sus funciones y sus responsabilidades, y los procedimientos de respuesta ante situaciones de emergencia; someterles a pruebas periódicamente mediante simulacros organizados y controles informales, para construir una cultura de preparación.

Herramientas y recursos

El cuadro *Herramientas y Recursos* contiene información y enlaces Pág. 142.

Guía para aplicar los 10 principios del enfoque integrado de la reducción del riesgo de desastres y la adaptación al cambio climático en la gestión del ciclo de programa	
1. Aumentar el conocimiento del contexto de las amenazas y del cambio climático.	• Recopilar información de diversas fuentes primarias y secundarias para aumentar el conocimiento del contexto. • Tener presente que en muchos países en desarrollo no se dispone de datos y proyecciones del clima a escala sub nacional y local. Por lo tanto, utilizar las tendencias y escenarios generales obtenidos de los mejores datos disponibles.
2. Aumentar el conocimiento de la exposición, la vulnerabilidad y la capacidad.	• Hacer partícipes a todos los actores[G] en la etapa de análisis, para fortalecer su capacidad[G] para entender y evaluar el riesgo como resultado directo de su participación en el proceso. • Monitorear la línea base externa durante la etapa de diseño y actualizar el análisis si fuera necesario.
3. Reconocer los derechos y las responsabilidades.	• Desagregar la información por sexo, edad y otros factores sociales, culturales y económicos pertinentes para entender las necesidades particulares de diferentes grupos. • Mantener informados a los actores y rendir cuentas durante todo el proceso de diseño.

Guía para aplicar los 10 principios del enfoque integrado de la reducción del riesgo de desastres y la adaptación al cambio climático en la gestión del ciclo de programa	
4. Fortalecer la participación y la acción de la población en riesgo.	• Aplicar un proceso participativo de recolección y análisis de datos con las poblaciones objetivo. Este método de investigación-acción genera conocimiento sobre el riesgo, facilita la participación activa de diferentes grupos y el apropiamiento de las acciones futuras. • Documentar el proceso de diseño del programa, incluyendo los argumentos en los que se basaron las decisiones clave y cómo se involucró a los actores, para facilitar la implementación del programa, el aprendizaje y la participación de los diferentes grupos. • Elaborar planes que giren en torno a los compromisos, las restricciones y los periodos de mayor trabajo de los actores, tales como: turnos de trabajo en fábricas, tiempo de desplazamiento, cosechas y estaciones de las tormentas tropicales para que las poblaciones en riesgo puedan participar plenamente en el programa cuando sus aportes sean necesarios y para asegurar que las intervenciones sean implementadas en los momentos adecuados para que sean efectivas.
5. Promover el involucramiento y el cambio sistémico.	• Dar oportunidades de aprendizaje inter programático al personal, los participantes y socios teniendo en cuenta los nuevos conceptos y la nueva información sobre cambio climático[G] y la necesidad de un enfoque conjunto entre la reducción del riesgo de desastres[G] y la adaptación al cambio climático[G]. • Fomentar revisiones y evaluaciones multiactores para generar un debate entre diferentes actores.
6. Promover la sinergia entre varios niveles.	• Asegurar que las etapas de la GCP aborden diferentes niveles de intervención, desde el local, distrital y provincial hasta el nacional. Sin un entorno político e institucional favorecedor es probable que los éxitos del programa sean limitados o insostenibles. • Usar los componentes de fortalecimiento institucional y desarrollo de capacidades de la sociedad civil[G] para facilitar el diálogo y la coordinación entre los actores a diferentes niveles.
7. Basarse en diversas fuentes de conocimiento y ampliarlas.	• Utilizar todas las fuentes de información que sea posible pero no desanimarse si no se dispone de fuentes externas sobre la zona objetivo; simplemente trabaje con los datos que genera el análisis a nivel local. • Trabajar con los funcionarios de las entidades gubernamentales responsables de la reducción del riesgo de desastres y la adaptación al cambio climático y con otras entidades encargadas de la seguridad alimentaria, medios de vida[G], agua, educación, salud, vivienda, protección[G], etc.

Guía para aplicar los 10 principios del enfoque integrado de la reducción del riesgo de desastres y la adaptación al cambio climático en la gestión del ciclo de programa

7. Basarse en diversas fuentes de conocimiento y ampliarlas.	• Solicitar los aportes de expertos técnicos (climatólogos, especialistas en género[G] y diversidad, agrónomos, ingenieros especialistas en manejo de agua, economistas, etc.) en las partes correspondientes del diseño del programa y cuando se realicen evaluaciones.
8. Promover flexibilidad y capacidad de respuesta.	• Recordar que la recolección de datos no debe centrarse en un tipo de amenaza[G] o en un conjunto de condiciones climáticas. El cambio climático está provocando variaciones en los tipos de amenazas que ocurren en el mundo. Por consiguiente, es importante adoptar un enfoque de amenazas múltiples y escenarios múltiples. • Estar preparado para la incertidumbre en los datos del clima y reflejarlo en los productos generados durante las etapas de GCP. • Estar preparado para situaciones que exigen cambios en el plan operacional. La incertidumbre en los pronósticos del cambio climático y la naturaleza impredecible de muchas amenazas significa que los programas pueden requerir múltiples ajustes en respuesta a los cambios en el contexto externo. • Evaluar el programa después de una amenaza grave o después de cada periodo de riesgo para determinar lo que funcionó, lo que no funcionó y lo que requiere cambios.
9. Trabajar con diferentes escalas de tiempo.	• Considerar las futuras proyecciones climáticas y variaciones en los perfiles de las amenazas, así como las actuales, cuando se lleva cabo la etapa de análisis. • Asegurar que el diseño del programa incluya componentes que aborden los riesgos actuales y futuros. • Continuar monitoreando, durante la etapa de implementación, las variables de la línea base contextual que pueden afectar el éxito del programa.
10. No causar daño.	• Incorporar un enfoque sensible a los conflictos en el análisis a nivel local en contextos de conflicto[G] abierto o latente (para mayor información, consultar el *Capítulo 5: Contextos Clave*). • Hacer seguimiento a los impactos previstos e imprevistos de las actividades del programa de modo que se pueda evitar y hacer frente a los impactos negativos. • Compartir los errores, las buenas prácticas y los éxitos, para ampliar el aprendizaje de determinados enfoques, tecnologías y metodologías.

4

SECTORES CLAVE
PARA LA REDUCCION DEL RIESGO
DE DESASTRES Y LA ADAPTACION
AL CAMBIO CLIMÁTICO

El capítulo 4 tiene como objetivo ayudar a los profesionales a entender cómo afectan los desastres[G] y el cambio climático[G] a los sectores clave en escenarios humanitarios y de desarrollo y ofrece orientación para planificar programas en estas áreas. Este capítulo incluye:

- *Explicaciones de:*
  - Términos clave, conceptos y enfoques básicos pertinentes para los sectores clave.
  - Elementos clave en relación con el riesgo del cambio climático y de desastres y los sectores clave tales como: seguridad alimentaria; medios de vida[G]; gestión de recursos naturales[G]; agua, saneamiento e higiene (WASH); educación; salud; y protección.[27]
- *Guía* para aplicar un enfoque integrado de reducción del riesgo de desastres[G] y la adaptación al cambio climático[G] en diferentes intervenciones sectoriales, incluida la aplicación de los 10 principios.
- *Estudios* de caso sobre reducción del riesgo de desastres, adaptación al cambio climático y sectores clave en la práctica.
- Enlaces a las *Herramientas y Recursos* para implementar la reducción del riesgo de desastres y la adaptación al cambio climático en sectores clave.

4.1 Seguridad alimentaria

'*Existe seguridad alimentaria cuando todas las personas tienen, en todo momento, acceso físico y económico a suficientes alimentos inocuos y nutritivos para satisfacer sus necesidades alimenticias y sus preferencias alimentarias a fin de llevar una vida activa y sana.'*[28]

Los gobiernos están legalmente obligados a garantizar el derecho de todos sus ciudadanos a la alimentación. Pero, aunque hay alimentos suficientes en el planeta, el sistema alimentario mundial no da una nutrición adecuada y calorías suficientes a todas las personas. Más de mil millones de personas pasan hambre y varios millones más sufren inseguridad alimentaria.[29] Cuando la población mundial alcance los nueve mil millones, en 2050, el sistema alimentario enfrentará mayores presiones, situación que se agravará por el cambio climático[G], los desastres[G] y los impactos negativos de los subsidios agrícolas, la especulación, la volatilidad de los precios y otros problemas.[30,31] La inseguridad alimentaria[G] afecta a las poblaciones pobres no sólo en términos de su salud, sino también de sus medios de vida[G] debido al agotamiento de los recursos naturales y esto lleva a las personas a vender sus bienes, migrar en busca de trabajo y adoptar otro tipo de medidas para sobrevivir. Con el crecimiento de la población urbana, las implicancias para el uso de la tierra y otros usos de los recursos naturales, los sistemas de producción de alimentos y el acceso a los mismos, son consideraciones cada vez más importantes.[32]

Como complemento de esta sección, se recomienda leer las secciones: *Medios de Vida y Gestión de recursos naturales* (Págs. 55 y 63) dado los vínculos inherentes.

Elementos clave

Los impactos del cambio climático y los desastres en la seguridad alimentaria son numerosos. La variación de los patrones climáticos y los fenómenos meteorológicos extremos aumentarán la incidencia de las sequías e inundaciones, olas de calor, heladas y otros eventos extremos que afectarán a las cuatro dimensiones de la seguridad alimentaria: disponibilidad, acceso, estabilidad y utilización.[33]

Recuadro 4.1: Ejemplos de impactos del cambio climático y los desastres en las cuatro dimensiones de la seguridad alimentaria

- **Disponibilidad**: disminución de las cosechas o muerte del ganado a causa de sequías graves; escasez de semillas que da lugar a la reducción de los rendimientos.

- **Acceso**: Daños a la infraestructura que impiden el acceso a los alimentos o mercados; descenso en los precios del ganado que se traduce en menor disponibilidad de dinero para comprar alimentos.

- **Estabilidad**: patrones climáticos impredecibles que afectan el rendimiento de determinados cultivos o la siembra constante de cultivos que proveen alimentos básicos o de primera necesidad.

- **Utilización**: Agua para el consumo insegura que causa diarrea crónica, que da con resultado una menor absorción de nutrientes.

Fuente: Adaptado de IFRC (2006) How to conduct a food security assessment: a step-by-step guide for National Societies in Africa. Geneva, Switzerland.

Ante los impactos del cambio climático en la producción agrícola mundial, se estima que las áreas afectadas por la inseguridad alimentaria van a sufrir efectos desproporcionadamente negativos.[34] Los ya frágiles sistemas de producción alimentaria y los recursos naturales de los que dependen, especialmente los propensos a la degradación, desertificación[G] y estrés hídrico, socavarán la capacidad[G] de las personas para tomar las medidas de prevención y protección necesarias.[35] La agricultura de secano y los sistemas agro-pastoriles corren mayor riesgo.

Las comunidades afectadas por desastres que sufren inseguridad alimentaria crónica y transitoria también pueden padecer inseguridad alimentaria aguda cuando ocurren desastres. La falta de alimentos o el no poder costear o acceder a los alimentos es uno de los mayores impactos de los desastres.[36]

Se espera que las tasas de desnutrición aguda y crónica aumenten a causa del aumento de la pérdida de cosechas, la reducción de las reservas de peces y las enfermedades diarreicas provocadas por la mala calidad del agua. El estado nutricional de las personas más pobres del mundo, cuyas vidas dependen de recursos sensibles al clima, se verá seriamente afectado por los cambios del clima. Asimismo, su mal estado nutricional afectará su salud y su capacidad para trabajar y dificultará su capacidad de adaptación.

La adopción de un enfoque de seguridad alimentaria que incorpore la reducción del riesgo de desastres[G] y la adaptación al cambio climático[G] permitirá aumentar la resiliencia[G] de las poblaciones en situación de riesgo a desastres y riesgos del cambio climático y al mismo tiempo, permitirá proteger y mejorar los ecosistemas locales e incrementar los recursos humanos necesarios para reducir la vulnerabilidad[G] en general.

Guía para aplicar los 10 principios del enfoque integrado de la reducción del riesgo de desastres y la adaptación al cambio climático en la seguridad alimentaria	
1. Aumentar el conocimiento del contexto de las amenazas y del cambio climático.	• Recopilar información de diversas fuentes, incluidos los servicios meteorológicos regionales y nacionales y las dependencias gubernamentales pertinentes, sobre los posibles impactos de las amenazas[G] conocidas y los efectos previstos del cambio climático en el área del proyecto y en las regiones de donde la población obtiene alimentos. • Ayudar a las instituciones gubernamentales locales, distritales y nacionales a elaborar mapas de riesgo de desastres y del cambio climático, que sirvan como base de los planes de acción para garantizar la seguridad alimentaria.
2. Aumentar el conocimiento de la exposición, la vulnerabilidad y la capacidad.	• Utilizar la mejor información disponible sobre las amenazas, las tendencias en el cambio climático, uso de la tierra y los recursos naturales para identificar hasta qué punto están expuestas las fuentes de alimentos, los mecanismos de acceso a los alimentos (incluyendo los activos productivos y el empleo en otras industrias) y la infraestructura relevante (como vías de acceso que conectan a los productores, consumidores y mercados y plantas de procesamiento de alimentos). • Realizar un análisis participativo de capacidad y vulnerabilidad (APCV)[G] a nivel local que ayude a las comunidades en riesgo a entender mejor los vínculos entre la seguridad alimentaria y el riesgo de desastres y del cambio climático; asegurar que las mujeres y los hombres participantes entiendan e identifiquen las dimensiones de género[G] en la seguridad alimentaria, la vulnerabilidad y las capacidades.

Guía para aplicar los 10 principios del enfoque integrado de la reducción del riesgo de desastres y la adaptación al cambio climático en la seguridad alimentaria

2. Aumentar el conocimiento de la exposición, la vulnerabilidad y la capacidad.	• Utilizar metodologías tales como el Enfoque de Economía Familiar (Ver *Herramientas y Recursos* Pag. 143) para ampliar el conocimiento de la gama de factores que afectan la seguridad alimentaria y la nutrición de las poblaciones en riesgo (tales como la estacionalidad, las remesas, los precios de los alimentos básicos y los conflictos[G]) y cómo interactúan con el riesgo de desastres y del cambio climático. • Sensibilizar a las poblaciones en riesgo acerca del papel central de las mujeres en el sistema alimentario a través de la educación y capacitación.[37]
3. Reconocer los derechos y las responsabilidades.	• Elevar el perfil de los riesgos del cambio climático y de los desastres para la seguridad alimentaria a través de campañas de sensibilización pública, cabildeo de los actores gubernamentales clave, e incidencia política ante los principales donantes/financiadores internacionales, para aumentar la demanda de inversión climáticamente inteligente en la seguridad alimentaria y mejorar la gobernanza[G] de la seguridad alimentaria. • Utilizar medios de información populares, canales de comunicación tradicionales y el fortalecimiento directo de las capacidades para ayudar a los hogares a comprender mejor los nexos entre el cambio climático, la gestión de los recursos naturales[G] y la seguridad alimentaria y proporcionar información sobre la gestión responsable de los recursos naturales. • Abogar por la realización de los derechos de las mujeres y las personas marginadas de medios de vida como la tierra y el agua, por medio de campañas de sensibilización pública, la reforma legislativa y el apoyo directo a las organizaciones comunitarias y de la sociedad civil[G] que trabajan en estos temas.
4. Fortalecer la participación y la acción de la población en riesgo.	• Apoyar la creación/el fortalecimiento de mecanismos (tales como programas de radio y transmisión de mensajes de texto) por medio de los cuales pueda difundirse los pronósticos locales del tiempo y noticias sobre las amenazas locales. • Apoyar el desarrollo y el acceso a sistemas de información del mercado (precios, normas de calidad, productos) a nivel local y distrital que permitan a los agricultores y compradores tomar decisiones bien informadas. • Trabajar con productores de alimentos de alto riesgo (especialmente con las mujeres y poblaciones marginadas) para aumentar la productividad a través del fortalecimiento de sus derechos sobre la tierra y el agua, y de un mayor acceso a los mercados, al financiamiento y a seguros.[38]

Guía para aplicar los 10 principios del enfoque integrado de la reducción del riesgo de desastres y la adaptación al cambio climático en la seguridad alimentaria	
4. Fortalecer la participación y la acción de la población en riesgo.	• Proporcionar capacitación y educación entre pares a los agricultores en prácticas de agricultura de conservación^G, restauración de suelos degradados y biodiversidad^G agrícola dentro de las comunidades. • Establecer grupos de alimentación y nutrición en comunidades de alto riesgo y proporcionar capacitación en estrategias a nivel del hogar para mejorar y proteger la nutrición en un clima cambiante y como medidas de preparación^G ante desastres.
5. Promover la participación y el cambio sistémico.	• Abogar por la formulación de políticas de seguridad alimentaria, salud, agricultura y desarrollo económico que estén basadas en el análisis del riesgo de desastres y del cambio climático. • Promover la inversión en sistemas eficaces de protección^G social que puedan llevarse a escala en previsión de de una mayor inseguridad alimentaria (incluso como resultado de tensiones^G inducidas por el cambio climático) y en respuesta a situaciones a las crisis; si procede, apoyar proyectos piloto para probar medidas tales como transferencias de dinero, cupones para alimentos y programas de empleo garantizado. • Promover la coordinación entre organizaciones no gubernamentales que trabajan la seguridad alimentaria, medios de vida, salud y en agua saneamiento e higiene (WASH), en áreas de inseguridad alimentaria crónica, para generar estrategias holísticas y de largo plazo que permitan aumentar la resiliencia a los desastres y al cambio climático.
6. Promover la sinergia entre varios niveles.	• Identificar leyes y políticas nacionales relacionadas a la seguridad alimentaria y el riesgo de desastres y del cambio climático y ayudar a las poblaciones en riesgo a abogar por su aplicación. • Apoyar el desarrollo de planes de monitoreo de la seguridad alimentaria a varios niveles y planes de contingencia^G por medio de sistemas tales como la herramienta de Clasificación Integrada de las Fases de la Seguridad Alimentaria (CIF) (ver Herramientas y Recursos). • Consultar la Sección *5.4 Desastres de evolución lenta Pág. 111.*
7. Basarse en diversas fuentes de conocimiento y ampliarlas.	• Apoyar el desarrollo de sistemas que mejoren el acceso de los productores de alimentos a información sobre el clima en diversas escalas del tiempo, desde días (tiempo), meses (proyecciones estacionales) hasta décadas (escenarios de cambio climático).

Guía para aplicar los 10 principios del enfoque integrado de la reducción del riesgo de desastres y la adaptación al cambio climático en la seguridad alimentaria

7. Draw on and build diverse sources of knowledge.	• Organizar plataformas locales a nacionales para productores de alimentos, especialistas en seguridad alimentaria y expertos en el cambio climático y desastres, para generar un entendimiento común de los desafíos y la colaboración en la búsqueda de soluciones. • Establecer proyectos pilotos que vinculen a los pequeños y medianos productores, proveedores de tecnología, e instituciones científicas para fomentar la innovación. • Alentar a las poblaciones en riesgo a identificar prácticas tradicionales sobre seguridad alimentaria, tales como: bancos de semillas y granos, conservación, programas de ahorro, migración y empleo estacional y evaluar de qué manera pueden ser relevantes para futuros escenarios de cambio climático y de qué manera pueden adaptarse a estos escenarios.
8. Promover flexibilidad y capacidad de respuesta.	• Trabajar con diferentes niveles del gobierno para crear reservas alimentarias y fondos de contingencia que permitan adoptar acciones tempranas durante situaciones de creciente inseguridad alimentaria debido a amenazas o tensiones relacionadas con el cambio climático. • Ayudar a las instituciones locales y regionales a acceder y actuar de acuerdo con la información generada aplicando la herramienta CIF y, cuando sea posible, contribuir a la generación de información.
9. Trabajar con diferentes escalas de tiempo.	• Incluir indicadores de alerta temprana de inseguridad alimentaria en los sistemas de monitoreo del programa y establecer mecanismos para pasar a la acción temprana, como por ejemplo: suministros/fondos de contingencia. • Ayudar a los hogares y las comunidades a adoptar medidas de preparación tales como el almacenamiento de alimentos y forraje, campañas de vacunación de animales, ahorros y micro seguros. • Apoyar el desarrollo de investigaciones contextuales sobre seguridad alimentaria en diferentes escalas de tiempo, que permitan una mejor planificación ante los riesgos de desastres y del cambio climático y una mejor respuesta a los mismos. • Evaluar la relevancia de las políticas y estrategias nacionales de seguridad alimentaria frente a los actuales y futuros escenarios de riesgo; identificar las fortalezas, debilidades y vacíos y abogar por la formulación de políticas y estrategias que tengan presente las previsiones del cambio climático. • Ayudar a las poblaciones en riesgo a comprender en qué consisten los programas de micro seguros y a acceder a ellos.

Guía para aplicar los 10 principios del enfoque integrado de la reducción del riesgo de desastres y la adaptación al cambio climático en la seguridad alimentaria	
10. No causar daño.	• Analizar el impacto en los precios de los productores locales y mercados locales cuando se distribuyen alimentos y artículos no comestibles durante intervenciones de respuesta. • Considerar los programas de dinero por trabajo y de transferencias de dinero como formas de proteger a las poblaciones que sufren inseguridad alimentaria, así como, apoyar a los proveedores y productores locales de alimentos.

Recuadro 4.2: Medidas de seguridad alimentaria

Lograr la seguridad alimentaria de todas las personas frente a los impactos del cambio climático y los desastres exige un esfuerzo coordinado que incorpore medidas de prevención, promoción, protección y transformación.

1. **Medias de prevención que ayuden a las personas a evitar la inseguridad alimentaria**: por ejemplo: redes de seguridad social, tales como grupos de ahorro y crédito, así como medidas de gestión de riesgos, como la diversificación de cultivos y la gestión de ciclos de sequía.

2. **Medidas de promoción que tengan como objetivo reducir la vulnerabilidad a la inseguridad alimentaria mejorando los ingresos y las capacidades**: por ejemplo: mayor acceso a los mercados y diversificación de los medios de vida; mayor información sobre las previsiones del cambio climático; recolección de datos sobre el tiempo, uso de la tierra, cultivos y ganado; y servicios financieros que incluyan el ahorro, el crédito y el seguro.

3. **Medidas de protección que sirvan como acciones de socorro, necesarias cuando fallan las medidas de prevención y promoción**: por ejemplo: programas de alimentos por trabajo y dinero por trabajo.

4. **Medidas de transformación dirigidas a hacer frente a los asuntos de exclusión y desigualdad social**: por ejemplo: garantizar que las mujeres sean esenciales para el desarrollo de cooperativas y programas de ahorro para agricultores. Las medidas de transformación son la base de las tres primeras medidas.

Fuente: Adaptado de Devereux, S. and Sabates-Wheeler, R. (2004) Transformative Social Protection. IDS Working Paper 232. (El orden se ha cambiado para destacar la necesidad de centrarse en las medidas de prevención y promoción, seguidas de las medidas de protección cuando las dos primeras fracasan.)

ESTUDIO DE CASO: MEDIOS DE VIDA ALTERNATIVOS PARA COMUNIDADES RIBEREÑAS VULNERABLES[39]

Ghana, World Vision International

En el distrito de Talensi Nabdam, en Ghana, tres comunidades: Yinduri, Pwalugu y Santeng, situadas a lo largo de las riberas del Río Volta Blanco, en el noreste del país, constantemente sufren sequías, inundaciones, incendios forestales y enfermedades. La población de estas comunidades ribereñas se gana su sustento cultivando a lo largo de la ribera del río, que aporta el único terreno productivo disponible, ya que el resto es rocoso e improductivo.

Cuando se producen lluvias torrenciales, una represa hidroeléctrica del vecino país de Burkina Faso se desborda, lo que ocasiona graves inundaciones en el norte de Ghana y provoca daños a los cultivos y las viviendas, incluso la pérdida de vidas. En 2009, las tres comunidades resultaron seriamente afectadas por inundaciones a lo largo de más de 25 km de la ribera del río. El agua arrasó con los campos de los agricultores, en los que cultivaban principalmente maíz, dejando poca o nulas cosechas.

El cambio climático está afectando a la población de Ghana ya que daña los sistemas agrícolas, inunda las zonas costeras y reduce los niveles de agua alrededor del delta del Río Volta que provee aproximadamente el 80 por ciento del suministro nacional de electricidad[G].[40] Se prevé que el cambio climático va a tener impactos significativos en Ghana. Aunque habrá fluctuaciones tanto en las temperaturas anuales como en la precipitación anual, la tendencia de la temperatura para el periodo 2010-50 señala calentamiento en todas las regiones.

El Programa Regional de Resiliencia Comunitaria de World Vision International permitió a los hogares y las comunidades diversificar sus fuentes de ingresos, aumentar el rendimiento de las cosechas, gestionar los recursos naturales de manera sostenible y proteger sus medios de vida contra los efectos adversos o choques[G], como medidas de reducción del riesgo de desastres a largo plazo.

Como parte del enfoque integrado de reducción del riesgo de desastres y fortalecimiento de capacidades de World Vision, los agricultores encontraron en el agua de las inundaciones oportunidades para adoptar medios de vida alternativos, haciendo uso de la humedad residual del suelo. Después que las aguas de las inundaciones se retiraron, sembraron cultivos de ciclo corto como sandía, melón amarillo y frijoles, que pudieron consumir, o vender para la generación de ingresos. Al **promover flexibilidad y capacidad de respuesta** con un enfoque orientado al largo plazo, el proyecto integrado tuvo múltiples beneficios de (a) mejorar los ingresos familiares y la productividad a través de la venta de los productos agrícolas, (b) dotar a los agricultores de nuevos conocimientos y competencias para ganarse la vida, (c) adaptar las prácticas agrícolas que son más resilientes a los choques y las tensiones de ese entorno, y (d) mejorar el estado nutricional de los miembros de la familia mediante el aumento del consumo de alimentos nutritivos.

Las lecciones aprendidas durante el proyecto demostraron que (a) se debería ayudar a los hogares y las comunidades a emplear diferentes estrategias e innovar a fin de garantizar que tengan acceso a los alimentos en cantidad suficiente durante el año, ingresos para cubrir sus necesidades habituales y ahorros para épocas de emergencia, especialmente ante los impactos del cambio climático en la región; (b) cuando se planifican medios de vida alternativos debe tenerse presente los posibles escenarios futuros, incluyendo los posibles resultados de futuras tendencias tales como el cambio climático, la globalización, la migración y la degradación del medio ambiente. Ser capaz de prepararse y adaptarse es un factor clave para responder eficazmente al cambio dinámico en el largo plazo.

Herramientas y recursos

El cuadro *Herramientas y Recursos* contiene información y enlaces Pág. 143.

4.2   Medios de vida

Los medios de vida[G] consisten en recursos (entre ellos competencias, tecnología y organizaciones) y actividades necesarias para ganarse el sustento y gozar de una buena calidad de vida.[41] Para comprender los medios de vida es preciso ver más allá de la fuente principal de empleo o ingresos de una persona, para incluir todas las actividades y decisiones del hogar y de la población local que les permiten tener alimentos, salud, ingresos, vivienda y otros beneficios tangibles e intangibles, como la comodidad, seguridad, respeto y satisfacción.[42]

Las vidas, la producción, los bienes y los ingresos de los hombres y las mujeres que se dedican a actividades de subsistencia basadas en el mercado están cada vez más expuestos a los riesgos[G] que plantean las amenazas naturales[G] y el cambio climático[G], exacerbando los riesgos ya experimentados que encierran la globalización de la economía, el género[G], la migración y otras desigualdades.

Como complemento de esta sección, se recomienda leer las secciones *Seguridad alimentaria* y *Gestión de recursos naturales* (Págs. 47 y 63) habida dado sus los vínculos inherentes.

Recuadro 4.3: Ejemplos de actividades de subsistencia

- Producción agropecuaria y piscícola (cultivos, hortalizas, ganado, peces) para consumo doméstico o para venta.

- Producción doméstica no agrícola (confección de prendas de vestir, alfarería, procesamiento de alimentos, etc.).

- Empleo remunerado (local o como resultado de la migración a otros lugares).

- Recolección de productos forestales (para combustible y leña, alimentos, o productos forestales no maderables, etc.).

Fuente: Pasteur, K. (2011) De la Vulnerabilidad a la Resiliencia: Un marco de acción para el fortalecimiento de la resiliencia comunitaria. *Rugby, UK: Practical Action Publishing*

Elementos clave

Muchos medios de vida están expuestos a amenazas que pueden convertirse o degenerar en un desastre[G] cuando la capacidad[G] de las poblaciones en riesgo es baja. Entre los ejemplos de amenazas se incluye: sequías e inundaciones, infraestructura sin planificación adecuada, conflictos[G], terremotos, plagas, deficiencias del mercado y aumento de los precios de los alimentos. Incluso los choques[G] de pequeña escala que no necesariamente se consideran desastres (y, por consiguiente, no reciben ayuda humanitaria) pueden tener un efecto profundamente negativo en las poblaciones en riesgo, especialmente cuando se repiten durante muchos años. Cuando esta situación se conjuga con las tensiones[G] ocasionadas por el cambio climático (como la variabilidad de las precipitaciones), puede dificultar que las comunidades se recuperen de un choque, por lo que terminan oscilando entre la emergencia y la recuperación, lo que menoscaba la resiliencia[G] con el paso del tiempo.

Los impactos de las amenazas y efectos[G] del cambio climático pueden causar:

- Pérdida repentina, posiblemente temporal, del acceso a uno o varios bienes/ recursos importantes;

- Deterioro de la sostenibilidad de los medios de vida rurales que dependen de la agricultura y los medios de vida urbanos dependientes de las cadenas de suministro rurales;
- Presión sobre los recursos naturales ya agotados y
- Aumento de la frecuencia e intensidad de las amenazas que pueden dar lugar a desastres relacionados con el clima.

Recuadro 4.4: Ejemplos de impactos previstos del cambio climático en la agricultura

- Menor rendimiento de los principales cereales en regiones áridas y tropicales, incluso con un ligero calentamiento.

- Mayor demanda de riego, acompañada de una menor disponibilidad de agua en algunas regiones debido a la disminución de las precipitaciones en las zonas subtropicales (que afectan particularmente a la agricultura de secano en Centroamérica y África subtropical) y en otras regiones debido al derretimiento de la nieve y los glaciares.

- Menor productividad y fertilidad de los animales a causa del calor y la escasez de agua.

- Extinción de ciertas especies locales de peces como consecuencia del calentamiento y la acidificación de los océanos.

- Aumento de las precipitaciones extremas en zonas de producción.

- Inundación de tierras agrícolas por agua salada en áreas costeras bajas.

Fuente: Pettengell, C. (2010) Capacitar a las personas que viven en la pobreza para que puedan adaptarse. Oxford, UK: Oxfam International

---

Los medios de vida rurales que dependen principalmente de la agricultura de secano[G] son especialmente vulnerables porque las actividades son, por naturaleza, sensibles al clima. Si bien las poblaciones en riesgo tienen amplia experiencia en lidiar con la variabilidad climática[G] y los desastres recurrentes y tienen años de conocimiento contextual, la intensificación del riesgo de desastres y del cambio climático les está dejando sin sus tradicionales estrategias de afrontamiento para llevarles a terreno desconocido, donde nuevos conocimientos y nuevas prácticas pueden ser necesarios.[43]

La reducción de la productividad en los medios de vida rurales también afecta a los medios de vida urbanos que dependen de los insumos de las zonas rurales. Los desastres que ocurren en las zonas rurales pueden ocasionar migración e incremento de la urbanización, aumento de la población más allá de la capacidad de absorción de las industrias, con el consiguiente aumento del desempleo. Los medios de vida urbanos también pueden resultar directamente afectados por el cambio climático y los desastres, que pueden destruir bienes e infraestructura (carreteras y puentes), reducir la liquidez económica, e impedir el acceso a servicios financieros.

El Enfoque Medios de Vida Sostenibles (EMVS) es un método aceptado para comprender mejor los medios de vida y ayudar a las personas a fortalecer su capacidad y resiliencia al riesgo de desastres y del cambio climático.[44] Este enfoque se basa en los principales factores que afectan los medios de vida de las personas y las relaciones típicas entre tales factores. Se puede usar para planificar nuevas actividades de desarrollo y para evaluar la contribución que las actividades existentes han hecho al sostenimiento de los medios de vida.

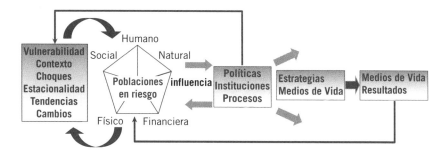

Figura 4.1: Enfoque Medios de Vida Sostenibles (EMVS)
Fuente: IFAD (n.d.) El enfoque de medios de vida sostenibles *[disponible en linea] http://www. ifad.org/sla/index.htm*

El EMVS sitúa a las personas en el centro de una red de influencias interrelacionadas que afectan la manera como crean un medio de vida para sí mismos y para sus hogares. Muy cerca de quienes se encuentran en el centro están los recursos y medios de vida a los que tienen acceso y usan. Entre ellos figuran los recursos naturales; la tecnología; destrezas, conocimientos y capacidades; su salud; el acceso a la educación; las fuentes de crédito; y sus redes de apoyo social. El grado de acceso a estos activos se ve muy influenciado por el contexto de vulnerabilidad[G], que tiene en cuenta las tendencias (por ejemplo: económicas, políticas y tecnológicas); los choques (por ejemplo: epidemias, desastres naturales, disturbios civiles); y la estacionalidad (por ejemplo: los precios, la producción y las oportunidades de empleo). El acceso también se ve influenciado por el ambiente social, institucional y político existente, que afecta la forma en que las personas combinan y usan sus bienes para alcanzar sus metas. Estas son sus estrategias de subsistencia. Para mayor información sobre el EMVS, consultar el cuadro *Herramientas y Recursos* Pág. 145.

Guía para aplicar los 10 principios del enfoque integrado de reducción del riesgo de desastres y la adaptación al cambio climático en los medios de vida	
1. Aumentar el conocimiento del contexto de las amenazas y del cambio climático.	• Recopilar información sobre las amenazas conocidas y los efectos previstos del cambio climático en el área del programa y el contexto geográfico en general (incluyendo áreas de producción/fabricación, centros comerciales, cadenas de suministro y distribución y mercados) de los que dependen los medios de vida de la población objetivo.
2. Aumentar el conocimiento de la exposición, la vulnerabilidad y la capacidad.	• Evaluar hasta qué punto los bienes de la población en riesgo que pasan a cadenas de valor están expuestos a las amenazas identificadas y a los efectos del cambio climático.

Guía para aplicar los 10 principios del enfoque integrado de reducción del riesgo de desastres y la adaptación al cambio climático en los medios de vida

2. Aumentar el conocimiento de la exposición, la vulnerabilidad y la capacidad.	• Utilizar un análisis participativo de las vulnerabilidades y capacidades con diferentes grupos de subsistencia dentro de la población objetivo y otros actores[G] para entender hasta qué punto los activos expuestos—incluyendo todas las personas que participan en las estrategias de medios de vida—son vulnerables (por ejemplo: ganado sin vacunar, fuentes de agua no protegidas, trabajadores que viven en casas mal construidas, etc.) • Identificar las capacidades existentes relacionadas con los medios de vida de la población objetivo (incluyendo conocimientos, destrezas o habilidades, organizaciones y redes, así como activos físicos y económicos) y cómo se podrían fortalecer a fin de aumentar la resiliencia.
3. Reconocer los derechos y las responsabilidades.	• Ayudar a las poblaciones en riesgo a entender de qué manera el derecho a medios de vida y otros derechos afines están reflejados en la legislación y las políticas nacionales y cuales instituciones son responsables de su cumplimiento. • Ayudar a las poblaciones en riesgo a obtener acceso equitativo a los recursos naturales necesarios para su subsistencia y a ejercer su derecho a una vivienda segura como factor clave de la salud humana y componente de muchas estrategias de subsistencia (para la producción, almacenamiento de equipos, ganado, productos agrícolas y comercio). • Abogar por la creación y aplicación de normas de construcción y seguridad en el trabajo y que sean respetadas. • Capacitar al personal para que entienda cómo interactúan el género y otras condiciones de marginación con las oportunidades de subsistencia y asegurar que todas las acciones e intervenciones promuevan la igualdad.
4 Fortalecer la participación y la acción de la población en riesgo.	• Desarrollar materiales y métodos apropiados para fortalecer la capacidad de los medios de vida de organizaciones de productores tales como asociaciones de productores y sindicatos, para aumentar el conocimiento del riesgo de desastres y la cambio climático y cómo afecta a sus medios de vida. • Apoyar la creación/el fortalecimiento de mecanismos (tales como: programas de radio y transmisión de mensajes de texto) por medio de los cuales pueda difundirse los pronósticos locales del tiempo y noticias sobre las amenazas locales. • Apoyar el desarrollo y el acceso a sistemas de información de mercado (precios, normas de calidad, productos) a nivel local y distrital que permitan a los agricultores y proveedores tomar decisiones informadas; teniendo cuidado de asegurar que las necesidades de información de las mujeres y los hombres sean atendidas por los sistemas a través de un proceso adecuado de consulta y monitoreo.

Guía para aplicar los 10 principios del enfoque integrado de reducción del riesgo de desastres y la adaptación al cambio climático en los medios de vida	
4 Fortalecer la participación y la acción de la población en riesgo.	• Utilizar métodos participativos para ayudar a las mujeres y los hombres productores a evaluar los riesgos y beneficios asociados a técnicas/tecnologías tradicionales y modernas que podrían ayudarles a reducir el riesgo de desastres y aumentar la resiliencia al cambio climático y la variabilidad del clima.
5. Promover la participación y el cambio sistémico.	• Abogar por políticas de desarrollo económico que estén basadas en el análisis del riesgo de desastres y la cambio climático y por la inversión en infraestructura y tecnología que promueva la generación de medios de vida resilientes. • Involucrar a todos los ministerios/entidades gubernamentales que con roles vinculados a los medios de vida (tales como ministerios de agricultura, empleo y transporte) en plataformas y foros nacionales sobre reducción del riesgo de desastres[G] y adaptación al cambio climático[G]. • Abogar por la participación de empresas del sector privado en procesos de evaluación de riesgos locales, distritales y nacionales, en la elaboración de planes de contingencia[G] y la provisión de incentivos a éstos a fin de contribuir a la resiliencia al cambio climático y a los desastres a través de medidas de readaptación de los centros de trabajo, obras de mitigación[G] de amenazas locales y préstamos a los empleados para hacer mejoras en sus viviendas.
6. Promover la sinergia entre varios niveles.	• Apoyar la participación de representantes del gobierno local y distrital y de representantes de organizaciones locales en el desarrollo de debates/revisiones de las políticas nacionales. • Documentar los procesos y las lecciones aprendidas en los proyectos de nivel local que promueven la resiliencia de los medios de vida, para facilitar la expansión de las iniciativas exitosas.
7. Basarse en diversas fuentes de conocimiento y ampliarlas.	• Motivar a hombres, mujeres y niños de todos los grupos de subsistencia, dentro de la población en riesgo, a compartir sus conocimientos y experiencias en cuanto a la variabilidad del clima y la ocurrencia de amenazas, para permitir que las comunidades identifiquen las tendencias. • Alentar a las personas adultos mayores de todos los grupos de subsistencia, dentro de la población en riesgo, a compartir sus estrategias tradicionales de subsistencia para gestionar la variabilidad del clima y las amenazas recurrentes y ayudar a las comunidades a evaluar de qué manera pueden estas estrategias ser relevantes para futuros escenarios climáticos, o cómo pueden adaptarse a futuros escenarios climáticos.

Guía para aplicar los 10 principios del enfoque integrado de reducción del riesgo de desastres y la adaptación al cambio climático en los medios de vida

7. Basarse en diversas fuentes de conocimiento y ampliarlas.	• Lograr que las instituciones científicas se comprometan a trabajar en colaboración con la población en riesgo para desarrollar/adaptar tecnologías de agricultura, pesca, silvicultura y otros medios de vida rurales; documentar los proyectos piloto para su expansión y replicación.
8. Promover flexibilidad y capacidad de respuesta.	• Proporcionar apoyo financiero y asistencia técnica a los hombres y mujeres de la población en riesgo para que diversifiquen sus fuentes de ingresos como una forma de gestionar el riesgo. • Apoyar la creación y el acceso a servicios financieros tales como sistemas de ahorro y seguros para amortiguar los choques, proporcionar capacitación a posibles usuarios para que entiendan cómo funcionan los servicios financieros. • Ofrecer préstamos/acceso a crédito y asistencia técnica para la innovación /diversificación de los medios de vida.
9 Trabajar con diferentes escalas de tiempo.	• Ayudar a las poblaciones en riesgo a proteger sus medios de vida contra las amenazas, por ejemplo: resguardar a los animales durante inundaciones, o contratar seguros contra desastres para pequeñas empresas. • Usar técnicas de construcción de escenarios con las poblaciones en riesgo para evaluar la sostenibilidad de sus actuales estrategias de subsistencia. Proporcionar información fácil de entender sobre otras tendencias, como la globalización, migración, degradación ambiental^G y volatilidad de los precios de las materias primas o productos básicos, para fortalecer las capacidades de los hombres y las mujeres para anticiparse y responder a un cambio dinámico en el largo plazo. Utilizar métodos participativos para identificar señales iniciales de advertencia para los diferentes grupos de subsistencia, e incorporarlos en el diseño de proyectos/programas de medios de vida. • Incorporar fondos de contingencia en proyectos/programas de medios de vida que se implementan en áreas de riesgo de desastres y la cambio climático, para facilitar la acción temprana en respuesta a las señales iniciales de advertencia.
10. No causar daño.	• Considerar el uso de transferencias de dinero durante desastres de evolución lenta y rápida, para prevenir la venta de activos durante situaciones de tensión y otros mecanismos de afrontamiento negativos. • Después de un desastre, efectuar un Análisis/Evaluación y Mapeo de Mercados en Situaciones de Emergencia (EMMA) ^{G} o el Análisis de Respuestas de Inseguridad Alimentaria e Información de Mercado (MIFIRA) para examinar las relaciones entre la seguridad alimentaria, la ayuda y los mercados. • Considerar las implicaciones de género y juventud de las intervenciones de subsistencia. Plantear preguntas como: ¿Hay cambios en el equilibrio que imponen una carga desproporcionada en un grupo o en otro?

ESTUDIO DE CASO: USAR EL CONOCIMIENTO INDÍGENA PARA REDUCIR LOS RIESGOS Y ADAPTARSE AL CAMBIO CLIMÁTICO[45]

Bolivia, Oxfam GB

En el departamento del Beni, que forma parte de la Amazonía boliviana, los medios de vida dependen principalmente de la agricultura de secano pero la producción se ve seriamente afectada por patrones de lluvia impredecibles, los ciclos de sequía/inundación y malas condiciones de los suelos. Predominan las prácticas de agricultura de roza, tumba y quema, por lo que la tierra es productiva durante sólo dos o tres años después de los cuales nuevas áreas del bosque desforestadas y utilizadas.

Durante la estación lluviosa, cuando el agua fluye hacia los ramales del Río Amazonas, los nutrientes esenciales del suelo son arrastrados debido a las prácticas agrícolas perjudiciales y al uso excesivo. La población termina quedándose con terreno arenoso en el que es difícil cultivar.

En 2007, Oxfam apoyó a la Fundación Kenneth Lee para rescatar y adaptar una técnica agrícola ancestral, consistente de plataformas elevadas de tierra construidas por el hombre (*Camellones*), para ayudar a mejorar la producción durante inundaciones y sequias estacionales, reduciendo las pérdidas ocasionadas por desastres comunes. Con el conocimiento científico moderno de la agrohidrología, con el conocimiento local y con el apoyo técnico de Oxfam, las comunidades y las autoridades municipales construyeron una serie de 10 plataformas elevadas de tierra, o *camellones*, de 0.5 a 2 metros de altura, sobre un área de aproximadamente 500 metros cuadrados. Las

Actual uso de la tierra

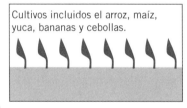

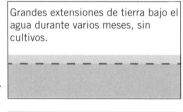

Proyecto de *Camellones*

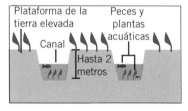

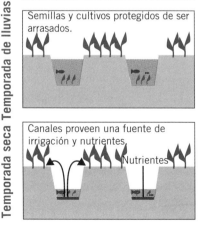

Figura 4.2: Uso de la tierra y camellones

plataformas están rodeadas por canales que permiten que el agua fluya durante la estación lluviosa sin inundar los cultivos y sirven como sistemas de riego durante la estación seca. Las comunidades se beneficiaron del conocimiento renovado, suelos fértiles, sistemas de gestión del agua, reciclado orgánico y forraje procedente de la producción y pudieron criar peces en los canales.

Las inundaciones del 2008 en la ciudad de Trinidad, en Beni, fueron las peores de los últimos 50 años en Bolivia y afectaron a 118,000 pobladores. Casi el 75 por ciento de la superficie total del Beni resultó afectada por las inundaciones, pero los *camellones* resistieron. Los pobladores pudieron continuar sembrando diversos cultivos para autoconsumo y para la generación de ingresos a pesar de la grave situación; mejoraron el estado nutricional de sus familias gracias a una mayor fertilidad del suelo y a mejores cosechas; generaron ingresos de la venta de los productos excedentes en los mercados locales; y redujeron el impacto sobre el medio ambiente como resultado de la erradicación de las prácticas de roza, quema y tumba.

No se sabe por qué desapareció esta técnica ancestral pero muchos agricultores están replicando el modelo, que ofrece una solución sostenible a las inundaciones y sequías, lo que demuestra claramente que **basarse en diversas fuentes de conocimiento y ampliarlas** — el antiguo conocimiento indígena combinado con el moderno conocimiento científico—puede producir soluciones eficaces para reducir los riesgos de desastre.

Herramientas y recursos

El cuadro *Herramientas y Recursos* contiene información y enlaces Pág. 145.

4.3   Gestión de recursos naturales

La gestión de recursos naturales (GRN)[G] comprende un conjunto de actividades orientadas a mantener los recursos naturales, tales como la tierra, agua, aire, minerales, bosques, pesca, así como flora y fauna, a través de diversos medios, entre los que se encuentran la gestión de bosques y pastizales, agroforestería, ganadería, gestión de recursos hídricos, gestión de residuos animales y protección de costas. Reconocer la importancia que tiene los recursos naturales y ecosistemas, dando prioridad a la identificación de los problemas relacionados con los recursos naturales y hacer frente a tales problemas es fundamental para garantizar la vida y los medios de vida de las mujeres, los hombres y los niños que dependen de ellos.

Como complemento de esta sección, se recomienda leer las secciones *Seguridad alimentaria* y *Medios de vida* (Págs. 47 y 55) dado sus los vínculos inherentes.

Recuadro 4.5: Servicios de los ecosistemas*

En 2005, la ONU emitió un informe que lleva por título Evaluación de los Ecosistemas del Milenio (MEA). En este informe, los servicios de los ecosistemas[G] fueron definidos y divididos en cuatro categorías principales: *provisión*, tales como la producción de alimentos y agua; *regulación*, como el control del clima y las enfermedades; *apoyo*, como el ciclo de nutrientes y la polinización de los cultivos; y *culturales*, como los beneficios recreativos y espirituales. Algunos ejemplos de servicios de los ecosistemas incluyen: la filtración de agua, regulación del caudal de los ríos y los niveles de agua subterránea, control de plagas de insectos, polinización y mantenimiento de la fertilidad y salud del suelo. Los servicios de los ecosistemas no son bien entendidos y los roles importantes de estos servicios naturales no son reconocidos adecuadamente en los mercados económicos, políticas de gobierno o prácticas de gestión de tierras. Como resultado de ello, los ecosistemas y los servicios que ellos proporcionan se están deteriorando.**

Fuentes: * *Millennium Ecosystem Assessment (2005). Ecosystems and Human Well being: A Framework for Assessment. Disponible en: http://www.maweb.org/documents/document.48. aspx.pdf*

** *Ecosystem Services Project (n.d.) [online]* 'What are ecosystem services'. *Disponible en: http://www.ecosystemservicesproject.org/html/overview/index.htm*

Elementos clave

La protección y conservación de los recursos naturales no sólo es importante para el mantenimiento de los ecosistemas del mundo; la gestión sostenible de los recursos naturales es vital para mantener los servicios requeridos para apoyar el desarrollo humano de los hombres, las mujeres y los niños. Sin un planeta sano no sería posible la existencia de los recursos naturales que necesitan las personas para satisfacer sus necesidades básicas (agua, alimentos y vivienda) y para alcanzar una mejor calidad de vida.

Hay muchos ejemplos de degradación o destrucción del ambiente natural cuando se descuida la protección del medio ambiente por beneficios económicos a corto plazo, por un rápido crecimiento económico, o por necesidades de seguridad alimentaria. La deforestación[G] de boques nativos y su sustitución con plantaciones de palma de aceite en Indonesia es un ejemplo, pues está desplazando a las comunidades locales que dependen de los recursos forestales, está destruyendo el hábitat natural del orangután, al mismo tiempo que está generando enorme riqueza para las empresas internacionales. Otro ejemplo es la degradación ambiental^G de suelos y tierras en sistemas de monocultivos. Debido al creciente aumento de factores estresores de los efectos del cambio climático^G (ver Recuadro 4.6), el proteger, restaurar y mejorar los recursos naturales del mundo ahora más importante que nunca. Los desastres^G y la GRN tienen una relación compleja, pues los desastres pueden exacerbar la degradación ambiental y se pueden intensificar debido a ella. La gestión de los recursos naturales no sólo puede sostener la adaptación al cambio climático^G y proteger a las comunidades de algunos de los peores impactos de los desastres relacionados con el clima, sino que también puede ofrecer oportunidades importantes para reducir las emisiones de carbono.

Sin embargo, hay muchos ejemplos de enfoques de GRN que se están utilizando como un medio económico y ecológicamente racional para reducir el riesgo de las amenazas relacionadas con el clima. En Vietnam, la plantación y protección de 12,000 hectáreas de manglares costó aproximadamente $ 1 millón, pero redujo los gastos de mantenimiento del dique marítimo en $7.3 millones por año.[46]

Recuadro 4.6: La relación entre los recursos naturales, los servicios de los ecosistemas, el cambio climático y los desastres

Deficiente gestión de recursos naturales (GRN)

- Deslizamientos debido a la eliminación/tala de árboles.

- Inundaciones causadas por la acumulación de sedimentos en los ríos debido a la deforestación y erosión del suelo en tierras de cultivo.

- Degradación de tierras de cultivo debido al aumento de las precipitaciones y de la erosión del suelo.

- Sequía agrícola provocada por el desvío de agua para fines industriales.

- Sequía agrícola como consecuencia de la degradación persistente de los suelos, con la consiguiente reducción de la capacidad de retención de agua y de los índices de retención.

- Monocultivos y prácticas agrícolas selectivas que deterioran la biodiversidad.

- Magnificación del estrés en los ecosistemas debido al desarrollo humano (por ejemplo: la contaminación del aire y agua en centros urbanos).

Impactos de amenazas y desastres

- Destrucción de cultivos y pérdida de la capa arable del suelo debido a vientos fuertes o a la erosión por el agua.

- Pérdida de vegetación debido a las inundaciones y la saturación excesiva del suelo.

- Destrucción de la vida silvestre y sus hábitats a causa de incendios forestales.

- Degradación de los recursos naturales (bosques, agua) como consecuencia de grandes asentamientos temporales (campamentos de refugiados, etc.).

Impactos del cambio climático

- Pérdida de los arrecifes de coral, hábitats y zonas de reproducción de peces debido al aumento de las temperaturas.

- Inundación de tierras y fuentes de agua dulce debido al aumento del nivel del mar.

Recuadro 4.6: La relación entre los recursos naturales, los servicios de los ecosistemas, el cambio climático y los desastres (cont.)

- Pérdida de biodiversidad, incluyendo la extinción masiva de especies por el aumento de las temperaturas, pérdida de hábitat y calentamiento de los océanos.

- Pérdida de bosques y praderas por el aumento de la desertificación debido a la elevación de las temperaturas y reducción de la precipitación media anual.

- Inundaciones de los centros urbanos y áreas agrícolas a causa de la elevación del nivel del mar.

Los recursos naturales más afectados principalmente por el cambio climático y por otras presiones como la degradación ambiental, el crecimiento económico y la sobrepoblación incluyen:

Tierra y suelos: La fertilidad del suelo es el resultado de procesos naturales en ecosistemas sanos, los cuales incluyen el mantenimiento de bosques, cubierta vegetal y biodiversidadG del suelo. Como resultado de la erosión (causada por el viento y el agua) en las últimas cuatro décadas, el 30 por ciento de las tierras cultivables del mundo se ha vuelto improductiva. Aproximadamente el 60 por ciento del suelo que es arrastrado termina en ríos, arroyos y lagos, lo que hace que los cauces estén más propensos a inundaciones y a la contaminación del suelo por el uso de fertilizantes y pesticidas.[47] Dado que la población mundial depende de las tierras de cultivo para garantizar su alimentación, es sumamente vital manejar los recursos de tierra de manera sostenible.[48]

Bosques: Los pastos, humedales y bosques proveen recursos directamente a miles de millones de mujeres, hombres y niños pobres, incluyendo madera, leña, fibra, medicamentos y alimentos. Su destrucción y degradación—por ejemplo: por la tala, la construcción de grandes presas, la minería y el desarrollo industrial—continúa a un ritmo alarmante; la deforestación avanza a un ritmo de 13 millones de hectáreas por año.[49]

Agua: El agua es uno de los recursos naturales más presionados del mundo por la sobreexplotación y la competencia. Para 2030, el 47% de la población mundial vivirá en áreas con gran estrés hídrico y para 2050 el mundo necesitará 50% más de lo que actualmente necesita.[50] El cambio climático está provocando una mayor variabilidad en los recursos de agua (por ejemplo: más inundaciones y sequías) y esta situación va a empeorar a medida que aumenten las temperaturas.

Pesca: Aproximadamente el 75% de las poblaciones de peces marinos del mundo se consideran sobreexplotadas o completamente explotadas[51], debido a la sobrepesca y a la mayor degradación de los hábitats[52] y ecosistemas costeros, marinos y de agua dulce. La capacidad de las poblaciones sobreexplotadas para recuperarse a niveles sostenibles de la presión humana o de las perturbaciones naturales (por ejemplo: condiciones climáticas adversas, contaminación y brotes de enfermedades) está seriamente afectada.[53] Con la elevación de las temperaturas del mar, la acidificación de los océanos aumentará y las poblaciones de peces se verán sometidas a mayor presión.

Biodiversidad: La pérdida de biodiversidad ocurre progresiva e imperceptiblemente. Algunos científicos estiman que el planeta pierde 100 especies por día como consecuencia de la destrucción del hábitat y que más de la cuarta parte de todas las especies podrían desaparecer dentro de las próximas cuatro décadas.[54] La conservación de la biodiversidad (como la conservación de tierras naturales, los ecosistemas marinos y de agua dulce y el restablecimiento de los ecosistemas degradados) es fundamental pues no sólo desempeña un papel clave en el ciclo global del carbono y en la adaptación al cambio climático, también provee numerosos servicios derivados de los ecosistemas que son indispensables para el bienestar humano.

Recuadro 4.7: Ejemplos de gestión eficaz de recursos naturales

- **Gestión sostenible del agua**, en la que las cuencas fluviales, los acuíferos, las planicies inundables y su respectiva vegetación son monitoreados y gestionados de tal manera que proveen servicios de almacenamiento de agua y regulación de inundaciones.

- **Restauración y mejora de hábitats costeros**, como los manglares, que puede ser una medida particularmente eficaz contra las mareas de tormenta, la intrusión salina y la erosión de zonas costeras.

- **Gestión de praderas y pastos** mediante métodos que mejoran los medios de vida pastoralistas, aumentan la resiliencia a sequías e inundaciones, restauran la productividad perdida y promueven la sostenibilidad.

- **Establecimiento de diversos sistemas agrícolas**, en los que la consideración del conocimiento local de variedades específicas de cultivos y ganado, el mantenimiento de la diversidad de cultivos y de ganado y la conservación de diversos paisajes agrícolas, puede ayudar a garantizar el acceso a alimentos cuando ocurren cambios en las condiciones climáticas locales.

- **Gestión estratégica de matorrales y bosques** para limitar la frecuencia y magnitud de los incendios forestales incontrolados.

- **Establecimiento y gestión eficaz de los sistemas de áreas protegidas** para garantizar la provisión continua de los servicios de los ecosistemas que aumentan la resiliencia al cambio climático.

- **Conservación y restauración de bosques** para estabilizar las pendientes de los terrenos y regular los flujos de agua.

- **Conservación de la agro-biodiversidad** para proveer reservas genéticas específicas para la adaptación del ganado y los cultivos al cambio climático.

- **Regeneración Natural Gestionada por los Agricultores** (la selección y poda de tallos que brotan de los tocones de árboles y arbustos nativos) para aumentar el rendimiento de los cultivos, la producción de forraje y la disponibilidad de leña en zonas áridas degradadas (particularmente exitoso en África Occidental).

- **Gestión comunitaria de bosques**, en la que las comunidades se ocupan de la gestión de los bosques para facilitar la productividad forestal no maderable sostenible a través de planes de manejo forestal regulado y oficialmente aprobados. Estos no sólo proporcionan a las comunidades recursos de subsistencia, sino que también protegen la integridad del dosel forestal, protegen la biodiversidad, regulan el microclima y aumentan la secuestración de carbono.

Guía para aplicar los 10 principios del enfoque integrado de reducción del riesgo de desastres y la adaptación al cambio climático en la gestión de recursos naturales	
1. Aumentar el conocimiento del contexto de las amenazas y del cambio climático.	• Recopilar información sobre las amenazas conocidas y los efectos previstos del cambio climático en el área del programa y en un contexto geográfico más amplio; al definir el alcance de contexto, tener presente que los recursos naturales tales como: las cuencas, bosques, aguas subterráneas y poblaciones de peces marinos pueden abarcar distritos e incluso las fronteras de país. • Trabajar con las poblaciones en riesgo para sensibilizarles acerca de la importancia de los recursos naturales en la reducción del riesgo de desastres y la cambio climático; sus necesidades de protección[G] contextualizando los enfoques de protección, conservación y mejora que ya se están adoptando con miras a reducir el riesgo de desastres y la cambio climático.
2. Aumentar el conocimiento de la exposición, la vulnerabilidad y la capacidad.	• Ayudar a las autoridades del gobierno en diferentes niveles a producir y combinar mapas de las amenazas conocidas y los efectos previstos del cambio climático con mapas en pequeña y gran escala de recursos naturales, que indiquen el grado de exposición[G] actual y potencial; y ayudar a las comunidades a hacer lo mismo en la escala más baja posible. • Usar métodos participativos con las poblaciones en riesgo, en combinación con conocimientos científicos, para ayudarles a entender la sensibilidad de los recursos naturales expuestos a los efectos previstos del cambio climático. • Utilizar registros históricos de desastres, en combinación con el conocimiento de las poblaciones en riesgo, para ayudarles a entender la interacción entre las amenazas y los recursos naturales, tales como los efectos de una erupción volcánica en el suelo y el agua. Tener presente que ciertos recursos naturales, como, por ejemplo: los ríos, también pueden ser amenazas. • Usar métodos participativos con las poblaciones en riesgo para identificar de qué manera las prácticas tradicionales y actuales en el uso de los recursos naturales afectan la exposición y la vulnerabilidad[G] a las amenazas y los efectos previstos del cambio climático; usar los mismos métodos para identificar las prácticas existentes, los conocimientos y las competencias de las poblaciones en riesgo para proteger los recursos naturales.
3. Reconocer los derechos y las responsabilidades.	• Sensibilizar a las poblaciones en riesgo acerca de su derecho a disponer de los recursos naturales y sus derechos afines sobre la tierra y los alimentos; usar materiales apropiados para el público objetivo para mostrar de qué manera se ven afectados estos derechos por el riesgo de desastres y la cambio climático y la importancia de la conservación de los recursos naturales para reducir tales riesgos[G]. • Incluir a los hombres, las mujeres y los niños en procesos de evaluación del riesgo, para destacar el papel de todos los miembros de una comunidad como gestores del medio ambiente.

Guía para aplicar los 10 principios del enfoque integrado de reducción del riesgo de desastres y la adaptación al cambio climático en la gestión de recursos naturales	
3. Reconocer los derechos y las responsabilidades.	• Abogar ante los gobiernos y las empresas del sector privado por procesos de planificación transparentes que afectan a los principales recursos naturales (por ejemplo: los que se relacionan con proyectos de minería, extracción de agua y cambios en el uso de la tierra^G), y por procesos de consulta con las poblaciones en riesgo afectadas por los cambios y la explotación de los recursos naturales.
4. Fortalecer la participación y la acción de la población en riesgo.	• Proporcionar información técnica y legal a las poblaciones que podrían verse afectadas por proyectos que usan importantes recursos naturales, o que pueden tener un efecto en ellos; ayudarles a acceder a información sobre la manera en que esos proyectos pueden afectar su vulnerabilidad y exposición a las amenazas y los efectos del cambio climático. • Proporcionar capacitación e insumos materiales a las poblaciones en riesgo a fin de contribuir a la construcción de un medio ambiente natural resiliente a través de la protección, el mantenimiento, el restablecimiento y la mejora de los recursos naturales (tales como manglares, estanques de agua, suelos frágiles, riberas de ríos, etc.).
5. Promover la participación y el cambio sistémico.	• Abogar para que las políticas relacionadas con la GRN incorporen el análisis del riesgo de desastres y la cambio climático y acciones para abordar este riego y viceversa; del mismo modo, abogar para que las autoridades responsables de la GRN participen en la formulación de políticas sobre reducción/gestión del riesgo de desastres y la cambio climático y viceversa. • Contribuir al fortalecimiento de los vínculos institucionales entre las entidades gubernamentales encargadas de la GRN, gestión de desastres y cambio climático, involucrando a representantes de estas entidades en procesos de evaluación del riesgo, plataformas y foros nacionales para compartir buenas prácticas. • Abogar por el desarrollo y la aplicación de una legislación que obligue a los actores del sector privado a realizar procesos de consulta pública sobre proyectos que afectarán a los recursos naturales y a establecer mecanismos de rendición de cuentas a las poblaciones afectadas. • Trabajar en colaboración con otros actores en la gestión de los recursos naturales, incluyendo el gobierno local, el ministerio del medio ambiente, ONG y comités de gestión de desastres, para compartir el conocimiento de asuntos multifacéticos y para diseñar intervenciones que satisfagan las necesidades de todos los actores^G. Realizar un análisis de poder para comprender los intereses de los actores con respecto a los recursos naturales clave, especialmente en el caso de grandes proyectos de desarrollo/infraestructura que explotarán tales recursos naturales, o afectarán a las comunidades que dependen de ellos.

Guía para aplicar los 10 principios del enfoque integrado de reducción del riesgo de desastres y la adaptación al cambio climático en la gestión de recursos naturales	
6. Promover la sinergia entre varios niveles.	• Fortalecer/apoyar la creación de comités de GRN a nivel local a fin de monitorear y analizar los asuntos locales y representar los intereses locales a otros niveles. • Ayudar a las autoridades y comunidades locales a gestionar los recursos naturales que traspasan las fronteras administrativos mediante la provisión de recursos destinados a actividades conjuntas de planificación, monitoreo y fortalecimiento de capacidades.
7. Basarse en diversas fuentes de conocimiento y ampliarlas.	• Usar enfoques participativos y culturalmente sensibles para captar el conocimiento de los pueblos locales e indígenas, especialmente de las generaciones mayores, respecto a los cambios que se han producido en los recursos naturales a lo largo del tiempo y cómo se han adaptado las personas a esos cambios. • Aprovechar los conocimientos técnicos externos para realizar estudios detallados de determinados recursos naturales y para presentar posibles opciones de construcción de resiliencia. • Fomentar la innovación proporcionando a las comunidades y organizaciones que han demostrada una gestión eficaz de los recursos naturales, acceso a asesoramiento técnico y científico sobre la adaptación y monitorear atentamente y documentar los resultados. • Trabajar en colaboración con otros. Muchos asuntos de GRN son multifacéticos (por ejemplo: la gestión de cuencas hidrográficas) y requieren la participación de múltiples actores y bases de conocimiento, incluyendo instituciones tradicionales locales, gobierno local, Ministerio del medio ambiente, comités de gestión de desastres, especialistas del sector, etc. para que las intervenciones se diseñen e implementen correctamente.
8. Promover flexibilidad y capacidad de respuesta.	• Identificar indicadores de sostenibilidad de los recursos naturales y establecer sistemas de monitoreo para el seguimiento de los cambios. • Vincular la GRN a sistemas de alerta temprana^G de amenazas inminentes y difundir la información generada a todos los actores involucrados.
9. Trabajar con diferentes escalas de tiempo.	• Identificar indicadores de sostenibilidad de los recursos naturales y establecer sistemas de monitoreo para el seguimiento de los cambios. • Vincular la GRN a sistemas de alerta temprana^G de amenazas inminentes y difundir la información generada a todos los actores involucrados.

Guía para aplicar los 10 principios del enfoque integrado de reducción del riesgo de desastres y la adaptación al cambio climático en la gestión de recursos naturales	
10. No causar daño.	• Tomar medidas para asegurar que todos los programas con el potencial de causar un impacto negativo en el medio ambiente sean evaluados adecuadamente antes de su implementación (por medio de una evaluación de impacto ambiental) o, si ya existen, asegurar que sean evaluados para determinar si han causado impactos ambientales negativos.
	• Considerar los impactos ambientales de las actividades de reconstrucción post-desastre. 'Reconstruir mejor'[G] significa garantizar que las respuestas no van a tener un impacto negativo en el medio ambiente y en los recursos naturales de los que dependen las personas.

ESTUDIO DE CASO: PROYECTO COMUNITARIO DE REGENERACIÓN NATURAL EN HUMBO[55]

Etiopia, World Vision Ethiopia

El terreno montañoso en la región de Humbo, Etiopía, está muy degradado, es escabroso y está permanentemente expuesto a sequías y la erosión del suelo es un grave problema. La pobreza, el hambre y la creciente demanda de tierras agrícolas han llevado a las comunidades locales a sobreexplotar los recursos forestales y la deforestación es una amenaza para las reservas de agua subterránea. Es posible que el cambio climático exacerbe la vulnerabilidad de Humbo a los desastres naturales y la pobreza.[56] La población depende en gran medida de la agricultura para ganarse el sustento, pero el incremento de las sequías e inundaciones creará trampas de pobreza para muchos hogares, frustrando sus esfuerzos para acumular activos e invertir en un futuro mejor. El aumento en la intensidad de las lluvias provocará una mayor erosión de los suelos y se presentarán periodos secos prolongados.

En 2005, World Vision identificó la regeneración natural de los tocones vivos de los árboles derribados como un medio para estimular el desarrollo continuo de la comunidad y para probar nuevas fuentes de financiamiento, como el Mecanismo para un Desarrollo Limpio (MDL). Suscrito en el Protocolo de Kyoto, el MDL permite que los proyectos de reforestación adquieran créditos de carbono por cada tonelada de dióxido de carbono equivalente retenido, o absorbido, por el bosque.

Después de dos años de consulta con los participantes zonales de Humbo (entidades gubernamentales federales, regionales, zonales y distritales) y de planificación, el Proyecto de Regeneración Natural Asistida de Humbo se convirtió en la primera iniciativa de comercio de carbono, de Etiopía, centrada en el Uso de la Tierra, Cambio de Uso de la Tierra y Forestación (LULUCF), como parte del MDL. Reconociendo el vínculo entre la conservación de los bosques y la protección de los medios de vida, el doble objetivo de este proyecto era mitigar el cambio climático y aliviar la pobreza a través de la reforestación.

El proyecto aplica la técnica de Regeneración Natural Gestionada por Agricultores (FMNR)[G] desarrollada por World Vision y refleja el enfoque 'no causar daño' fortaleciendo la resiliencia de la comunidad y al mismo tiempo restablece y mejora el medio ambiente natural. El proyecto proporciona una alternativa más económica a las técnicas convencionales de reforestación con plantas de vivero mediante el uso de tocones vivos. Para complementar la técnica de FMNR, más de 450,000 plantones al año se cultivan en viveros para recuperar superficies desnudas del bosque en las que no quedan muñones vivos.

El proyecto consistió en la regeneración de 2,728 hectáreas de bosques nativos degradados con especies indígenas biodiversas, que actúan con un 'sumidero de carbono' para mitigar el cambio climático y aumentar la resiliencia ambiental, social y económica frente a los futuros impactos del cambio climático. La capacidad técnica se fortaleció a través de la capacitación en la técnica de Regeneración Natural Gestionada por Agricultores, de apropiamiento comunitario y silvicultura gestionada y sistemas de producción más complejos y sostenibles.

Siete cooperativas comunales formadas por la comunidad son responsables del manejo y la protección del área forestal regenerada. El personal de World Vision está proporcionando capacitación técnica y fortaleciendo la capacidad^G de los miembros de las cooperativas. Se ha dedicado grandes esfuerzos a la consulta, la educación y la sensibilización de la comunidad acerca del concepto del comercio de carbono. World Vision usó dibujos, diagramas y esquemas para transmitir el significado de secuestro de carbono. Se recurrió al teatro, la radio y la televisión para ayudar a las comunidades a entender el secuestro de carbono, así como consultas para dar respuesta a las preguntas.

Al **promover la participación y el cambio sistémico** y el enfoque '**no causar daño**', este proyecto contribuirá a mejoras a largo plazo que permitirán aliviar la pobreza y al mismo tiempo, hacer frente al cambio climático por medio de una mejor gestión de los recursos naturales. Un año después del inicio del proyecto, el bosque mostró una rápida revegetación. Cuatro años después, 2,728 hectáreas de bosque degradado que habían sido explotadas permanentemente para extraer madera, carbón y forraje quedaron protegidas, se recuperaron y se gestionaron de forma sostenible. Durante el periodo de crédito por 30 años, se estima que más de 870,000 toneladas métricas de dióxido de carbono equivalente se eliminarán de la atmósfera, lo que ayudará a mitigar el cambio climático y proporcionará una fuente de ingresos a las cooperativas comunitarias.

La gestión comunitaria sostenible de los bosques recuperados también produce beneficios tangibles directos para el bienestar de las comunidades locales: (1) la recuperación forestal ha permitido aumentar la producción de madera y productos no madereros, entre ellos miel, medicamentos, fibra, frutas y vida silvestre que contribuyen a las economías familiares, (2) la mejora de la gestión de tierras ha estimulado el crecimiento de la hierba, que proporciona forraje al ganado y se puede cortar y vender como una fuente adicional de ingresos, y (3) La reforestación también está reduciendo la degradación de la tierra y la erosión del suelo.

Herramientas y recursos

El cuadro *Herramientas y Recursos* contiene información y enlaces Pág. 146.

4.4   Agua, saneamiento e higiene (WASH)

El abastecimiento de agua, el saneamiento y la higiene – conocidos con el acrónimo en inglés WASH – son fundamentales para la vida y la salud. Sin embargo, una cuarta parte de la población del mundo en desarrollo carece de agua potable seguro y casi la mitad carece de instalaciones de saneamiento seguras.[57]

La demanda global de mejora y ampliación de la cobertura de WASH está aumentando debido al crecimiento de la población, la urbanización y otros factores, mientras que la degradación ambiental[G] y el crecimiento de las industrias que consumen grandes volúmenes de agua y la tecnología están generando mayor competencia por los escasos recursos de agua.

Además de ampliar la cobertura para que se haga efectivo el derecho de cada hombre, mujer y niño al agua y al saneamiento, es necesario que todos los servicios e instalaciones WASH sean resilientes a las amenazas y a los efectos del cambio climático para que tales servicios e instalaciones y sus respectivos beneficios sean sostenibles.

Elementos clave

Las personas que viven en áreas donde los servicios WASH están expuestos a amenazas corren mayor riesgo. Por ejemplo: los terremotos y deslizamientos pueden causar daños en los pozos y sistemas de distribución de agua corriente; las inundaciones y erupciones volcánicas pueden contaminar las fuentes de agua; y las sequías pueden hacer que los pozos se sequen temporal o permanentemente e impedir que los sistemas de alcantarillado funcionen correctamente. Asimismo, todos los tipos de amenazas pueden deteriorar las prácticas de higiene que dependen del abastecimiento previsible de agua y del funcionamiento de los servicios de saneamiento.

Las proyecciones sobre el cambio climático indican que habrá cambios sustanciales en el ciclo global del agua, lo que hará imprevisible la disponibilidad de agua y aumentará las probabilidades de daño e interrupción de los sistemas de agua potable y saneamiento que fueron diseñados para un rango específico de condiciones.[58]

Asimismo, se prevé que la escasez de agua[G] inducida por el clima generará competencia y tensión entre los diferentes tipos de usuarios de agua, tales como pastores, agricultores, e industrias que consumen grandes volúmenes de agua, lo que podría provocar migración, desplazamiento y conflictos[G] (ver en la Sección *5.1 Escenarios de conflicto (Pág. 92) para obtener detalles adicionales y orientación para los profesionales en contextos de conflicto*).

Pero los sistemas WASH resilientes permiten a los usuarios disfrutar de buena salud y desarrollar medios de vida[G] productivos y estables. Los depósitos de agua subterránea pueden almacenar agua para consumo humano y el ganado durante periodos de sequía y los canales de drenaje urbanos limpios antes de la estación de huracanes pueden prevenir la acumulación de las aguas de inundación, reduciendo así los riesgos[G] asociados con el agua estancada y las enfermedades transmitidas por el agua. Los sistemas WASH que se diseñan tomando en cuenta la información sobre los desastres y el cambio climático futuros tienen más probabilidades de resistir el impacto de eventos extremos y de temperaturas elevadas, facilitando a sus usuarios otras formas de adaptación.

Guía para aplicar los 10 principios del enfoque integrado de reducción del riesgo de desastres y la adaptación al cambio climático en WASH	
1. Aumentar el conocimiento del contexto de las amenazas y del cambio climático.	• Identificar los efectos previstos del cambio climático en la disponibilidad de agua en el área de influencia del programa y en una escala geográfica más amplia. • Analizar el perfil de las amenazas hidrometereológicas en el área de influencia del programa usando la mejor información disponible para determinar en qué medida son susceptibles a ser afectadas por el cambio climático.
2. Aumentar el conocimiento de la exposición, la vulnerabilidad y la capacidad.	• Evaluar hasta qué punto los actuales sistemas WASH en el área de influencia del programa están expuestos a las amenazas y a los impactos proyectados del cambio climático sobre las fuentes de agua superficial y subterránea. • Evaluar el acceso de la población objetivo a los servicios de agua y saneamiento, su impacto en la salud y el estado nutricional de la población objetivo y cómo genera vulnerabilidad[G] a las amenazas y los efectos del cambio climático. • Llevar a cabo encuestas sobre Conocimientos, Actitudes y Prácticas (CAP)[G] de higiene entre las poblaciones en riesgo para identificar las causas de la vulnerabilidad y las capacidades de resiliencia[G].
3. Reconocer los derechos y las responsabilidades. responsibilities.	• Compartir los resultados de las evaluaciones, encuestas y otros estudios con los ministerios de gobierno (agua, salud, medio ambiente y otros) como los titulares de deberes en materia de WASH y con otros actores[G] clave tales como empresas privadas contratadas para proveer servicios WASH. • Sensibilizar a las poblaciones en riesgo acerca de sus derechos al agua y al saneamiento y cómo afecta el riesgo de desastres y la cambio climático a estos derechos.
4. Fortalecer la participación y la acción de la población en riesgo.	• Fortalecer las capacidades[G] del personal local de salud y de los representantes de las poblaciones en riesgo para proporcionar información sobre las medidas que deben tomarse antes, durante y después de amenazas comunes. • Apoyar la formación de comités WASH dentro de las poblaciones en riesgo; capacitarles para su monitoreo y mantenimiento, así como, para negociar con proveedores de servicios externos.
5. Promover la participación y el cambio sistémico.	• Abogar por la participación de los actores de WASH (gobierno, organizaciones no gubernamentales y sector privado) en plataformas/foros nacionales sobre reducción del riesgo de desastres[G] y la adaptación al cambio climático[G].
6. Promover la sinergia entre varios niveles.	• Identificar leyes y políticas nacionales relacionadas con WASH y el riesgo de desastres y la cambio climático[G] y ayudar a las poblaciones en riesgo a abogar por su aplicación. • Promover la coordinación entre todos los usuarios y las autoridades de agua en las cuencas hidrográficas y en las zonas de recarga de acuíferos.

Guía para aplicar los 10 principios del enfoque integrado de reducción del riesgo de desastres y la adaptación al cambio climático en WASH

7. Basarse en diversas fuentes de conocimiento y ampliarlas.	• Antes de diseñar intervenciones, obtener evaluaciones técnicas de las actuales fuentes de agua superficial y subterránea y del impacto potencial del cambio climático en ellas. • Apoyar el uso de prácticas tradicionales de agua y saneamiento, donde sea apropiado, tales como: métodos de recolección y almacenamiento de agua en zonas propensas a sequías. • Compartir ejemplos de sistemas WASH resilientes a las amenazas y al cambio climático en otros lugares, para promover su replicación, si procede.
8. Promover flexibilidad y capacidad de respuesta.	• Diseñar/readaptar los sistemas WASH para que estén operativos en distintos escenarios climáticos pronosticados (por ejemplo: sequías e inundaciones). • Promover el monitoreo sistemático de las instalaciones WASH expuestas a amenazas en diferentes condiciones climáticas, e introducir/abogar por mejoras cuando sea necesario.
9. Trabajar con diferentes escalas de tiempo.	• Ayudar a los usuarios y proveedores de servicios a identificar indicadores de alerta temprana de amenazas que pueden afectar los sistemas WASH y para desarrollar planes de contingencia. • Reducir la vulnerabilidad y exposición[G] a largo plazo combinando medidas de emergencia con el establecimiento de sistemas sostenibles y resilientes en intervenciones WASH post-desastre.
10. No causar daño.	• Realizar una evaluación de impacto ambiental[G] antes de cualquier intervención. • Monitorear sistemáticamente la calidad y potabilidad del agua subterránea, para prevenir el consumo de agua contaminada. • Promover la comunicación y coordinación entre diferentes grupos de usuarios cuyo acceso al agua probablemente resulte afectado por el cambio climático. • Promover el establecimiento de sistemas WASH que sean resilientes a las amenazas y a los cambios climáticos y sostenibles en términos de los recursos y conocimientos locales disponibles para mantenerlos.

Recuadro 4.8: Ejemplos de intervenciones WASH que promueven la resiliencia a desastres y la adaptación al cambio climático

- Protección de pozos manuales elevando sus brocales en zonas propensas a inundaciones, para garantizar el acceso permanente al agua durante inundaciones.

- Sistemas de recolección y almacenamiento de agua pluvial para las poblaciones situadas en áreas sin agua entubada, o que sufren sequías cíclicas.

- Limpieza de los estanques de agua para uso del ganado durante sequías.

- Promoción de filtros de agua domiciliarios y educación en su uso para reducir la morbilidad por enfermedades transmitidas por el agua y para proporcionar una alternativa en caso que las instalaciones WASH resulten dañadas.

- Letrinas elevadas ubicadas a una distancia segura de las fuentes de agua, para prevenir su desbordamiento y la contaminación durante inundaciones.

- Sistemas de saneamiento modificados que usan menos agua y, por lo tanto, son menos vulnerables durante periodos de sequía.

- Campañas de higiene y lavado de las manos dirigidas a las poblaciones en riesgo, para reducir la morbilidad general; ampliación de las campañas antes de amenazas previsibles o en respuesta a condiciones climáticas atípicas.

- Campañas de limpieza de canales de drenaje antes que ocurran inundaciones repentinas y tormentas tropicales pronosticadas.

- Instalación de estructuras de agua lejos de ríos estacionales.

ESTUDIO DE CASO: MEJORAMIENTO DE LOS SERVICIOS DE AGUA, SANEAMIENTO E HIGIENE Y RECUPERACIÓN DE LOS MEDIOS DE VIDA DESPUÉS DE UN CICLÓN[59]

India, CARE India/ CARE International

El Ciclón Aila, que golpeó la costa noreste de India en 2009, afectó a 6.6 millones de pobladores de 18 distritos y destruyó viviendas, cultivos, ganado y pesca. En el área de Sundarbans—un ecosistema único formado por la confluencia de tres ríos que atraviesan India y Bangladesh, con manglares, pantanos de agua salada y una rica variedad de flora y fauna—las comunidades locales viven bajo la amenaza constante de ciclones y otros desastres naturales y los límites entre la tierra y el agua están siendo continuamente redefinidos. La gran carga adicional que supone el crecimiento de la población y el impacto del cambio climático han hecho que el ecosistema de Sundarbans sea aún más frágil.

Después de trabajar con la comunidad en la identificación de sus necesidades, CARE India implementó, con fondos de ECHO, el Proyecto de recuperación de Sundarban post-Aila que proporcionó refugio, ayudó a fortalecer los medios de vida y mejoró los servicios de agua, saneamiento e higiene para las comunidades a través de diversas intervenciones.

Cinco meses después del ciclón, muchas aldeas continuaban inundadas de agua salada y necesitaban desesperadamente refugio, alimentos y servicios de agua, saneamiento e higiene (WASH). CARE India diseñó el proyecto a partir de las necesidades identificadas por los pobladores con planes anticipados dirigidos a reducir los riesgos de desastre en el futuro. Estos planes incluían actividades de dinero por trabajo, la distribución de variedades de semillas resistentes a la salinidad, aperos de labranza para el cultivo de las semillas de arroz distribuidas, huevos fecundados de peces, ganado y aves de corral, plantones de hortalizas y semillas de hortalizas para la promoción de huertos familiares. Asimismo, se proporcionó asistencia técnica para promover la preparación y el uso de abono orgánico y el establecimiento de bancos de granos. La población participó en la planificación e implementación del proyecto y aportó mano de obra. Se creó un comité de monitoreo por cada aldea participante en el proyecto. Cada comité estaba compuesto de pobladores de la aldea que tenían a su cargo el monitoreo general de las intervenciones.

Para resolver los problemas con los servicios WASH, CARE India instaló bombas manuales elevadas para asegurar que no dejaran de funcionar durante inundaciones. Estas bombas fueron diseñadas de tal manera que fueran accesibles a los usuarios con discapacidades. Los lugares de instalación fueron elegidos en consulta a la comunidad y con representantes de los consejos de las comunidades y aldeas. Se formó un comité de agua por cada pozo, que se encargaba de llevar el registro de las cuotas que pagaban los usuarios y de otros asuntos relacionados con la gestión de los pozos.

Además, expertos en agua, saneamiento e higiene de Water for People, llevaron a cabo 28 programas de capacitación/sensibilización dirigidos a todos los miembros de los comités, en los que aproximadamente 2,000 personas aprendieron el correcto mantenimiento de las bombas, principios básicos de administración y gestión, la importancia de la limpieza e higiene dentro y alrededor del pozo y en las viviendas, así como el uso correcto del agua de estanques, una fuente de agua tradicional para la comunidad.

La sostenibilidad mejoró como resultado de la **promoción de sinergia entre múltiples niveles**, el firme compromiso de los participantes del programa, la estrecha coordinación con varias ONG internacionales, ONG locales y entidad del gobierno, la adopción de un sistema de recuperación de gastos y del enfoque 'reconstruir mejor' que no sólo proporcionó puntos de agua alternativos, sino que también aseguró que estos puntos de agua tuvieran componentes de reducción del riesgo de desastres y fueran accesibles a las personas con discapacidad. La integración de la reducción del riesgo de desastres en las actividades de WASH resultó sencilla y se logró mejorar la resiliencia de los sistemas por medios relativamente sencillos que los pobladores pudieran usar con facilidad.

Herramientas y recursos

El cuadro *Herramientas y Recursos* contiene información y enlaces Pág. 147.

4.5 Educación

La educación puede tomar muchas formas, desde la educación formal y la capacitación técnica o vocacional, hasta la tutoría de niños y jóvenes por los miembros de familia y los ancianos de la comunidad.

La educación, un derecho en sí mismo, es considerada como la base para el desarrollo del individuo y de la sociedad.[60] Pero, para que la educación sea pertinente en contextos de riesgo de desastres[G] y cambio climático[G], tiene que desarrollar los conocimientos y competencias de las personas para gestionar los riesgos y adaptarse a los cambios en el entorno externo. Como servicio, la educación también debe ser resiliente a fin de garantizar la continuidad de los beneficios, así como la estabilidad y la protección[G], en tiempos de crisis.

Elementos clave

Aunque la educación aumenta las probabilidades de que las personas disfruten de mayores oportunidades económicas y de una mejor calidad de vida, no necesariamente les protege de los impactos de las amenazas[G] y otras condiciones adversas. El tener habilidades para encontrar trabajo o iniciar un negocio, pero no saber cómo proteger a los miembros de la familia y los activos productivos contra inundaciones, por ejemplo: puede provocar grandes pérdidas, incluso la muerte.

Los entornos educativos pueden estar expuestos a amenazas naturales y otros impactos del cambio climático. Después de un terremoto, por ejemplo: las clases escolares quedan interrumpidas porque las instalaciones escolares están dañadas o destruidas, o porque está habitadas por las personas que han perdido sus hogares. Si los edificios usados para fines de educación y formación son físicamente vulnerables, ponen en peligro las vidas de los niños y adultos que estudian en ellos.

La interrupción de la educación formal durante situaciones posdesastre y durante otros tipos de crisis puede contribuir a la inestabilidad social y poner en peligro los procesos de recuperación. En el corto plazo, los niños que no asisten a la escuela tienen más probabilidades de verse expuestos a otros riesgos, tales como la explotación o el abuso. En el largo plazo, no recibir educación perpetúa el ciclo de pobreza y vulnerabilidad[G].

Para asegurar que los servicios de educación sean resilientes a las amenazas y a los efectos del cambio climático y para reducir el riesgo de desastres y la cambio climático, la educación debe utilizarse como una herramienta para el cambio a fin de fortalecer las capacidades[G] de las poblaciones en riesgo para hacer frente al riesgo. Las escuelas son el entorno ideal para que el aprendizaje tenga lugar ya que sirven como centro de las actividades comunitarias, pero otras estructuras locales también pueden servir como escenarios de educación sobre el riesgo de desastres y la cambio climático.

Guía para aplicar los 10 principios del enfoque integrado de reducción del riesgo de desastre y adaptación al cambio climático en la educación	
1. Aumentar el conocimiento del contexto de las amenazas y del cambio climático.	• Utilizar información sobre las amenazas conocidas, el historial de los impactos de los desastres[G], y los efectos previstos del cambio climático para abogar por la incorporación de la reducción del riesgo de desastres y la adaptación al cambio climático en la currícula nacional.
2. Aumentar el conocimiento de la exposición, la vulnerabilidad y la capacidad.	• Evaluar hasta qué punto las instalaciones usadas para fines educativos están expuestas a las amenazas y los efectos previstos del cambio climático. • Apoyar la capacitación de los educadores (maestros, ancianos, padres, líderes de la comunidad, trabajadores jóvenes y otros) a fin de prepararles para enseñar los conceptos relacionados con el riesgo y la resiliencia. • Proporcionar capacitación a capacitadores vocacionales y técnicos en medidas de reducción del riesgo de desastre y adaptación (por ejemplo: técnicas de construcción segura; agricultura[G] resiliente a los desastres y al clima, etc.) • Usar los medios informativos locales y eventos públicos para sensibilizar a los adultos, jóvenes y niños acerca del riesgo de desastres y la cambio climático y acerca de buenas prácticas de resiliencia[G].
3. Reconocer los derechos y las responsabilidades.	• Facilitar la participación de los sectores más vulnerables de la población en riesgo en la educación sobre la resiliencia a los desastres y cambio climático a través de medidas como la provisión de comidas escolares y horarios escolares que sean compatibles con otras responsabilidades de los estudiantes. • Apoyar el desarrollo de materiales de acuerdo a la edad y el nivel de alfabetización sobre la reducción del riesgo de desastres y la adaptación al cambio climático en las lenguas locales y con ejemplos apropiados para los estudiantes. • Abogar por ambientes escolares seguros y resilientes a desastres.
4. Fortalecer la participación y la acción de la población en riesgo.	• Fomentar una comprensión holística de los procesos educativos formales e informales en el contexto local, para identificar adecuados puntos de partida para incorporar la reducción del riesgo de desastres y la adaptación al cambio climático. • Involucrar a los estudiantes, maestros, empleados administrativos de las escuelas y otras instituciones educativas en evaluaciones de riesgo a nivel comunitario. Apoyar la inclusión de los estudiantes en los procesos de planificación escolar y comunitaria. • Apoyar el desarrollo de materiales de acuerdo a la edad y el nivel de alfabetización en diversos medios para involucrar a todos los sectores de las poblaciones en riesgo.

Guía para aplicar los 10 principios del enfoque integrado de reducción del riesgo de desastre y adaptación al cambio climático en la educación	
5 Promover la participación y el cambio sistémico.	• Promover la inclusión de asuntos relacionados con la educación y representantes de educación en foros sobre reducción del riesgo de desastres y la adaptación al cambio climático, desde plataformas nacionales hasta Comités de gestión de desastres (CGD).
6 Promover la sinergia entre varios niveles.	• Apoyar la participación de los maestros y proveedores educativos locales en el desarrollo de una currícula y política nacional. • Apoyar el desarrollo de materiales educativos locales que apliquen la currícula y la política nacional.
7 Basarse en diversas fuentes de conocimiento y ampliarlas.	• Capacitar a los educadores para que entiendan el valor del conocimiento tradicional y científico y lo respeten. • Usar un lenguaje sencillo y ayudas visuales (imágenes, videos, canciones, etc.) para explicar los conceptos científicos y técnicos.
8. Promover flexibilidad y capacidad de respuesta.	• Promover el uso de métodos de enseñanza y materiales didácticos sobre adaptación al cambio climático y reducción del riesgo de desastres que incentiven la innovación • Proporcionar asistencia a las escuelas que deseen servir de refugios temporales/de emergencia durante y después de amenazas. • Incentivar el análisis después emergencias y desastres, e incorporar las lecciones en los planes de preparación[G] escolares y locales.
9. Trabajar con diferentes escalas de tiempo.	• Alentar a las escuelas y los líderes comunitarios a analizar todas las amenazas importantes y los efectos del cambio climático (eventos de evolución rápida y lenta y cambios a largo plazo) antes de elaborar planes de reducción del riesgo y de continuidad. Si es apropiado, ayudar a las escuelas y otros entornos de aprendizaje organizados a realizar simulacros de emergencia de desastres de evolución rápida. Abogar y/o apoyar la revisión de la currícula nacional de educación primaria, secundaria y superior, para incorporar la reducción del riesgo de desastres y la adaptación al cambio climático. • Abogar por la ubicación de las escuelas en términos de riesgos/seguridad a corto y largo plazo.
10. No causar daño.	• Ayudar a los educadores y las autoridades responsables de la toma de decisiones en el ámbito de la educación a acceder a la mejor información local y científica disponible sobre el riesgo de desastres y la cambio climático.

Recuadro 4.9: Ejemplos de reducción del riesgo de desastres y la adaptación al cambio climático relacionados con la educación formal y no formal

- **Clubes de reducción del riesgo de desastres y la adaptación al cambio climático:** En un entorno de aprendizaje semiformal, estos pueden atraer a los niños, adolescentes y jóvenes hacia la adquisición de conocimientos sobre los desastres y el cambio climático, que pueden ser transmitidos a otros. Esto puede incluir actividades como por ejemplo: la elaboración de mapas de amenazas y capacidades de los planteles escolares, o la organización de simulacros de la escuela, que se pueden compartir y articular a planes de acción comunitarios más amplios.

- **Implementar sistemas de alerta temprana a cargo de las escuelas:** En muchos casos, las escuelas pueden dirigir sistemas de alerta temprana que ponen sobre aviso a los niños, adolescentes, jóvenes y adultos sobre posibles crisis y pueden ser una excelente forma de involucrar a los jóvenes en actividades de reducción del riesgo de desastres y la adaptación al cambio climático.

- **Educación ambiental:** Las escuelas son lugares ideales para informar a los niños y adolescentes acerca de la gestión del medio ambiente. Ellas también brindan buenas oportunidades para explorar las interrelaciones entre la actividad humana y los posibles riesgos en el futuro.

- **Educación no formal en habilidades para la vida que incorpora prácticas de reducción del riesgo de desastres y la adaptación al cambio climático:** La capacitación en habilidades básicas para la vida puede impartirse a estudiantes de todas las edades y constituye una excelente oportunidad para integrar los ejercicios sobre riesgo y cómo prepararse para los desastres y adaptarse al cambio climático.

- **Capacitación de capacitadores/ maestros:** El apoyo a la capacitación de capacitadores en las escuelas y la comunidad respecto a la reducción del riesgo de desastres y la adaptación al cambio climático puede ofrecer recursos humanos útiles.

ESTUDIO DE CASO: REDUCCIÓN DEL RIESGO DE DESASTRES ENFOCADA EN LOS NIÑOS Y NIÑAS.

Bangladesh, Save the Children

Arif tiene catorce años y vive con sus padres en Pirojpur Sadar, un subdistrito de Pirojpur, en Bangladesh. Su padre es jornalero y su madre está postrada en cama desde que perdió una pierna después del ciclón Sidr, en 2007. Arif tuvo que abandonar la escuela para ayudar a mantener a su familia y ahora trabaja como técnico de sistemas de sonido y conduce coche de caballos.

Desde que se unió al proyecto de reducción del riesgo de desastres enfocada en el niño, implementado por Save the Children, Arif y sus amigos del club de niños aprendieron sobre las amenazas y los desastres. Ellos reunieron información de la comunidad haciendo visitas y consultas a los adultos para una evaluación de la capacidad y vulnerabilidad en relación con las amenazas (HVCA), elaboraron mapas de riesgos y de recursos y calendarios estacionales relacionados con los desastres, las enfermedades y los cultivos, al igual que un mapa social que se compartió con los miembros de la comunidad.

Antes del proyecto, la comunidad opinaba que los niños no podían hacer nada importante en cuanto a la preparación y respuesta ante emergencias, pero esto cambió durante el taller comunitario de reflexión y validación en el que los integrantes del club de niños presentaron los resultados de la evaluación de capacidades y vulnerabilidades. La comunidad reconoció que los niños podían desempeñar un papel clave en las iniciativas locales de reducción de riesgos. Luego los niños solicitaron que la comunidad y el representante electo de la comunidad atendieran las necesidades especiales de todos los niños contenidas en el plan de acción comunitaria para la reducción de riesgos que se elaboró después de la evaluación.

Arif dijo que a él y a otros niños les encantaba lo que hacían y que se dividieron el trabajo para difundir los mensajes de reducción del riesgo de desastres a sus padres, hermanos y otros miembros de la comunidad. Los niños y los miembros de la comunidad, sienten las variaciones debido al cambio climático (por ejemplo: elevación del nivel de agua durante mareas de tormenta, lluvias inusuales), por lo que los mensajes relacionados con la reducción del riesgo de desastres y la adaptación al cambio climático son especialmente importantes.

Arif indicó, "Ahora tengo confianza y puedo compartir los resultados con mi comunidad y ellos lo aceptan y agradecen. Puedo decirle a las familias vulnerables cómo reducir los potenciales riesgos de desastre."

Al **aumentar el conocimiento de los niños respecto al contexto de las amenazas y del cambio climático**, ellos se entusiasmaron en participar en conversaciones sobre reducción del riesgo de desastres en la comunidad y ésta elogió a los niños y les aceptó como agentes activos de la comunidad. Ellos adquirieron más seguridad y plantearon sus preocupaciones sobre temas que les afectan.

Involucrar a los niños en la reducción del riesgo de desastres puede mejorar la calidad del programa para los adultos y los niños. Se debería empoderar a los niños para que participen y presenten sus resultados a la comunidad.

Herramientas y recursos

El cuadro *Herramientas y Recursos* contiene información y enlaces Pág. 148.

4.6 Salud

La mayor parte de la población pobre del mundo no puede ejercer su derecho a la salud. Aproximadamente la mitad de la población mundial corre el riesgo de contraer malaria, la desnutrición infantil es la causa subyacente de más de una tercera parte de las muertes de niños menores de 5 años, y se estima que 34 millones de personas viven con VIH.[61]

Las personas más pobres dependen más que otros sectores de la población de su salud porque deben gozar de buena salud para tener medios de vida productivos[G]. Enfermarse y tener que pagar los servicios médicos pueden provocar mayor empobrecimiento, endeudamiento e, incluso, la indigencia. Los niños que se enferman con frecuencia no asisten a la escuela y pierden las oportunidades de vida que les brinda la educación.

Elementos clave

Los desastres[G] constituyen un grave riesgo para la salud de las personas y los servicios de salud de los que ellas dependen.

Los desastres de evolución rápida[G], como terremotos y tormentas, tienden a dejar heridos a causa de la caída de escombros o el derrumbe de edificios, y pueden destruir o paralizar los establecimientos de salud por los daños en sus instalaciones y equipos, la pérdida directa del personal de salud y la interrupción de la cadena de suministro de medicamentos y suministros médicos.

Los desastres de evolución lenta, como sequías e inundaciones, tienden a minar la salud de las personas y las comunidades durante periodos prolongados, causando la acumulación de tensiones y enfermedades que, a su vez, les hacen más vulnerables a otros tipos de infecciones y amenazas para la salud.

Después de todo tipo de desastres, pueden ocurrir desastres secundarios cuando la salud de las personas se ve afectada por el hacinamiento en refugios temporales, la insuficiencia de los servicios de agua, saneamiento e higiene de emergencia, la inseguridad alimentaria y la violencia.

El cambio climático[G] está aumentando la frecuencia y/o intensidad de las amenazas climáticas y los riesgos para la salud causados por enfermedades sensibles al clima. Es probable que la incidencia de las enfermedades transmitidas por el agua, como las infecciones bacterianas y parasitarias, aumente como resultado de inundaciones y sequías por periodos más prolongados.[62] Se prevé que las enfermedades transmitidas por vectores, como la malaria y el dengue, van a aumentar en condiciones más cálidas y más húmedas y es posible que afecten otras áreas conforme las temperaturas globales aumenten. Es posible que las tasas de morbilidad y mortalidad aumenten[63] entre las poblaciones vulnerables en las que los servicios de salud no son capaces de responder a los cambios en los patrones de las enfermedades y a la demanda de servicios de salud apropiados.

Sin embargo, ninguno de estos efectos es inevitable si se entiende y se gestiona adecuadamente los riesgos de desastre y cambio climático. Los establecimientos de salud pueden aumentar su resiliencia[G] con medidas de readaptación a amenazas específicas, la formulación de planes de contingencia[G], la inclusión en sistemas de alerta temprana[G] y actividades de preparación ante desastres[G]. La incidencia de las enfermedades transmitidas por el agua y por vectores puede reducirse, por ejemplo: con la promoción de la higiene y una gestión eficaz de la salud ambiental; la salud de los niños y de otros

grupos vulnerables puede mejorar y ser protegida, por ejemplo: con programas focali-
zados en la seguridad alimentaria y nutrición y en agua, saneamiento e higiene. La
inversión en estas medidas puede prevenir que las instalaciones de salud y la salud de
las personas resulten afectados por los desastres y el cambio climático. Estas medidas
pueden convertirse en fuentes cruciales de resiliencia.

Guía para aplicar los 10 principios del enfoque integrado de reducción del riesgo de desastres y la adaptación al cambio climático en la salud	
1. Aumentar el conocimiento del contexto de las amenazas y del cambio climático.	• Evaluar los posibles impactos epidemiológicos de las amenazas conocidas y los efectos previstos del cambio climático en el área del programa.
2. Aumentar el conocimiento de la exposición, la vulnerabilidad y la capacidad.	• Evaluar hasta qué punto las instalaciones de salud en el área del programa están expuestas a las amenazas y los efectos previstos del cambio climático. • Evaluar la relevancia de las estrategias existentes de salud de los actores gubernamentales y otros actores, para los escenarios de riesgo actuales y futuros; identificar las posibles fortalezas, debilidades y vacíos. • Realizar una Encuesta sobre Conocimientos, Actitudes y Prácticas (CAP)[G] enfocada en la salud, entre las poblaciones en riesgo, para identificar las causas de la vulnerabilidad[G] a las enfermedades actuales y previstas, así como los factores de resiliencia.
3. Reconocer los derechos y las responsabilidades.	• Compartir los resultados de las evaluaciones, encuestas y otros estudios con el Ministerio de salud y los prestadores de servicios de salud (instituciones gubernamentales, no gubernamentales y privadas). • Sensibilizar a las poblaciones vulnerables acerca de su derecho a la salud y cómo se ve afectada por el riesgo de desastres y la cambio climático. • Complementar los servicios de salud gubernamentales con programas que pongan énfasis en la transmisión de mensajes de salud relacionados con los desastres y el cambio climático y mejoren la preparación en el ámbito de la salud, por ejemplo: con campañas de vacunación, almacenamiento y preparación de alimentos, etc.
4. Fortalecer la participación y la acción de la población en riesgo.	• Fortalecer la capacidad[G] del personal local de salud para implementar programas de salud preventiva que incluyan información sobre las medidas a tomarse antes, durante y después de amenazas comunes. • Apoyar la formación de comités de salud dentro de las poblaciones en riesgo y capacitarles para realizar vigilancia epidemiológica de rutina a fin de facilitar la detección temprana y las acciones a tomarse. • Proporcionar conocimientos y competencias para que los hogares adopten medidas como la rehidratación oral en casos de diarrea, la purificación del agua, y la preparación y el almacenamiento seguro de los alimentos.

Guía para aplicar los 10 principios del enfoque integrado de reducción del riesgo de desastres y la adaptación al cambio climático en la salud

5. Promover la participación y el cambio sistémico.	• Promover/apoyar la coordinación de los asuntos relativos al riesgo de desastres y la cambio climático entre los actores locales de los sectores salud, vivienda/refugio, WASH, seguridad alimentaria, nutrición y actores a nivel local. • Abogar por la participación de los actores del sector salud (instituciones gubernamentales, no gubernamentales y privadas) en plataformas y foros nacionales sobre reducción del riesgo de desastres[G] y la adaptación al cambio climático[G].
6. Promover la sinergia entre varios niveles.	• Identificar leyes y políticas nacionales relevantes a la provisión de atención de la salud y ayudar a las poblaciones en riesgo a abogar por su aplicación. • Promover la planificación de contingencia a múltiples niveles ante emergencias de salud, incluyendo la redistribución/reasignación del personal de salud, los equipos y los recursos financieros para atender las crecientes necesidades.
7. Basarse en diversas fuentes de conocimiento y ampliarlas.	• Reunir evidencia de los nexos entre la variación de los patrones de las enfermedades, las amenazas durante periodos de tiempo prolongado, que sirva de base para el desarrollo de adecuadas estrategias de salud en lo que se refiere a la reducción del riesgo de desastres y la adaptación al cambio climático. • Analizar los registros de vigilancia de salud durante y después de desastres y condiciones climáticas extremas precedentes para identificar las principales causas de morbilidad y los grupos más vulnerables. • Ayudar a las poblaciones en riesgo a evaluar la pertinencia y eficacia de las prácticas tradicionales de salud en relación con el riesgo de desastres y la cambio climático, e incentivar la expansión de las prácticas exitosas.
8. Promover flexibilidad y capacidad de respuesta.	• Trabajar con otros actores[G] de la salud para identificar indicadores comunes y 'activadores' para poner en marcha medidas de reducción del riesgo tales como, campañas de salud preventiva. • Incluir partidas de fondos de contingencia en los presupuestos de salud a todos los niveles, para hacer frente a los brotes de enfermedades que pueden ser resultado del cambio climático.
9. Trabajar con diferentes escalas de tiempo.	• Apoyar la implantación de sistemas de alerta temprana en los establecimientos de salud y llevar a cabo simulacros periódicamente. • Abordar, con carácter prioritario, las debilidades detectadas en los establecimientos de salud críticos. • Dar capacitación a los miembros de la comunidad en primeros auxilios. • Reducir la vulnerabilidad de largo plazo a través de campañas de vacunación y promoción de la salud dirigidas a erradicar las enfermedades comunes y las que probablemente se agudicen debido al cambio climático.

Guía para aplicar los 10 principios del enfoque integrado de reducción del riesgo de desastres y la adaptación al cambio climático en la salud	
10. No causar daño.	• Promover la buena salud y nutrición como base para la resiliencia a todos los tipos de amenazas, choques[G] y cambios. • Promover la comunicación y coordinación entre los actores de salud que trabajan con las poblaciones en riesgo. • Abogar para que los proveedores de salud incorporen estrategias de resiliencia a los desastres y el cambio climático en programas de asistencia y divulgación eficaces en los lugares donde ya existen.

Recuadro 4.10: Ejemplos de medidas de reducción del riesgo de desastres y la adaptación al cambio climático en el sector salud

- Estrategias para la prevención de la malaria que incluyen la distribución de mosquiteros antes de la estación de monzones y durante inundaciones.

- Readaptación de hospitales en zonas de alta actividad sísmica.

- Identificación de fuentes alternativas de energía y agua en caso de interrupción de los servicios.

- Reservas de emergencia de medicamentos esenciales y suministros médicos en caso de interrupción de la cadena de suministro /destrucción de la infraestructura de transporte.

- Acuerdos mutuos con otros establecimientos o instituciones de salud para suplir la falta de personal de salud en tiempos de crisis.

- Campañas de higiene y nutrición que utilizan spots de radio y televisión y servicios de mensajes cortos.

- Capacitación en vigilancia epidemiológica para el personal local de salud y voluntarios de la comunidad.

- Capacitación y equipamiento de los miembros de la comunidad para realizar evacuaciones y dar primeros auxilios en situaciones de desastre.

- Distribución y capacitación en el uso de filtros domiciliarios de agua.

ESTUDIO DE CASO: ELABORACIÓN *DE DIRECTRICES SOBRE BROTES EPIDÉMICOS DE CÓLERA: PREPARACIÓN, PREVENCIÓN Y CONTROL*[64]

Oxfam GB

Después del brote de cólera surgido tras el terrible terremoto que azoló a Haití, en el 2010, Oxfam GB examinó las experiencias de sus programas sobre el cólera en Etiopía, Sudán, Somalia, Haití, Zimbabwe y la República Democrática de Congo. En base a esas experiencias, elaboró el documento titulado *Directrices sobre Brotes Epidémicos de Cólera: Preparación, Prevención y Control* con la finalidad preparar mejor al personal para elaborar un plan de acción y responder apropiadamente a un brote de cólera. Las lecciones extraídas de las últimas intervenciones de Oxfam demostraron que en la mayoría de las respuestas se adoptó un enfoque reactivo para la prevención y el control de esta enfermedad. En muchos casos no se coordinaron las intervenciones y no se aplicó un enfoque multisectorial, por lo que no se pudo prevenir el brote o la recurrencia de esta enfermedad, trayendo como consecuencia, altas tasas de morbilidad y mortalidad.

Oxfam es consciente que se prevé una variación en los patrones de las enfermedades como resultado del cambio climático y le preocupa en particular el aumento de los casos de cólera. Por ello, es necesario disponer de orientación para estar preparados ante el riesgo de brote de enfermedades como el cólera.

Para garantizar la adopción de un enfoque más proactivo en respuesta al cólera en países clasificados oficialmente por la Organización Mundial de la Salud como "zonas endémicas" de cólera, los programas de Oxfam GB deben tener planes actualizados de preparación y respuesta al cólera que orienten al personal técnico y de gestión en sus funciones y sus responsabilidades. Estos planes también establecen lo que debe hacerse antes de la temporada de brote a fin de prevenir la enfermedad y la muerte en caso de epidemia.

En la experiencia de Oxfam en Oromia, Etiopía, a pesar de los esfuerzos de sensibilización en dos zonas infectadas, se produjeron muertes relacionadas con el cólera y la epidemia se extendió a pueblos vecinos. En conversaciones con los miembros de comunidades ubicadas en esas zonas, salió a relucir que algunos mensajes eran demasiado "difíciles" para entender y aplicar en forma inmediata. También creían que los mensajes que escuchaban eran similares a los mensajes de higiene que habían escuchado durante años. Lo único nuevo era el ritmo al que el cólera se estaba propagando y matando, pero ellos no alcanzaban a entender la urgencia de los mensajes. En posteriores conversaciones con representantes de la oficina zonal de salud y las organizaciones participantes, se manifestó que la comunidad había recibido educación en materia de higiene rutinaria cuando lo que se necesitaba con urgencia era una educación comunitaria diseñada específicamente para situaciones de emergencia por cólera, lo que demostró la importancia de **mejorar el conocimiento de la exposición, la vulnerabilidad y la capacidad** para que la comunidad pudiera entender los problemas en sus propios términos.

La reducción de la transmisión de enfermedades durante entierros es otro ejemplo. En Papúa Occidental, por ejemplo: se realiza una ceremonia que consiste en tocar el cuerpo del muerto y asistir a una fiesta después del entierro. Las personas viajan largas distancias para asistir, trasladándose de una zona no infectada a otra que podría estar infectada. Al regresar a sus aldeas podrían llevar consigo el cólera, lo que provocaría su rápida propagación en zonas más extensas. La educación sobre medidas preventivas durante entierros es fundamental (las directrices de Oxfam así lo indican). En Papúa Occidental, Oxfam trabajó con líderes religiosos para incluir el correcto lavado de las manos después de haber tocado un cuerpo como parte de la ceremonia, **fortaleciendo así la participación y la acción de la población en riesgo**. Ya que esta innovación no socava la importancia de las ceremonias, las autoridades religiosas se apresuraron a adoptar y aplicar el lavado de las manos. Ellas recibieron capacitación y artículos de higiene (jabón, tabletas para el tratamiento del agua y baldes) para que se aseguraran de que las personas se lavaran las manos.

Todos los programas de control del cólera son caros, por lo que es fundamental obtener fondos lo antes posible para adquirir materiales vitales como: bolsitas para el tratamiento doméstico del agua; solución de rehidratación oral (SRO) y materiales para puestos de rehidratación oral (PRO); material impreso de información, educación y comunicación (IEC); y la distribución de mensajes clave de higiene por la radio u otros medios similares de comunicación masiva.

Los profesionales deben: a) prepararse para responder al cólera antes de la temporada en que aparece esta enfermedad y tener listo un plan de acción; b) asegurar que el plan sea completo y que tengan la capacidad suficiente para responder, capacitar al personal identificado y, disponer de los recursos necesarios para la ejecución de los proyectos; c) garantizar que los mensajes sobre prevención y tratamiento del cólera estén adaptados a la población objetivo; d) incluir una campaña de educación para sensibilizar a todas las personas que viven en el área afectada.

Herramientas y recursos útiles

El cuadro *Herramientas y Recursos* contiene información y enlaces Pág. 149.

4.7 Protección

En el trabajo de ayuda humanitaria y desarrollo, la protección[G] implica tratar de lograr la defensa de los derechos humanos y la protección de la vida, la dignidad y la integridad de los civiles contra los efectos de la violencia, la coerción y la privación en tiempos de conflicto[G] o crisis. Teniendo presente que la protección es una obligación de los Estados como signatarios de instrumentos de Derecho Internacional Humanitario (DIH), derechos humanos y del derecho internacional de los refugiados, la función de los actores no gubernamentales en el ámbito de la protección es crear conciencia de los derechos, ayudar a los titulares de derechos a reivindicar sus derechos y a los titulares de deberes a hacerlos cumplir, al igual que prestar ayuda humanitaria en situaciones de necesidades no satisfechas.

Elementos clave

En contextos de riesgo de desastres[G], las amenazas para los derechos de las personas pueden considerarse como un resultado de la incapacidad del Estado para cumplir su deber de protegerles ya sea limitando su exposición[G] a las amenazas[G] o haciendo frente a los factores que les hacen vulnerables. Por ejemplo:

- Si se construye una escuela en una zona conocida por su alto riesgo sísmico sin sólidos principios de ingeniería sísmica, las autoridades pueden ser consideradas responsables de exponer a los niños a una amenaza y/o de no proteger sus derechos a la educación y a la vida, debiendo rendir cuentas de ello.
- Si la fuente de suministro de agua potable de una población se contamina durante una inundación y las autoridades no proporcionan acceso a fuentes alternativas de agua salubre, se les puede considerar responsables de intensificar la vulnerabilidad[G] de las personas a enfermedades transmitidas por vectores, debiendo rendir cuentas por no haber protegido el derecho de sus ciudadanos a servicios básicos.
- Si el gobierno autoriza la tala de árboles en un área propensa a lluvias intensas y deslizamientos, sin realizar una evaluación de riesgos y sin adoptar medidas de reducción de riesgos y ocurre un deslizamiento, puede considerarse que el gobierno incumplió su obligación de proteger los derechos de sus ciudadanos.

Los efectos del cambio climático[G] también pueden plantear otras amenazas para los derechos de las personas, incluyendo el derecho a la vida. Por ejemplo:

- A medida que el estrés por el agua[G] vaya en aumento en algunos lugares, ocurrirán actos de violencia y privación deliberada como, por ejemplo: el robo de ganado, entre grupos que compiten por el acceso a recursos limitados como los pastos y el agua.
- A medida que el nivel del mar suba, las personas que viven en zonas costeras expuestas se verán obligadas a migrar. En la actualidad se adolece de marcos jurídicos y sociales que protejan a los migrantes relacionados con el clima y que les garanticen una reubicación segura, integración y prevención[G] de la explotación.
- Después de un desastre como, por ejemplo: una inundación, las mujeres y los niños en refugios temporales pueden verse expuestos a la violencia y el abuso.

- Si las autoridades nacionales o locales están bajo presiones para reubicar a las poblaciones en riesgo, los individuos o grupos pueden sentirse obligados a aceptar 'soluciones' que no respetan sus derechos.

- Proyectos de mitigación[G] o adaptación de gran escala, como los de producción de biocombustibles o construcción de presas, pueden obligar al desplazamiento o la reubicación de las poblaciones que viven en el área del proyecto potencial. En algunas circunstancias, se puede recurrir a la violencia o coerción para lograr estos objetivos.

Las personas que enfrentan amenazas contra su vida y su dignidad generalmente se valen de capacidades y estrategias de autoprotección para evitar mayor daño o violencia contra sus vidas o sus medios de vida[G]. Ante amenazas colectivas, el trabajo con asociaciones de la sociedad civil[G] puede mejorar la capacidad[G] de las personas para influir en los titulares de deberes a fin de que protejan y respeten sus derechos. La función de los profesionales de ayuda humanitaria y del desarrollo es, por ende, fortalecer las capacidades de protección autónomas, así como proporcionar capacidades y recursos complementarios para proteger los derechos de las poblaciones en riesgo.

Guía para aplicar los 10 principios del enfoque integrado de reducción del riesgo de desastres y la adaptación al cambio climático en el sector de la protección	
1. Mejorar el conocimiento del contexto de las amenazas y del cambio climático.	• Brindar apoyo a las poblaciones en riesgo y las autoridades locales para mapear y documentar las amenazas y los efectos del cambio climático y asegurar que el proceso y los productos sean de calidad suficiente para utilizarlos en acciones de incidencia política y en demandas legales.
2. Mejorar el conocimiento de la exposición, la vulnerabilidad y la capacidad.	• Evaluar la exposición, la vulnerabilidad y las capacidades de las poblaciones en riesgo y su relación con las amenazas y los efectos del cambio climático identificados, utilizando un método que les permita entender mejor las causas. • Con apoyo especializado, realizar una evaluación de protección para conocer los riesgos[G] que enfrentan las mujeres y los niños que viven en refugios de emergencia después de un desastre[G].
3. Reconocer los derechos y las responsabilidades.	• Sensibilizar a las poblaciones en riesgo acerca de la manera en que el riesgo de desastres y la cambio climático afecta sus derechos. • Dar capacitación al personal y los líderes comunitarios sobre los marcos legales (nacionales e internacionales) y cómo usarlos para desarrollar estrategias de incidencia política a favor de la reducción del riesgo de desastres[G] y la adaptación al cambio climático[G].
4. Fortalecer la participación y la acción de la población en riesgo.	• Usar técnicas participativas para identificar las estrategias de autoprotección de las personas y para decidir las modalidades de acción protectora más adecuadas y eficaces para cada situación. • Facilitar el diálogo entre los líderes comunitarios, las autoridades locales y otros actores[G] respecto a asuntos relacionados con la protección contra los riesgos de desastre y cambio climático.

Guía para aplicar los 10 principios del enfoque integrado de reducción del riesgo de desastres y la adaptación al cambio climático en el sector de la protección	
5. Promover el involucramiento y el cambio sistémico.	• Presentar casos bien documentados y apoyar la participación de representantes de las poblaciones en riesgo en reuniones clave con las autoridades del gobierno, organizaciones con mandato en el ámbito de la protección, como el Alto Comisionado de las Naciones Unidas para los Refugiados (ACNUR) y los que tiene a su cargo la reducción del riesgo de desastres y la adaptación al cambio climático.
6. Promover la sinergia entre varios niveles.	• Ayudar a las poblaciones afectadas a proporcionar información veraz sobre asuntos de protección relacionados con el riesgo de desastres y la cambio climático a las autoridades encargadas de formular políticas y tomar decisiones a diferentes niveles del gobierno. • Invitar a representantes de autoridades de gobierno responsables de la protección, la reducción del riesgo de desastres y la adaptación al cambio climático a visitar las poblaciones en riesgo para que entiendan mejor los problemas que ellas enfrentan.
7. Basarse en fuentes de conocimiento diversas y ampliarlas.	• Invertir en la investigación de asuntos de protección, especialmente en lo que respecta al cambio climático, para que los actores comprendan y conozcan mejor estos asuntos.
8. Promover flexibilidad y capacidad de respuesta.	• Facilitar el acceso de las poblaciones en riesgo y los gobiernos a la mejor información disponible sobre los efectos del cambio climático, para que puedan planificar y seguir adaptando los planes consecuentemente.
9. Trabajar con diferentes escalas de tiempo.	• Desarrollar estrategias paralelas cuyo objetivo sea influir en las autoridades para proteger los derechos de sus ciudadanos en virtud de sus deberes soberanos de protección, y al mismo tiempo, atender las necesidades urgentes de protección mediante el involucramiento de los actores humanitarios y la prestación de ayuda humanitaria si fuera necesario. • Dar capacitación al personal humanitario para que pueda identificar casos de abuso en refugios temporales después de desastres.
10. No causar daño.	• Contratar especialistas en protección para que presten apoyo consultivo, o realizar evaluaciones e intervenciones de protección en forma directa.* • Realizar un análisis de protección antes de emprender acciones. • Actuar siempre con el permiso de la población afectada y, en caso necesario, conseguir garantías de confidencialidad antes de cualquier acción.

* Consultar las políticas organizacionales.

ESTUDIO DE CASO: TRIBUNAL EUROPEO DE DERECHOS HUMANOS DICTAMINA QUE EL ESTADO ES RESPONSABLE DE LAS MUERTES OCASIONADAS POR UN DESLIZAMIENTO[65]

Budayeva y otros vs. Rusia (2008)

La ciudad de Tyrnauz (25,000 habitantes), Rusia, está situada en una región montañosa al pie del Monte Elbrus. Pruebas documentales que datan de 1937 indican que la zona es propensa a avalanchas de lodo y, como estos eventos afectaban ocasionalmente a la ciudad, las autoridades decidieron construir un colector de retención en 1965 y un dique de retención en 1999 para proteger a sus ciudadanos.

El 20 de agosto de 1999, un flujo de lodo y detritos sepultó la presa. Entre el 30 de agosto de 1999 y el 7 de julio de 2000, las autoridades recibieron numerosas advertencias de una entidad estatal encargada de monitorear las amenazas meteorológicas en zonas de gran altitud. Una afirmó expresamente que el número de víctimas no tendría precedentes si no se aplicaban las medidas recomendadas. No había ambigüedad en el alcance y la oportunidad de los trabajos necesarios para prevenir tales pérdidas pero, a pesar de las advertencias, no se adoptaron medidas para evitar que los ciudadanos de Tyrnauz se vieran afectados y no se dio ninguna razón sobre el por qué. La reconstrucción de la presa parecía inviable en ese momento. En consecuencia, la única forma de evitar víctimas era establecer puestos de observación para alertar a la población de la amenaza de un deslizamiento inminente, pero esta medida nunca se aplicó.

El 18 de julio de 2000, un flujo de lodo y detritos destruyó la ciudad e inundó algunos barrios residenciales. Tyrnauz se vio afectada por una sucesión de deslizamientos hasta el 25 de julio del 2000. Murieron ochos personas, entre ellas Vladimir Budayeva, pero su esposa, Khalimat Budayeva, recurrió al Tribunal Europeo de Recursos Humanos de acuerdo al Artículo 2 (Derecho a la Vida) del *Convenio Europeo de Derechos Humanos*. La vida de cientos de residentes estaba amenazada.

Una semana después del incidente, la fiscalía inició una investigación penal sobre las circunstancias de la muerte de Vladimir Budayeva. Sin embargo, la investigación se limitó a establecer la causa inmediata de su muerte, que resultó ser el colapso del edificio. No se consideró el cumplimiento de las normas de seguridad y la responsabilidad de las autoridades. Es importante destacar que estos asuntos no fueron objeto de investigación penal, administrativa o técnica. En particular, no se tomó acción alguna para verificar las numerosas acusaciones de los medios informativos y las denuncias de las víctimas respecto al deficiente mantenimiento de la infraestructura de defensa contra deslizamientos o el incumplimiento de las autoridades en el establecimiento del sistema de alerta. En consecuencia, por el hecho de no haber investigado las deficiencias en el funcionamiento del sistema normativo y no haber identificado a los funcionarios y las autoridades del gobierno implicadas en la cadena de acontecimientos, el tribunal concluyó que hubo violación del aspecto procesal del Artículo 2. El tribunal sostuvo que la Federación de Rusia violó su obligación positiva (deber de hacer algo) de proteger el derecho a la vida en virtud del Artículo 2 ya que no había (1) establecido marcos legislativos y administrativos a fin de prevenir cualquier amenaza para el derecho a la vida; y (2) dado una respuesta judicial adecuada después de las supuestas violaciones del derecho a la vida. El Artículo 2 del *Convenio* impone al Estado la obligación positiva de amparar la vida de los individuos bajo su jurisdicción. En él se contemplan los aspectos sustantivos y procesales.

El tribunal sostuvo que los Estados deben establecer marcos legislativos y administrativos para prevenir cualquier amenaza para el derecho a la vida. El alcance de esta obligación depende del origen de la amenaza y de la medida en que se puede mitigar. La obligación se aplica a amenazas naturales inminentes y claramente identificables. Se aplica especialmente a calamidades recurrentes que afectan a una zona destinada a la ocupación humana.

El tribunal concluyó que no había ninguna justificación para el incumplimiento de las autoridades en implementar políticas de planificación territorial y socorro de emergencia en Tyrnauz. Además, halló un vínculo causal entre las deficiencias administrativas, que impidieron la implementación de políticas de socorro y la muerte de Vladimir Budayeva, así como las lesiones sufridas por otros demandantes. Por lo tanto, las autoridades no cumplieron la obligación positiva de establecer un marco legislativo y administrativo a fin de prevenir cualquier amenaza para el derecho a la vida, que lo exige el aspecto sustantivo del Artículo 2.

El tribunal sostuvo que los marcos legislativos y administrativos deben implementarse correctamente. Las autoridades que administraban estos marcos debían determinar las circunstancias en las que ocurrió el incidente y las deficiencias en el funcionamiento del sistema normativo; e identificar a los funcionarios o las autoridades del Estado involucradas en la cadena de acontecimientos. Cuando hay pérdida de vidas, el sistema judicial debe llevar a cabo una investigación independiente e imparcial que garantice la aplicación de las penas correspondientes a los que incumplen en establecer estos marcos legislativos y administrativos.

Este caso es un ejemplo útil de las obligaciones que todo Estado debe cumplir para mantener la seguridad y el bienestar de sus ciudadanos y, si se incumplen dichas obligaciones, las medidas que se deben aplicar para determinar cómo se produjo la falla.

Lograr que las comunidades y autoridades **reconozcan sus derechos y responsabilidades** es un elemento fundamental en todo proyecto para reducir el riesgo de desastres y la cambio climático.

"Como quedó claro en el caso Budayeva, estas obligaciones [la obligación del Estado de respetar, proteger y hacer cumplir el derecho humano a la vida] son particularmente importantes en el contexto de los desastres que son recurrentes. Desde el punto de vista legal, la importancia de un desastre recurrente es que es previsible. Esto significa que los gobiernos saben, o deberían saber, que habrá desastres derivados de peligros físicos porque ellos han presenciado los desastres ocurridos en el pasado. Por consiguiente, los gobiernos están advertidos de que existe amenazas para la vida y deben tomar las medidas correspondientes para respetar, proteger y hacer cumplir los derechos de sus ciudadanos en el contexto de amenazas previsibles."[66]

Herramientas y recursos

El cuadro *Herramientas y Recursos* contiene información y enlaces Pág. 149.

5

CONTEXTOS CLAVE PARA LA REDUCCION DEL RIESGO DE DESASTRES Y LA ADAPTACION AL CAMBIO CLIMÁTICO

El capítulo 5 tiene como objetivo ayudar a las profesionales a aplicar los conceptos y las buenas prácticas de reducción del riesgo de desastres^G y adaptación al cambio climático^G en cuatro contextos específicos de la programación: conflicto^G, recuperación temprana^G, medio urbano y desastres de evolución lenta^G. Este capítulo incluye:

- *Explicaciones de*:
  - Las características principales de cada contexto y su relevancia para la programación sobre reducción del riesgo de desastres y la adaptación al cambio climático.
  - Elementos clave en relación con el riesgo de desastres y la cambio climático y los sectores clave como son: los medios de vida^G; seguridad alimentaria; gestión de recursos naturales^G; agua, saneamiento e higiene; educación; salud y protección.[67]
- *Orientaciones* para aplicar un enfoque integrado de reducción del riesgo de desastre y adaptación al cambio climático en contextos diferentes, incluyendo la aplicación de los 10 principios.
- *Estudios* de caso sobre reducción del riesgo de desastres, adaptación al cambio climático y sectores clave en cada contexto.
- Enlaces a *Herramientas y Recursos* para implementar intervenciones de reducción del riesgo de desastre y adaptación al cambio climático en contextos clave.

5.1 Escenarios de conflicto

Características de un escenario de conflicto

Para los organismos y profesionales de ayuda humanitaria y desarrollo, los escenarios de conflicto^G son aquellos en los que los diferentes sectores de la sociedad no están de acuerdo con la manera en que se usa el poder y/o los recursos y toman medidas para impedir que los demás persigan sus intereses.[68] Los conflictos pueden ocurrir a cualquier nivel, desde el local al nacional, más allá de las fronteras nacionales, o pueden involucrar a varias naciones e instituciones mundiales. Pueden conllevar diferentes niveles de hostilidad entre los grupos 'en conflicto', que van desde la adopción de una postura tirante hasta la violencia física, sicológica y armada. Algunos conflictos ocurren con rapidez y se resuelven con rapidez; otros son prolongados, latentes o recurrentes. A pesar del gran espectro del contexto de los conflictos, la mayoría de ellos comparten las siguientes características.

- Las cuestiones en disputa tienen sus raíces en desigualdades estructurales relacionadas con la distribución del poder y los recursos en una sociedad.
- Tienden a ocurrir en situaciones de gobernanza[G] precaria o frágil.
- Son volátiles y pueden intensificarse si las intervenciones son insensibles a su dinámica.
- Ofrecen oportunidades para generar profundos cambios estructurales.
- Tienen un efecto negativo en los derechos de la población afectada por la privación y por el freno del desarrollo.
- Generan inseguridad en la población afectada y otros actores[G] presentes.

Reducción del riesgo de desastres y la adaptación al cambio climático en escenarios de conflicto

Los escenarios de conflicto no son inmunes a múltiples desastres[G]. De hecho, los conflictos coexisten con el riesgo de desastres[69] por las siguientes razones:

Las causas fundamentales del conflicto—desigualdades estructurales en la distribución del poder y los recursos entre la población de un país o una región—también son causas de vulnerabilidad[G] y exposición[G] a las amenazas naturales[G]. Por extensión, las condiciones de vulnerabilidad que hacen que determinados grupos sociales estén más propensos a sufrir conflictos y desastres, como la pobreza económica y la marginación social, también son similares.

Los conflictos violentos pueden exacerbar y perpetuar el riesgo de desastres.[70] Cuando las personas pierden sus hogares y medios de vida[G] en actos de violencia, o debido a la amenaza de violencia, crece su vulnerabilidad física y económica a otras amenazas. Además, las exigencias que los conflictos imponen en los recursos del gobierno pueden reducir su capacidad[G] o disposición para atender otros asuntos, tales como la reducción de riesgos[G], que pueden parecer menos urgentes que los relacionados con la violencia reinante.

Por otra parte, las amenazas pueden desencadenar o intensificar un conflicto, especialmente por los recursos naturales limitados. Por ejemplo: una sequía que reduce la disponibilidad de tierra fértil y agua puede llevar a desacuerdos sobre los derechos consuetudinarios y la propiedad y degenerar en actos de agresión para obtenerlos.

Es posible que el riesgo climático coincida con el riesgo de conflicto. Se prevé que el cambio climático[G] global va a exacerbar los conflictos existentes y va a contribuir a otros nuevos, por los cambios graduales en la base de recursos naturales de la que depende los medios de vida de las personas y por sus efectos en las amenazas existentes.[71] También se prevé que la migración relacionada con el clima va a provocar conflictos por la tierra, los puestos de trabajo y otros recursos en las regiones y ciudades que no están preparadas para el rápido crecimiento de la población.

Las estrategias y los programas dirigidos a reducir los riesgos de desastres y del cambio climático son, por ende, muy importantes en escenarios de conflicto, pero es necesario llevarlos a cabo tomando en cuenta la dinámica del conflicto, de lo contrario pueden generar riesgos adicionales para la población afectada, e incluso intensificarlos. Un enfoque sensible a los conflictos en la reducción del riesgo de desastres^G y adaptación al cambio climático^G exige un claro entendimiento de la interacción entre el programa propuesto y el escenarios, para que todas las acciones del programa limiten los impactos involuntarios, pero potencialmente perjudiciales, en el conflicto.

Aunque no sea el objetivo principal, los programas dirigidos a los riesgos de desastres y del cambio climático también pueden contribuir a aliviar un conflicto reuniendo a los participantes y grupos clave para buscar el consenso sobre las prioridades para mejorar sus vidas, sus medios de vida y su bienestar - fortaleciendo así las capacidades para la paz.

Guía para aplicar los 10 principios de un enfoque integrado de reducción del riesgo de desastres y la adaptación al cambio climático en escenarios de conflicto	
1. Aumentar el conocimiento del escenario de las amenazas y del cambio climático.	• Identificar explícitamente los vínculos entre los conflictos, el riesgo de desastres y el cambio climático al realizar evaluaciones y diseñar programas en escenarios de conflicto. Ello ayudará a realizar un análisis más holístico o integral y a prevenir la 'compartimentación' de la programación. • Considerar de qué manera determinados recursos, como la tierra y el agua, podrían tener algún impacto en temas en conflictos. Por ejemplo: ríos que cruzan fronteras nacionales pero que son usados por múltiples actores para diferentes fines.
2. Aumentar el conocimiento de la exposición, la vulnerabilidad y la capacidad.	• Aplicar la metodología APCV[G] para generar un análisis de la exposición, vulnerabilidades y capacidades en relación con el conflicto y la paz, así como, en relación con el riesgo de desastres y el cambio climático. Si se identifica factores de riesgo similares, incentivar a las poblaciones en riesgo y afectadas a buscar medidas beneficiosas para todos.
3. Reconocer los derechos y las responsabilidades.	• Alentar y ayudar a los actores a analizar las causas, las consecuencias y las responsabilidades del riesgo aplicando un enfoque basado en derechos. • Abogar por la formulación y aplicación de la legislación sobre asuntos que generan conflicto y contribuyen al riesgo de desastres y el cambio climático, tales como: el uso de los recursos naturales, la propiedad de la tierra y la asignación de fondos públicos. • Proporcionar apoyo material, financiero y técnico a instituciones gubernamentales que demuestren voluntad política para aumentar la resiliencia[G] al riesgo de desastres y el cambio climático. Una mayor capacidad de gobernanza también puede reducir el riesgo de conflictos.
4. Fortalecer la participación y la acción de la población en riesgo.	• Usar debates sobre el riesgo de desastres y el cambio climático para reunir a representantes de diferentes grupos sociales, económicos e indígenas. Aprender a interpretar la información e intercambiar ideas es una herramienta importante para construir la paz y para la construcción de resiliencia al cambio climático y los desastres. • Consultar a todos los actores (incluidos los grupos opositores) antes de asignar recursos o definir proyectos y ser transparente respecto a cómo se tomarán/se tomaron las decisiones. Si la seguridad lo permite, abogar para que otros actores hagan lo mismo.
5. Promover el involucramiento y el cambio sistémico.	• Desarrollar programas que aborden los temas que influyen en gran medida en los conflictos, el riesgo de desastres y el cambio climático, particularmente la buena gobernanza, la gestión de los recursos naturales y la seguridad de los medios de vida. • Abogar para que los donantes apoyen programas multisectoriales que aborden los riesgos de manera integral.

Guía para aplicar los 10 principios de un enfoque integrado de reducción del riesgo de desastres y la adaptación al cambio climático en escenarios de conflicto

6. Promover la sinergia entre varios niveles.	• Incluir componentes de fortalecimiento institucional en todas las intervenciones, cuando sea pertinente, para contribuir al desarrollo de sistemas de gobernanza responsables. • Alentar a representantes de los órganos de gobernanza regionales a visitar las iniciativas que están aumentando la resiliencia al cambio climático y los desastres en escenarios de conflicto.
7. Basarse en fuentes de conocimiento diversas y ampliarlas.	• Documentar las lecciones extraídas de los programas, para llenar los vacíos en la comprensión de la relación entre los conflictos y los riesgos de desastres y del cambio climático. • Identificar y fortalecer las vías tradicionales de negociación y resolución de conflictos que podrían ser eficaces en la toma de decisiones sobre la reducción del riesgo de desastres y la adaptación al cambio climático.
8. Promover flexibilidad y capacidad de respuesta.	• Apoyar el desarrollo de señales de alerta temprana de conflictos y planes de contingencia[G], a fin de adaptar la programación sobre reducción del riesgo de desastres y la adaptación al cambio climático según corresponda. • Junto con las poblaciones en riesgo y otros actores, realizar un análisis periódico de los cambios en el clima y su impacto en los conflictos.
9. Trabajar con diferentes escalas de tiempo.	• Trabajar con las poblaciones en riesgo para identificar medidas de preparación[G] ante amenazas conocidas que probablemente no exacerben o desencadenen conflictos; cuando sea posible, fomentar el diálogo y la concertación entre diferentes actores y grupos interesados respecto a acuerdos de contingencia, como rutas de evacuación y migración, refugios y acceso a puntos de agua. • Colaborar con instituciones y organizaciones que participan en iniciativas de construcción de la paz, para que tengan presente el riesgo de desastres y el cambio climático. • En procesos de relacionados con acuerdos de paz y en escenarios postconflicto, abogar para que los programas de reconstrucción y reintegración tengan presente la viabilidad a largo plazo de la tierra, los recursos naturales y las oportunidades de empleo en el largo plazo.
10. No causar daño.	• Dar capacitación al personal (de ONGs e instituciones locales del gobierno) de enfoques sensibles a los conflictos y el marco para analizar el impacto de la asistencia en conflicto (*The Do No Harm Handbook: The Framework for Analyzing the Impact of Assistance on Conflict*). Ver *Herramientas y Recursos* Pág. 150. • Analizar el escenario del conflicto antes y durante la programación y monitorear los cambios que pueden indicar que el programa está contribuyendo al conflicto. • Trabajar junto con organizaciones comunitarias y redes que tienen experiencia y se han ganado la confianza en el área afectada por el conflicto.

ESTUDIO DE CASO: LAS COMUNIDADES ALIVIAN CONFLICTO MEDIANTE LA GESTIÓN DEL AGUA

Niger, Mercy Corps

La ciudad de Filingué ubicada en la región Tillaberi, Níger, ha sufrido el impacto del cambio climático en los últimos 20 años en forma de sequías recurrentes debido a la disminución de las lluvias y al aumento de la temperatura. Normalmente, durante la estación lluviosa, llueve con intensidad por una o dos horas todos los días, pero el suelo está tan seco que el agua corre y erosiona la capa vegetal, especialmente en lugares en los que no hay vegetación. Cuando llueve torrencialmente, el rió se desborda y modifica el paisaje agrícola.

Las comunidades de Filingué dependen de los sistemas de captación de lluvia durante la estación lluviosa que dura cuatro meses pero, debido a los recientes periodos de sequía prolongada, no pueden recolectar y almacenar agua suficientemente. La sequía reduce la capacidad de los animales (cabras, vacas, ovejas) para buscar alimento y destruye las fuentes de agua existentes. Muchos agricultores hombres se ven obligados a trasladarse temporalmente a las ciudades en busca de trabajo, mientras que las mujeres y los niños quedan al cuidado del ganado. Algunos pastores permanecen en la comunidad pero cultivan pequeñas parcelas de tierra agrícola, mientras que otros se marchan en busca de nuevos pastos. La escasez de recursos naturales a menudo provoca conflictos entre los agricultores y/o pastores por el acceso a los puntos de agua y las escasas tierras de pastoreo.

Mercy Corps ejecutó, en Filingué, el proyecto 'Pastoral' de gestión de recursos naturales (GRN) y mitigación[G] de conflictos, que estableció una estructura de gestión local de conflictos vinculada a los representantes del gobierno local. Con el financiamiento provisto por USAID/OFDA, el proyecto operó en tres niveles del gobierno local para establecer estructuras en 33 comunidades vinculadas a dos municipalidades y en Filingué, para promover la gestión de los recursos naturales, reducir el riesgo de conflictos y proteger el ganado de 60,000 pobladores que viven de la agricultura y el pastoreo.

El proyecto apoyó la creación de un pequeño equipo de gestión de conflictos, integrado por miembros de la comunidad – tanto agricultores como pastores – que recibió capacitación para escuchar quejas. La creación de un equipo comunitario compuesto de agricultores y pastores y su vinculación al gobierno local ayudó a prevenir conflictos entre grupos rivales, ya que pudieron establecer protocolos de uso del agua y obtener conocimiento de las necesidades comunes y de mejores prácticas de gestión de la tierra. La comunidad participó en acciones que les permitió preservar sus bienes comunes.

La estructura también constaba de un comité encargado de regular y gestionar las fuentes de agua para garantizar la sostenibilidad y reducir los conflictos, además de un componente educativo sobre el cambio climático y la GRN.

Con el involucramiento de todos los actores en cada etapa del proyecto y respetando las perspectivas de los agricultores y pastores y con la adopción del enfoque de '**no causar daño**' para reducir los conflictos a través de la GRN se **promovió el cambio sistémico**, lo que fue fundamental para el éxito de esta iniciativa. Una evaluación del programa, tras un año de implementación, indicó que la situación estaba mejorando.

Herramientas y recursos

El cuadro *Herramientas y Recursos* contiene información y enlaces Pág. 149.

5.2   Recuperación temprana de una crisis humanitaria

Características del contexto de recuperación temprana

Recuperación temprana[G] es el término utilizado por los profesionales de ayuda humanitaria y del desarrollo para referirse al proceso de restauración de los bienes y servicios que dan estabilidad a las vidas de las personas – vivienda, medios de vida[G], salud y educación – lo más rápido posible después de un desastre[G]. Se inicia en la fase de emergencia y hace la transición al proceso de recuperación y reconstrucción de largo plazo.[72]

El concepto 'reconstruir mejor'[G], a pesar de ser un reto, es generalmente aceptado como un elemento fundamental para la recuperación temprana, para aumentar la resiliencia[G] de la sociedad a futuras amenazas[G] y su capacidad para adaptarse a los cambios, entre ellos el cambio climático[G].

Los contextos en los que se da el proceso de recuperación temprana tienen las siguientes características generales:

- Están dominados temporalmente por las necesidades de ayuda urgente, con la preocupación de restablecer la autosuficiencia.

- Son controlados por autoridades e instituciones nacionales y locales, cuya capacidad[G] probablemente se ha debilitado a causa de los impactos directos del desastre.

- Son inestables, o potencialmente inestables, desde el punto de vista económico, social y político.

También pueden:

- Contar con la presencia de numerosos trabajadores y organizaciones humanitarias internacionales, con diferentes grados de conocimiento del área y de la población afectada.

- Suscitar el interés de los medios de comunicación y la ayuda internacional.

Reducción del riesgo de desastres y la adaptación al cambio climático en contextos de recuperación temprana

La reducción del riesgo de desastres[G] y la adaptación al cambio climático[G] son fundamentales para una programación eficaz en este contexto, ya que la recuperación de la población afectada debe ser sostenible en el largo plazo en un ambiente propenso a amenazas, que también puede sufrir estrés debido al cambio climático.

El contexto de la recuperación temprana ofrece oportunidades únicas para intervenciones de reducción del riesgo de desastres y la adaptación al cambio climático por las siguientes razones:

- Como resultado del desastre, las deficiencias y debilidades existentes antes del desastre son claramente visibles.

- Hay impulso político y moral para actuar y un ambiente fértil para hacer reformas extraordinarias.

- Los recursos adicionales que pudieran estar disponibles, administrados prudentemente, pueden utilizarse para abordar los factores de riesgo subyacentes.

- Las personas afectadas por un desastre tienden a ser muy receptivas a intervenciones encaminadas a reducir su vulnerabilidad[G] a desastres similares.

- La destrucción de infraestructura insegura puede dar oportunidades para la construcción de nuevas infraestructuras resistentes.

Sin embargo, el contexto de recuperación temprana también plantea varios desafíos para la reducción del riesgo de desastres y la adaptación al cambio climático, dado que todos los actores están obligados a satisfacer las necesidades más apremiantes a escala masiva. En algunos casos, las metas a largo plazo pueden considerarse fuera del ámbito del financiamiento de emergencia. Además, las causas subyacentes de la vulnerabilidad persisten después del desastre, pero es necesario abordarlas para que la recuperación sea sostenible.

Guía para aplicar los 10 principios de un enfoque integrado de reducción del riesgo de desastre y adaptación al cambio climático en contextos de recuperación temprana	
1. Aumentar el conocimiento del contexto de las amenazas y del cambio climático.	• Aprovechar el alto grado de conciencia del riesgo después del desastre para iniciar o actualizar procesos de mapeo de todas las amenazas pertinentes y los efectos del cambio climático. • Sensibilizar acerca de la necesidad de programas de recuperación y reconstrucción que estén basados en una evaluación sólida del riesgo actual y futuro.
2. Aumentar el conocimiento de la exposición, la vulnerabilidad y la capacidad.	• Consultar los mapas de riesgos existentes antes del desastre, los planes de contingencia y los planes de gestión de desastres, elaborados por los gobiernos locales, para obtener información que permita a los programas enfocarse en los grupos vulnerables y basarse en los mecanismos tradicionales de afrontamiento y en las capacidades locales. • Utilizar y abogar por el uso de métodos de evaluación posdesastre que identifiquen la exposición[G], las vulnerabilidades y las capacidades para aumentar la resiliencia, además de las necesidades de ayuda humanitaria. • Trabajar con los medios de comunicación para sensibilizar a la población acerca de la necesidad de estrategias de respuesta, recuperación y reconstrucción para reducir la exposición y las vulnerabilidades y aumentar la capacidad de resiliencia.
3. Reconocer los derechos y las responsabilidades.	• Promover la comprensión del riesgo de desastres y el cambio climático entre las poblaciones afectadas, para que puedan responsabilizar y pedir cuentas a los gobiernos y otros actores durante los procesos de recuperación y reconstrucción y en futuros programas de desarrollo. • Sensibilizar a todos los actores[G] acerca de las leyes nacionales pertinentes (sobre la gestión de desastres, reducción del riesgo de desastres, cambio climático, adaptación al cambio climático, tenencia de la tierra, planificación del uso de la tierra, códigos de construcción y otros) y abogar por la formulación/modificación de la legislación cuando sea necesario.
4. Fortalecer la participación y la acción de la población en riesgo.	• Abogar por la inclusión de los líderes locales y representantes de organizaciones comunitarias en procesos de evaluación posdesastre y en la toma de decisiones relacionadas con la ayuda y recuperación y ayudarles a identificar y comunicar las necesidades de sus comunidades.

Guía para aplicar los 10 principios de un enfoque integrado de reducción del riesgo de desastre y adaptación al cambio climático en contextos de recuperación temprana

4. Fortalecer la participación y la acción de la población en riesgo.	• Proporcionar información sobre el riesgo y la reducción del riesgo a la población afectada para que pueda tomar decisiones, durante su proceso de recuperación, que aumenten su resiliencia.
5. Promover el involucramiento y el cambio sistémico.	• Abogar por la incorporación de las consideraciones sobre reducción del riesgo de desastres y la adaptación al cambio climático en Evaluaciones de Necesidades Post-desastre (ENPD)^G a cargo de las ONG, el gobierno y la ONU. • Abogar por el desarrollo de planes de recuperación y reconstrucción para hacer frente a las condiciones y causas de la vulnerabilidad, en los que se incluyan temas estructurales relacionados con la tenencia de la tierra, la pobreza y la exclusión.
6. Promover la sinergia entre varios niveles.	• Aumentar la sensibilización sobre a la reducción del riesgo de desastres y la adaptación al cambio climático del Grupo Temático de Recuperación Temprana del PNUD y otros grupos temáticos sectoriales. • Compartir los resultados de las buenas prácticas de reducción del riesgo de desastres y la adaptación al cambio climático en el ámbito de la recuperación temprana con otros actores, desde el nivel local hasta el nacional.
7. Basarse en fuentes diversas de conocimiento y ampliarlas.	• Apoyar la investigación sobre modelos sectoriales de recuperación temprana que integren componentes de reducción del riesgo y adaptación.
8. Promover flexibilidad y capacidad de respuesta.	• Promover la elección de técnicas y materiales de construcción resilientes a las amenazas, así como la planificación del uso de la tierra. • Aprovechar el creciente interés en la resiliencia a las amenazas futuras mediante el establecimiento/fortalecimiento de plataformas multiactores (a todos los niveles) para monitorear el riesgo de desastres y la cambio climático.
9. Trabajar con diferentes escalas de tiempo.	• Aprovechar el creciente interés en la crisis actual para obtener financiamiento multianual para intervenciones a largo plazo dirigidas a aumentar la resiliencia a los desastres y al cambio climático, además de proyectos de ayuda a corto plazo. • Incluir medidas del tipo 'redes de seguridad' tales como: donaciones económicas no condicionadas y comedores populares para reducir la necesidad de que las personas afectadas por desastres recurran a mecanismos de supervivencia negativos (como la venta de sus bienes) que incrementarían su vulnerabilidad en el futuro.
10. No causar daño.	• Incentivar a todos los actores a analizar las intervenciones propuestas en términos de su posible impacto en el riesgo de desastres y el cambio climático (actual y futuro) y comunicar los resultados a las poblaciones afectadas y en riesgo.

Recuadro 5.1: Ejemplos por sector de reducción del riesgo de desastres y la adaptación al cambio climático en programas de recuperación temprana

Albergue

- Proporcionar materiales y diseños para la construcción de albergues temporales resistentes a desastres.

- Si es posible, usar materiales locales siempre y cuando se ajusten a las normas de construcción requeridas.

- Capacitar a maestros de obra y trabajadores de construcción locales en técnicas de construcción asequibles y resistentes a desastres.

- Realizar demostraciones públicas de los diseños de construcción resistentes a desastres con materiales locales.

- Promover la revisión de los códigos y normas de construcción nacionales.

- Promover la elaboración de mapas de riesgo que guíen los procesos de retorno, reconstrucción y reubicación.

- Llevar a cabo una evaluación ambiental para la reconstrucción y el abastecimiento de materiales de construcción.

Seguridad alimentaria

- Realizar actividades de dinero por trabajo para ayudar a los hogares afectados a reducir el déficit alimentario y que, al mismo tiempo, beneficien a toda la comunidad por medio de acciones de limpieza y mitigación de amenazas.

- Proporcionar donaciones económicas para evitar que los hogares afectados satisfagan sus necesidades de corto plazo (alimentación, pago de deudas, educación) vendiendo sus medios de vida, que son importantes para su seguridad alimentaria en el futuro.

- Facilitar variedades de semillas mejoradas que ayuden a satisfacer las necesidades de seguridad alimentaria en escenarios climáticos futuros. Se recomienda organizar ferias para el intercambio de cupones por semillas, en las se ponga a disposición de los agricultores variedades apropiadas de semillas locales para que intercambien sus cupones por semillas elegidas por ellos mismos.

Medios de vida

- Proporcionar donaciones económicas/insumos para el restablecimiento de medios de vida que sean viables y resilientes y para la diversificación de estrategias de subsistencia que diversifiquen el riesgo.

- En zonas rurales, ofrecer incentivos para la experimentación con prácticas agrícolas adaptables al cambio climático y resilientes a los desastres, tales como semillas resistentes a sequías, que tengan el respaldo de redes de seguridad para compensar las pérdidas ocasionadas.

- Facilitar el acceso a servicios de microfinanciamiento, microahorro y microseguro cuando sea apropiado.

- Llevar a cabo intervenciones de dinero por trabajo dirigidas a la recuperación temprana en otros sectores.
  Ver ejemplos adicionales en la sección *4.2 Medios de Vida* Pág. 55.

Recuadro 5.1: Ejemplos por sector de reducción del riesgo de desastres y la adaptación al cambio climático en programas de recuperación temprana (cont.)

Gobernanza y fortalecimiento institucional

- Realizar un EDAN preliminar y difundir sus resultados.
- Apoyar la elaboración/aplicación de códigos de construcción.
- Efectuar un mapeo rápido de riesgos que sirvan de base para la adopción de decisiones iniciales en todos los sectores.
- Promover procesos de planificación de contingencia.
- Establecer sistemas de alerta temprana y capacitar a los usuarios.
- Introducir simulacros de emergencia dirigidos a proveedores de servicios públicos.
- Abogar por asignaciones presupuestales del gobierno local destinadas a la reducción del riesgo de desastres y la adaptación al cambio climático.

Educación

- Proporcionar materiales y diseños de escuelas temporales resistentes a desastres.
- Introducir simulacros de emergencia dirigidos a maestros y estudiantes.
- Enseñar técnicas de construcción segura de edificios públicos (escuelas y hospitales). Ver ejemplos adicionales en la sección *4.5 Educación* Pág. 77.

WASH

- Rehabilitar los sistemas dañados de distribución de agua empleando diseños y materiales resistentes a amenazas y tensiones.
- Crear y capacitar a Comités locales de agua para el mantenimiento y gestión de recursos.
- Instalar sistemas comunitarios de agua sensibles a los riesgos.
- Distribuir filtros domiciliarios de agua y dar capacitación en su uso.
- Llevar a cabo proyectos experimentales de modelos de letrinas resistentes a desastres.
- Capacitar a los líderes comunitarios de salud en prácticas de higiene para la reducción de riesgos.
- Realizar campañas de lavado de las manos.
- Organizar a las comunidades y ayudar a los proveedores de saneamiento local, para que recojan los escombros y otros residuos sólidos, a fin de prevenir desastres secundarios y promover buenas prácticas en reducción del riesgo.

ESTUDIO DE CASO: PREPARACIÓN Y RESPUESTA ANTE EMERGENCIAS POR INUNDACIONES EN UN CAMPAMENTO DE DESPLAZADOS INTERNOS[73]

Sudán, Catholic Relief Services

En 2007, las inundaciones causadas por lluvias intensas en el estado de Jartum, Sudán, destruyeron 1,400 refugios en el campamento de desplazados internos de Jebel Aulia, donde aproximadamente 100,000 personas vivían en condiciones de hacinamiento en un área improvisada, con infraestructura básica deficiente. Dentro de la ayuda inmediata provista por CRS figuraban suministros no alimentarios, refugios de emergencia, rehabilitación de los sistemas de agua y saneamiento y servicios de salud en instalaciones fijas y unidades móviles.

Poco después que CRS distribuyó los suministros, miembros de la comunidad solicitaron refugios temporales apropiados, lo cual era imprescindible teniendo presente las temperaturas extremas que sufre Sudán— entre 43° y 51°C—y las condiciones de hacinamiento en el campamento. Después de largas discusiones con las comunidades y los donantes, CRS obtuvo un pequeño presupuesto para el proyecto. CRS trabajó con el gobierno de Sudán y la población afectada en el diseño del proyecto para identificar los recursos disponibles para los refugios temporales, incluyendo la mano de obra de la comunidad y recursos como el agua y la tierra.

Las comunidades se comprometieron a construir sus propias estructuras con adobe mejorado y CRS aportó los materiales para techos tradicionales ya que las comunidades afectadas no podían costear ese gasto. Para hacer mejoras al sistema de drenaje en caso de inundaciones en el futuro, se realizaron actividades de alimentos por trabajo en apoyo de la mano de obra comunitaria para limpiar los sistemas de drenaje de agua. Asimismo, CRS y el gobierno distribuyeron suministros para la rehabilitación de los caminos y puentes dañados y la reconstrucción de dos de las escuelas más afectadas y el centro de salud, así como materiales para reforzar los refugios resistentes a inundaciones de las comunidades urbanas en riesgo ante futuras estaciones de lluvia. Estas comunidades pudieron hacer reparaciones a sus viviendas, instalar drenajes que se dirigieran a los principales canales de agua y proteger las viviendas más vulnerables cercanas al río, llenando y colocando sacos de arena a su alrededor. Muchas de las personas que residían en Jebel Aulia habían estado allí desde hacía algún tiempo. Cuando sus viviendas fueron dañadas por las inundaciones, sus medios de vida fueron interrumpidos.

Los líderes y miembros de la comunidad también recibieron capacitación en respuesta ante emergencias por inundaciones, que incluyó la evacuación de las personas más vulnerables a zonas seguras, la presentación de informes de análisis rápidos sobre daños y lesiones a personas clave y la movilización de las comunidades para llenar sacos de arena a fin de prevenir mayores daños a la infraestructura y las viviendas.

Volvió a llover intensamente al siguiente año, pero el campamento sufrió daños mínimos y no se requirió intervenciones de emergencia. Los pobladores lograron conservar sus bienes, sus medios de vida y el acceso a los mercados y a los principales puntos de prestación de servicios durante la estación lluviosa. En Jartum, las amenazas incluyen sequías e inundaciones, tormentas de arena y polvo, tormentas eléctricas y olas de calor que representan una grave amenaza para la vida y los medios de vida. Se prevé que estas amenazas se intensificarán en el futuro debido al cambio climático.[74]

Después de la etapa de ayuda inmediata, a instancias de la comunidad se inició rápidamente la etapa de recuperación temprana en el marco de la respuesta a las inundaciones en Sudán. **Trabajando con diferentes escalas de tiempo**, CRS y la comunidad trabajaron juntas para diseñar refugios temporales adecuados y resistentes a inundaciones y para estar mejor preparadas ante futuras inundaciones, reduciendo así el impacto en sus vidas y sus medios de subsistencia.

El uso de procesos participativos de recolección y análisis de datos con las comunidades objetivo genera conciencia del riesgo y apropiamiento de las acciones futuras para su reducción; las comunidades pueden participar proactivamente en el diseño de proyectos para lograr sus objetivos y pueden aprender a identificar los bienes y recursos que pueden aportar y con ello contribuir voluntariamente y apropiarse de los resultados de las intervenciones; y las intervenciones destinadas a reducir el riesgo de desastres y la cambio climático pueden integrarse con las de respuesta a emergencias agudas para reducir el impacto de futuros desastres similares.

Herramientas y recursos

El cuadro *Herramientas y Recursos* contiene información y enlaces Pág. 150.

5.3 Contextos urbanos

Características de los contextos urbanos

Se estima que para el año 2030, más del 60% de la población mundial – aproximadamente cinco mil millones de personas – vivirá y trabajará en contextos urbanos. Los contextos urbanos abarcan desde ciudades pequeñas hasta megaciudades y se caracterizan por lo siguiente:

- Alta densidad poblacional.
- Concentración de activos económicos y de infraestructura.
- Economía predominantemente basada en el efectivo.
- Poblaciones heterogéneas y móviles.
- Sistemas y procesos de gobernanza^G complejos.

Debido al ritmo y la naturaleza de su crecimiento, muchos contextos urbanos también se caracterizan por lo siguiente:

- Asentamientos espontáneos e informales y (en ciertos casos) ilegales en áreas de alto riesgo y a veces inhabitables, que carecen de recursos y servicios adecuados.
- Ambientes naturales degradados dentro y alrededor de los asentamientos humanos.
- Sistemas normativos deficientes, e incumplimiento de los códigos de construcción segura.
- Grandes sectores de la población trabajan en economías informales.
- Inseguridad y tensiones sociales.

Riesgo de desastres y la cambio climático en contextos urbanos

Por razones históricamente estratégicas, muchas de las principales ciudades del mundo están localizadas en áreas expuestas a grandes amenazas^G de origen geológico y meteorológico, por ejemplo: en la costa, en llanuras inundables o en zonas de actividad tectónica. En muchos casos, las zonas urbanas periféricas están expuestas a otras fuentes de amenaza de bajo nivel, como consecuencia del uso inadecuado de la tierra o la gestión deficiente de los recursos naturales^G.

Se anticipa que el cambio climático^G va a intensificar algunas de estas amenazas meteorológicas de manera incierta y producir nuevos escenarios de riesgo. Entre estos se incluye la exposición^G a la elevación del nivel del mar y la intensificación del efecto isla de calor urbano^G. Los impactos del cambio climático en las actividades de subsistencia y medios de vida que dependen de la tierra en las zonas rurales también pueden contribuir a la migración desde estas hacia las ciudades.

Las características del contexto urbano generan vulnerabilidades específicas, tales como:

- Áreas de alta densidad construidas en lugares que están expuestos a amenazas.
- Edificios mal construidos con materiales de mala calidad y con irregularidades en la aplicación de los códigos de construcción y la provisión de infraestructura de reducción del riesgo que no es adecuada para el tamaño y la complejidad del sistema urbano.
- Bajas tasas de infiltración del suelo y dificultad para hacer alteraciones estructurales al 'rígido' casco urbano para reducir o gestionar las fuentes de riesgo ambiental, por ejemplo: el manejo de cuencas.

- Dependencia de los servicios públicos, como el suministro de agua potable y electricidad, que pueden ser deficientes, quedar interrumpidos después de un desastre, o resultar afectados por la variabilidad del clima y/o la disponibilidad de agua.
- Dependencia de la agricultura[G] rural y de las importaciones para la seguridad alimentaria, que son susceptibles a la variabilidad del clima y las condiciones de comercio local a mundial.
- Desconocimiento de las amenazas locales entre los recién llegados a las zonas urbanas.

Las poblaciones urbanas y los sistemas de gobernanza también tienen capacidades inherentes para la reducción del riesgo de desastres y el cambio climático, tales como:

- Estrategias de subsistencia variada e innovadora que reducen la intensidad del riesgo y permiten la adaptación a los cambios.
- Disponibilidad de capital humano (incluidos profesionales y obreros calificados) para el diseño y la implementación de medidas de resiliencia[G].
- Presencia de múltiples instituciones gubernamentales, legislación sobre desarrollo urbano, políticas y recursos.
- Economías de escala que hacen que la protección de un gran número de personas y las actividades económicas resulte más fácil y más económica.

Guía para aplicar los 10 principios de un enfoque integrado de reducción del riesgo y de desastres y adaptación al cambio climático en contextos urbanos	
1. Aumentar el conocimiento del contexto de las amenazas y del cambio climático.	• Elaborar y combinar mapas de amenazas y otros efectos del cambio climático en áreas urbanas a diferentes escalas (región, ciudad y barrios o sectores específicos) para construir una comprensión s integral del contexto para cualquier intervención. • Integrar el análisis de las amenazas y los efectos del cambio climático con otras fuentes de riesgo urbano, tales como amenazas tecnológicas y violencia social. La complejidad del contexto urbano exige estrategias dirigidas a aumentar la resiliencia, que aborden múltiples fuentes de riesgo.
2. Aumentar el conocimiento de la exposición, la vulnerabilidad y la capacidad.	• Considerar los efectos del crecimiento demográfico, las tendencias en la migración y el desempleo/empleo informal, en la exposición, la vulnerabilidad y las capacidades de resiliencia. • Centrarse en los asentamientos ilegales y espontáneos y en los distritos céntricos más antiguos en donde es probable que la vulnerabilidad[G] y la exposición sean mayores. • Contratar profesionales (ingenieros, planificadores urbanos y trabajadores sociales) para que realicen un análisis especializado cuando sea necesario, por ejemplo: de construcción, uso de la tierra y conflictos sociales[G].

Guía para aplicar los 10 principios de un enfoque integrado de reducción del riesgo y de desastres y adaptación al cambio climático en contextos urbanos	
3. Reconocer los derechos y las responsabilidades.	• Identificar a todas las autoridades responsables del desarrollo urbano, para que los programas puedan incluir estrategias de fortalecimiento institucional, colaboración e incidencia política. • Aumentar la conciencia pública acerca de los derechos y las responsabilidades en lo que respecta a los principales servicios básicos, tales como el abastecimiento de agua, saneamiento y gestión de residuos, que tienen un gran impacto en la vulnerabilidad en los contextos urbanos. • Abogar por la formulación/actualización y aplicación de una legislación que fortalezca la rendición de cuentas por los actores del sector público y privado respecto a la reducción del riesgo de desastres[G] y el cambio climático. • Apoyar la investigación de asuntos relacionados con la tenencia de la tierra y la planificación del uso de la tierra que pueden contribuir al riesgo de desastres y el cambio climático y promover la difusión de los resultados.
4. Fortalecer la participación y la acción de la población en riesgo.	• Utilizar procesos de evaluación participativa del riesgo para generar mayor cohesión social en poblaciones urbanas heterogéneas. • Planificar actividades de acuerdo a las dinámicas de la vida urbana, que suelen implicar distancias de desplazamiento entre el domicilio y el centro de trabajo y jornadas laborales más largas que en las zonas rurales. • Proporcionar oportunidades positivas de liderazgo entre los jóvenes que viven en zonas urbanas involucrándoles en actividades como, por ejemplo: trabajos de mitigación[G] de amenazas de pequeña escala, capacitación de comités de desastres[G] y campañas públicas.
5. Promover el involucramiento y el cambio sistémico.	• Identificar e involucrar a una amplia gama de actores[G] (incluidos los servicios de emergencia, representantes de todos las entidades gubernamentales pertinentes, actores del sector privado y organizaciones de la sociedad civil[G]) en foros sobre gestión del riesgo urbano en las ciudades y en determinadas zonas. • Abogar y apoyar la elaboración de planes de contingencia[G] ante desastres. • Crear incentivos para, y promover el reconocimiento de, la cooperación entre el sector público y privado que permita aumentar la resiliencia. • Planificar procesos de negociación y coordinación más largos y más complejos en medios urbanos.
6. Promover la sinergia entre varios niveles	• Abogar por la formulación de una legislación nacional y políticas nacionales que creen un ambiente que permita aumentar la resiliencia urbana.

Guía para aplicar los 10 principios de un enfoque integrado de reducción del riesgo y de desastres y adaptación al cambio climático en contextos urbanos	
6. Promover la sinergia entre varios niveles.	• Abogar por, y contribuir a, la elaboración de planes de contingencia a múltiples niveles, como asunto prioritario. • Ayudar a los representantes de asociaciones vecinales y grupos de la sociedad civil a participar en foros sobre planificación y desarrollo urbano.
7. Basarse en fuentes de conocimiento diversas y ampliarlas.	• Alentar a los gobiernos municipales a aprender de otras ciudades comprometidas a reducir el riesgo de desastres y el cambio climático, a través de iniciativas como la campaña Desarrollando Ciudades Resilientes de la EIRD y el movimiento Ciudades Sostenibles (Ver *Herramientas y Recursos* Pág. 151). • Apoyar la investigación-acción sobre la reducción de riesgos urbanos y la adaptación para satisfacer la creciente demanda de herramientas, métodos y modelos de prácticas exitosa.
8. Promover flexibilidad y capacidad de respuesta.	• Promover la elección de materiales y técnicas de construcción resilientes a las amenazas y el cambio climático que sean sostenibles desde el punto de visto ambiental, así como la planificación del uso de la tierra. • Abogar por la inversión en sistemas de pronóstico y alerta temprana[G] de amenazas múltiples y previsión de efectos múltiples. • Utilizar la mejor información disponible sobre cambio climático para desarrollar estrategias de largo plazo en materia de salud ambiental, viviendas seguras y generación de empleos.
9. Trabajar con diferentes escalas de tiempo.	• Priorizar la preparación[G] ante desastres para facilitar la buena coordinación entre múltiples actores y la gestión eficaz de grandes segmentos de población si se produjera un desastre. • Abogar para que la infraestructura y los establecimientos públicos vitales (especialmente escuelas y hospitales) sean resilientes a las amenazas y el cambio climático. • Planificar con la debida anticipación, estrategias de respuesta y recuperación de desastres. • Incluir pequeñas y medianas ciudades en las estrategias de reducción de riesgos urbanos, en las que se contemple el rápido crecimiento de la población.
10. No causar daño.	• Trabajar en colaboración con asociaciones vecinales y redes de la sociedad civil que conocen de cerca el área y las poblaciones objetivo y están en condiciones de identificar los impactos imprevistos. • Abogar para que los proyectos de reconstrucción y rehabilitación post-desastre, en las zonas urbanas, estén basados en los principios de reducción del riesgo de desastres y la adaptación al cambio climático.

Recuadro 5.2: Ejemplos de intervenciones de reducción del riesgo de desastres y la adaptación al cambio climático en contextos urbanos

Uso de la tierra y viviendas

- Incidencia en torno a la planificación del uso de la tierra, incluyendo la provisión de terrenos para la construcción de viviendas de interés social, que sea informada por un análisis del riesgo de desastres y el cambio climático, además del cumplimiento de los criterios relativos a la sostenibilidad ambiental y el bienestar humano.

- Incidencia en torno al reconocimiento de los asentamientos informales establecidos, que sirva de base para la inversión municipal y privada en medidas dirigidas a la reducción del riesgo y la adaptación.

- Proyectos modelos de diseños y materiales de construcción de viviendas que sean resistentes al riesgo de desastres y el cambio climático y provisión de incentivos para generar su aceptación.

Agua y saneamiento

- Apoyo a la diversificación del abastecimiento de agua desde el nivel doméstico hasta el municipal, para adaptarse a las variaciones en la disponibilidad de agua.

- Promoción/incidencia a favor del reciclaje de aguas residuales a nivel doméstico y en toda la ciudad, para reducir la demanda de fuentes de agua sometidas a estrés (estacional).

- Promoción/incidencia a favor de una mayor capacidad de los sistemas de drenaje de agua pluvial.

- Sensibilización y acciones directas para preservar las zonas de amortiguamiento ecológico (por ejemplo: zonas boscosas, estanques de recolección de agua pluvial, planicies inundables) dentro y alrededor de las zonas urbanas.

Medios de vida

- Provisión de donaciones/ acceso al crédito y capacitación para la diversificación de los medios de vida y la adaptación de los medios de vida al cambio climático.

- Promoción de programas de microseguro para viviendas y medios de vida.

- Promoción de condiciones de trabajo seguras y continuidad del empleo/compensación de los trabajadores de fábricas, industrias locales, etc.

- Preparación de terrenos de propiedad de las familias o la comunidad en los cuales se pueda practicar la agricultura urbana como, por ejemplo: lechos elevados para plantas y huertos compartidos, para el consumo doméstico y la generación de ingresos. Cuando sea posible, usar aguas residuales recicladas para su riego.

Preparación ante desastres

- Sensibilización acerca del riesgo de desastres y el cambio climático por medio de programas de capacitación y educación y eventos deportivos o sociales en la comunidad.

- Provisión de capacitación y/o equipos a al personal local y municipal de respuesta a desastres.

- Sensibilización del personal de respuesta a desastres en la ciudad acerca de sus responsabilidades en relación con otros equipos, la plataforma nacional y acerca del protocolo para la coordinación central de las actividades de preparación y respuesta, a fin de garantizar que todas las actividades se complementen.

Recuadro 5.2: Ejemplos de intervenciones de reducción del riesgo de desastres y la adaptación al cambio climático en contextos urbanos (cont.)

- Apoyo a /desarrollo de sistemas comunitarios de alerta temprana y evacuación que empleen tecnologías y medios adecuados. En algunas áreas urbanas, las redes sociales y los teléfonos celulares son los medios más efectivos de comunicación masiva.

- Promoción de la cooperación entre ciudades por medio de acuerdos para apoyarse mutuamente en situaciones de emergencia.

- Reconocimiento de que las actividades más eficaces de reducción del riesgo de desastres y la adaptación al cambio climático también atienden las actuales necesidades y prioridades de las comunidades y ciudades.

- Promoción /incidencia a favor de la localización de almacenes y otras instalaciones de emergencia en lugares seguros.

- Incorporación de las diferencias de sexo y edad en las actividades de respuesta y reducción del riesgo.

ESTUDIO DE CASO: PREVENCIÓN Y MITIGACIÓN DEL RIESGO DE DESASTRES EN BARRIOS URBANO-MARGINALES

Guatemala. Múltiples organizaciones socias – autoridades locales (varias entidades departamentales), organizaciones comunitarias, ONG locales y ONG internacionales incluyendo a Oxfam.

El Huracán Mitch (1998) provocó grandes daños y pérdidas en Guatemala y puso de relieve la vulnerabilidad de los barrios urbano-marginales en la ciudad de Guatemala. Para aumentar la resiliencia de las poblaciones urbanas pobres de esta ciudad, las organizaciones socias iniciaron una serie de tres proyectos de reducción del riesgo de desastres en varias comunidades urbano-marginales. El enfoque del proyecto era holístico y si bien la meta era oficialmente era la reducción de riesgo a desastres, el proyecto se tradujo en la mejora general de los barrios urbano-marginales.

Los proyectos se ejecutaron en comunidades expuestas principalmente a deslizamientos de tierra, inundaciones, terremotos y epidemias (enfermedades infecciosas propagadas por vía fecal-oral, fiebre del dengue). Algunas de las principales vulnerabilidades eran la poca atención que prestaban las autoridades a estas comunidades urbano-marginales, la percepción negativa que la sociedad formal tenía de los barrios urbano-marginales, la escasa cohesión social, la pobreza, terrenos con pendientes agudas e infraestructura inadecuada. La criminalidad y el riesgo de violencia también eran factores que elevaban el nivel de riesgo en estos barrios urbanos.

La selección de las comunidades participantes en el proyecto se basó en una serie de criterios estrictos y se evaluaron más de 30 comunidades, de las cuales calificaron cuatro. Los equipos de proyecto trabajaron con las comunidades objetivo a fin de mejorar la infraestructura por ejemplo: los senderos que también daban cabida a sistemas de drenaje de agua pluvial, sistemas de drenaje, muros de contención, estructuras de acceso, reforestación, sistemas de distribución de agua, sistemas de alcantarillado de pequeño diámetro y salones comunales, fortalecimiento de capacidades a través de la capacitación y el reforzamiento de los comités y miembros de la comunidad y la provisión de materiales para una mejor organización comunitaria; así como fortalecimiento de los vínculos con las autoridades mediante una colaboración estrecha y con la sociedad a través de la incidencia política.

El proyecto logró construir más de 5 km de senderos y escaleras que sirven de canales de drenaje en la estación lluviosa, más de 3 km de muros de retención y 2.5 km de sistemas de alcantarillado de diámetro pequeño. El costo de los trabajos de rehabilitación fue aproximadamente US$60 por cada miembro de la comunidad.

La iniciativa reveló que: (a) los objetivos de las organizaciones y comunidades no siempre son los mismos, pero no constituye un problema si ambas se mueven en la misma dirección, (b) se requiere muchos socios para garantizar la combinación de las habilidades necesarias y la autoridad necesaria para actuar, (c) es necesario incorporar la incidencia política si se quiere abordar la vulnerabilidad de los barrios urbano-marginales y la causas subyacentes, y (d) la rápida resolución de los problemas que enfrenta la comunidad, aunque tales problemas sean menores, demuestra que el proyecto es serio y mejora la validación y aceptación del proyecto por parte de la comunidad.

El proyecto se enfocó en la población de los barrios urbano-marginales desatendidos y **reconoció sus derechos a la reducción del riesgo de desastres y sus responsabilidades** de contribuir a mejorar las estructuras para resistir mejor los desastres en el futuro.

Herramientas y recursos

El cuadro *Herramientas y Recursos* contiene información y enlaces Pág. 151.

5.4   Desastres de evolución lenta

Características del contexto de desastre de evolución lenta

'Evolución lenta' es el término que usan los profesionales de ayuda humanitaria y del desarrollo para referirse a un desastre[G] que no ocurre como resultado de una determinada amenaza[G], sino que evoluciona gradualmente (por semanas a meses, e incluso años), a partir de una combinación de circunstancias complejas e interrelacionadas.[75]

La inseguridad alimentaria[G] y la hambruna generalizada en el Cuerno de África, en 2011, es un ejemplo de desastre de evolución lenta. La sequía causada por la ausencia de lluvias durante temporadas sucesivas, combinada con la pobreza crónica y la desnutrición, los altos precios de los alimentos y combustibles, las desfavorables condiciones para el comercio del ganado, así como la violencia constante e intensa en ciertos lugares, provocó un desastre que afectó a más de 13 millones de personas.[76] Esto ocurrió a pesar de que las primeras señales de advertencia de una emergencia humanitaria inminente se presentaron varios meses atrás.[77]

Los desastres de evolución lenta[G] tienden a ser:

- **Recurrentes** – debido a las amenazas y condiciones causadas por fenómenos multianuales, por ejemplo El Niño/Oscilación del Sur (ENOS).
- **Generalizados** – afectan a los habitantes de grandes áreas, incluso a varios países.
- **Perjudiciales para los medios de vida[G] y la salud** – tienden a ocasionar un menor número de muertes inmediata de personas que los desastres de evolución rápida, pero otros impactos se intensifican a medida que la situación se deteriora.
- **Difíciles de medir en términos de pérdidas económicas** – la pérdida de activos puede dar como resultado la pérdida de ingresos y oportunidades durante años, en el futuro.
- **Se pueden pronosticar** – Los desastres de evolución lenta generalmente vienen acompañados de señales iniciales de advertencia que se pueden monitorear a fin de permitir la planificación e implementación oportuna de una respuesta adecuada.

Recuadro 5.3: Ejemplos de desastres de evolución lenta y condiciones

- **Sequía** – periodos prologados de precipitaciones a niveles inferiores al promedio, que provocan gran escasez de agua.
- **Degradación ambiental** – contaminación tóxica, deforestación, daños a los ecosistemas, erosión, desertificación, etc.
- **Elevación del nivel del mar** – que provoca la intrusión salina en tierras agrícolas ubicadas en la costa y destrucción de viviendas y medios de vida.
- **Acidificación de los océanos** – que ocasiona la pérdida de hábitats de arrecifes de coral donde se encuentran muchos criaderos de peces.
- **Brotes de enfermedades/epidemias** – que causan el padecimiento y la muerte de quienes entran en contacto directo con la enfermedad, por ejemplo: epidemia de cólera o diarrea después de inundaciones.

Reducción del riesgo de desastres y la adaptación al cambio climático en contextos de desastre de evolución lenta

Dado que los desastres de evolución lenta son predecibles, siempre y cuando se tenga acceso a información confiable, sus consecuencias pueden reducirse a través de la alerta temprana y la acción temprana. Como los desastres de evolución lenta a menudo son desencadenados por amenazas recurrentes, toda acción debe tener como objetivo reducir la vulnerabilidad[G] y la exposición[G] a eventos similares en el largo plazo y fortalecer las capacidades de las comunidades en riesgo para prepararse y responder. Cuando un desastre de evolución lenta degenera en una crisis humanitaria, generalmente se debe a la falta de capacidad[G] o voluntad para evitarla o prevenirla.

Tabla 5.1: Ejemplos de alerta temprana y acción temprana ante inundaciones

Escala de tiempo	Ejemplo de alerta temprana	Ejemplo de acción oportuna
Años	• Aumento de la frecuencia e intensidad de las precipitaciones.	• Actualizar periódicamente los mapas de riesgo y los planes de contingencia. • Trabajar con la población en riesgo para identificar e implementar acciones como la reforestación y el reforzamiento de las viviendas.
Meses	• Pronóstico de precipitaciones intensas a niveles superiores al promedio para la próxima temporada.	• Actualizar los planes de contingencia. • Informar a las poblaciones en riesgo sobre la intensificación del riesgo y cómo reducirlo, por ejemplo limpiando los drenajes y canales de agua.
Semanas	• Alta saturación del suelo y pronóstico de precipitaciones continuas que pueden causar inundaciones.	• Seguir de cerca los pronósticos de precipitación. • Movilizar a los grupos locales encargados de las actividades de preparación[G] y respuesta ante desastres. • Reunir recursos para intervenciones cortas de reducción del riesgo y respuesta, por ejemplo: sacos de arena, reservas de agua y alimentos para refugios de emergencia. • Coordinar con otras entidades de respuesta.

Tabla 5.1: Ejemplos de alerta temprana y acción temprana ante inundaciones		
Escala de tiempo	Ejemplo de alerta temprana	Ejemplo de acción oportuna
Días	• Lluvias intensas y elevados niveles de agua, es probable que causen una inundación.	• Trasladar el ganado a terrenos más altos; colocar los alimentos y objetos de valor en lugares más altos. Informar a las comunidades sobre los procedimientos de evacuación, enviar un mensaje de alerta temprana a las comunidades.
Horas	• La corriente de agua se desplaza río abajo con dirección a las áreas afectadas.	• Evacuar.

Fuente: Adaptado de International Federation of the Red Cross and Red Crescent Societies (2008) Early Warning, Early Action. *Geneva, Switzerland.*

El cambio climático[G] es un factor importante en muchos desastres de evolución lenta, como las inundaciones o sequías, porque está alterando los patrones de precipitación y se prevé que incremente su frecuencia e intensidad.[78] También está provocando elevaciones de la temperatura y el nivel del mar que dan lugar a cambios de largo plazo en el ambiente natural, el acceso a los recursos y la salud humana y animal.

Las intervenciones de reducción del riesgo de desastres[G] y la adaptación al cambio climático[G] son de suma importancia para la programación en contextos de desastre de evolución lenta porque:

• Proporcionan marcos que favorecen enfoques holísticos (integral) y de largo plazo para analizar y gestionar los riesgos en contextos cambiantes.

• Fortalecen la capacidad de las personas para prepararse para una serie de situaciones que pueden afectar a poblaciones/países/regiones, mediante la aplicación de medidas de mitigación[G], preparación ante desastres y adaptación (enfoques de amenazas múltiples).

• Incentivan a las personas e instituciones a prepararse para un futuro incierto, a través de la planificación de escenarios y la selección de opciones de adaptación "sin arrepentimiento".

• Previenen la perpetuación o intensificación de la pobreza causada por desastres recurrentes y el empeoramiento de las condiciones ambientes y rompen el ciclo de costosas intervenciones de emergencia.

Recuadro 5.4: Ejemplos de medidas de reducción del riesgo de desastres y la adaptación al cambio climático para hacer frente a la inseguridad alimentaria relacionada con sequías

• **Proteger la producción de alimentos**: Riego, conservación del suelo y el agua, prevención de escorrentía, cultivos intercalados, diversificación de cultivos, semillas resistentes a sequías/inundaciones/intrusión salina.

• **Proteger el acceso a los alimentos**: Transferencias de dinero a través de redes de seguridad social, distribución de alimentos, crédito en términos favorables, alimentos /dinero por trabajo.

Recuadro 5.4: Ejemplos de medidas de reducción del riesgo de desastres y la adaptación al cambio climático para hacer frente a la inseguridad alimentaria relacionada con sequías (cont.)

- **Preservar los alimentos**: almacenes de cultivos y semillas, bancos comunitarios de granos y semillas.

- **Preservar el acceso al agua**: Perforación y mantenimiento de pozos para mejorar el acceso al agua subterránea, recolección y almacenamiento del agua pluvial, distribución equitativa del agua.

- **Preservar el ganado**: Aumentar el abastecimiento de granos y forraje, vender el excedente de animales, mejorar los servicios veterinarios y la cobertura de vacunación, acceder a crédito para prevenir la venta de animales reproductores debido a la necesidad, repoblar los rebaños esquilmados después de la sequía, trasladar animales a zonas donde los recursos de agua y pasto son mayores.

- **Proteger y diversificar los medios de vida**: Seguros, diversificación de la producción agrícola por medio de la diversificación de cultivos, establecimiento de huertos, fomento de la cría de aves de corral o establecimiento de viveros para peces; empleos no agrícolas; mejoramiento del acceso a información sobre los precios y mercados locales; mantenimiento y protección de recursos naturales tales como bosques, fuentes de agua y tierras de pastoreo.

- **Sistemas de alerta temprana locales a internacionales**: Monitoreo y pronóstico del clima; monitoreo de sequías; monitoreo de la seguridad alimentaria doméstica; difusión de información y orientación; planificación de escenarios.

Guía para aplicar los 10 principios de un enfoque integrado de reducción del riesgo de desastres y la adaptación al cambio climático en contextos de desastre de evolución lenta	
1. Aumentar el conocimiento del contexto de las amenazas y del cambio climático.	• Analizar los datos disponibles sobre el impacto del cambio climático en las amenazas relacionadas con el clima, identificando las nuevas tendencias de las amenazas en el área del programa (por ejemplo: sequías más frecuentes, nuevas enfermedades y patrones de enfermedad y lluvias intensas). • Combinar el análisis de las amenazas con el análisis de otras tendencias a largo plazo en el cambio climático, tales como: la elevación de las temperaturas del aire y el agua, para comprender a fondo el contexto del programa. • Considerar la escala geográfica (más allá del área inmediata del programa o la población objetivo) de las amenazas de evolución lenta y los efectos del cambio climático^G y cómo podrían contribuir al riesgo de desastres y el cambio climático.
2. Aumentar el conocimiento de la exposición, la vulnerabilidad y la capacidad.	• Durante una amenaza, combinar los datos de distribución de la población (y las rutas de evacuación, si procede) con los datos sobre la escala y severidad de la amenaza actual, para estimar el grado de exposición; en procesos de planificación de largo plazo, emplear datos históricos y proyecciones de cambio climático para estimar el posible grado de exposición. • Monitorear periódicamente la vulnerabilidad— utilizando métodos como el Índice de Estrategias de Supervivencia (CSI)^G y las tendencias en la desnutrición infantil—como un mecanismo de alerta temprana de desastres de evolución lenta y de cambios a largo plazo en las condiciones climáticas.

Guía para aplicar los 10 principios de un enfoque integrado de reducción del riesgo de desastres y la adaptación al cambio climático en contextos de desastre de evolución lenta	
2. Aumentar el conocimiento de la exposición, la vulnerabilidad y la capacidad.	• Diseñar metodologías de evaluación y estudios de línea base que incluyan la recolección de datos sobre las medidas de afrontamiento (tradicionales y actuales) adoptadas por las poblaciones afectadas durante desastres de evolución lenta y diseñar programas para fortalecerlas. • Capacitar y recurrir a los medios de comunicación más influyentes para que comprendan y difundan la relación entre las condiciones de vulnerabilidad, la exposición y las amenazas/los efectos del cambio climático y para que destaquen la necesidad de invertir en la reducción del riesgo de desastres y la adaptación al cambio climático.
3. Reconocer los derechos y las responsabilidades.	• Utilizar evaluaciones de vulnerabilidad para informar las acciones de incidencia política en torno a las desigualdades existentes en el ámbito de la atención de la salud, la educación, el acceso a los mercados, etc. y sus impactos en la vulnerabilidad. • En contextos de sequía, abogar por el reconocimiento de los derechos consuetudinarios sobre el agua y los pastos. • Abogar por la formulación de una legislación y políticas que contemplen la acción oportuna y la provisión de recursos para responder a desastres de evolución lenta y rápida. • Abogar por la pronta respuesta de los donantes y la comunidad internacional, en función de los datos de alerta temprana.
4. Fortalecer la participación y la acción de la población en riesgo.	• Involucrar a las poblaciones en riesgo en la identificación de indicadores para sistemas de alerta temprana[G]. Sus conocimientos locales ayudarán a definir el grado de la crisis y los activadores de una intervención externa. • Emprender intervenciones basadas en transferencias de dinero proveniente de redes de seguridad social antes que la situación llegue a un punto crítico, para empoderar a las poblaciones en riesgo a fin de que decidan las medidas más apropiadas a adoptar. • Consultar lo antes posible a las comunidades durante una crisis de evolución lenta para diseñar programas que se basen en las prioridades (como la protección de los medios de vida), la experiencia, las competencias y los recursos de la comunidad. • Ayudar a las comunidades a identificar vacíos de información que les impide emprender acciones oportunas, como la evolución de las condiciones del mercado en lo que se refiere al ganado y las cosechas y ayudarles a encontrar formas para mejorar el acceso a la información.
5. Promover el involucramiento y el cambio sistémico.	• Promover el intercambio oportuno y continuo de información entre todos los actores relevantes (humanitarios y orientados al desarrollo, gubernamentales, no gubernamentales, del sector privado y la sociedad civil[G]) como base para la elaboración de planes de contingencia y la acción temprana. • Abogar por una estrecha coordinación, encabezada por la ONU y el país, entre todos los actores relevantes para emprender acciones multisectoriales tempranas y por la clara designación de las funciones y responsabilidades de otros actores clave.

Guía para aplicar los 10 principios de un enfoque integrado de reducción del riesgo de desastres y la adaptación al cambio climático en contextos de desastre de evolución lenta	
6. Promover la sinergia entre varios niveles.	• Apoyar y abogar por la adopción de sistemas de alerta temprana a múltiples niveles, planes de contingencia y presupuestos de contingencia que faciliten la acción rápida desde el nivel local hacia arriba; explicar las funciones y responsabilidades de cada nivel. • Abogar por la participación de los actores locales en evaluaciones nacionales post-desastre y en la formulación de políticas sobre reducción del riesgo de desastres y la adaptación al cambio climático; ayudarles a preparar y presentar información desde un punto de vista local.
7. Basarse en fuentes de conocimiento diversas y ampliarlas.	• Conectar a las poblaciones en riesgo con fuentes de información sobre cambio climático, tales como: servicios meteorológicos y ayudar a éstos últimos a difundir información sobre cambio climático que se entienda fácilmente. • Utilizar o generar análisis de problemas persistentes de desarrollo en el área del programa para comprender mejor las causas subyacentes del riesgo de desastres y la cambio climático. • Consultar a los adultos mayores de las poblaciones en riesgo respecto a las estrategias tradicionales de resiliencia[G]; fomentar el debate entre las comunidades y con otros actores[G], sobre la efectividad potencial de estas estrategias en los escenarios de cambios climáticos actuales y futuros. • Documentar y difundir las nuevas lecciones aprendidas sobre prácticas exitosas en contextos de desastres de evolución lenta.
8. Promover flexibilidad y capacidad de respuesta.	• Medir y monitorear periódicamente el riesgo de desastres y la cambio climático en los ecosistemas y recursos naturales de manera que las acciones de gestión puedan ser debidamente ajustadas en respuesta al cambio en las condiciones y los conocimientos más recientes acerca de las opciones apropiadas para el futuro formen parte de los procesos de planificación.
9. Trabajar con diferentes escalas de tiempo.	• Abogar por la creación de fuentes flexible y mecanismos de respuesta temprana en desastres de evolución lenta, para evitar que se produzcan retrasos a la hora de actuar en base a la información de alerta temprana. • Invertir en medidas de preparación (por ejemplo: almacenes de granos, refugios en caso de inundación, sensibilización acerca de la importancia de vender o trasladar oportunamente el ganado a un lugar seguro durante sequías). • Apoyar o llevar a cabo una investigación sobre las causas subyacentes de la vulnerabilidad y sobre las necesidades actuales. • Incluir medidas de fortalecimiento de la resiliencia (por ejemplo: mejoramiento/protección de fuentes de agua) en programas humanitarios y de recuperación temprana[G] para permitir que las poblaciones afectadas gestionen el riesgo de desastres y del cambio climático en el futuro.

Guía para aplicar los 10 principios de un enfoque integrado de reducción del riesgo de desastres y la adaptación al cambio climático en contextos de desastre de evolución lenta	
10. No causar daño.	• Aprovechar los marcos temporales más largos de un desastre de evolución lenta para prestar asistencia de manera que favorezca a las estructuras institucionales y las redes de apoyo social existentes. • Dentro de los procesos de preparación, considerar los posibles impactos de las intervenciones en los mercados locales y las dinámicas sociales (como el impacto de la distribución de alimentos sobre los precios locales de los alimentos, y el impacto de los programas de transferencia de dinero en los sistemas de apoyo dentro del hogar y entre hogares) y dar preferencia a las intervenciones que satisfagan adecuadamente las necesidades actuales y fortalezcan la resiliencia a largo plazo.

ESTUDIO DE CASO: ADAPTACIÓN AL IMPACTO DEL RETROCESO ACELERADO DE LOS GLACIARES EN BOLIVIA[79]

Bolivia, CARE (en colaboración con GEF, Banco Mundial, DFID, CIDA, ONU-Hábitat)

El retroceso de los glaciares andinos, que producen el 10 por ciento del agua dulce del planeta, está reduciendo la disponibilidad de agua e intensificando el riesgo de desastres de evolución rápida—tales como deslizamientos de tierra, avalanchas de lodo, desbordes de lagos—para muchas comunidades pobres y vulnerables que viven en zonas donde el retroceso de los glaciares es más directo. El proyecto Adaptación al Impacto del Retroceso Acelerado de Glaciares en los Andes Tropicales (PRAA), de CARE (julio de 2008-setiembre de 2012), busca fortalecer la resiliencia de los ecosistemas y las economías locales en relación con el impacto causado por el retroceso acelerado de los glaciares en los Andes tropicales en Ecuador, Perú y Bolivia. El objetivo del PRAA es fortalecer la resiliencia de los ecosistemas y economías locales a través de la implementación de medidas piloto de adaptación al cambio climático, especialmente relacionadas con el retroceso de los glaciares.

Para lograr su objetivo, CARE **se basó en fuentes de información diversas** de las comunidades, gobiernos regionales y organizaciones de la sociedad civil y estableció alianzas con universidades, institutos de investigación y servicios meteorológicos.

Las comunidades informaron que habían notado un aumento en la temperatura y cambios en los patrones de precipitación en los últimos años. Los agricultores se vieron obligados a introducir variedades de cultivos de ciclo corto que no siempre son resistentes a las heladas o sequías y los cambios en los patrones de precipitación afectan a los que dependen de la agricultura de secano. Aunque la mayoría de las comunidades notaron que el tamaño de los glaciares se estaba reduciendo, no relacionaron esto a cambios asociados—por ejemplo: cambios en la escorrentía o impacto en el suministro de agua—como posibles problemas actuales o futuros, pero tal cambio en la disponibilidad de agua podía convertirse en una fuente de conflicto potencial. En lugares donde la mayoría de los hombres se dedican a actividades distintas a la agricultura—por ejemplo: la minería—las mujeres realizan las actividades agrícolas y cuidan de su familia, haciéndoles más vulnerables a los impactos negativos en la producción agrícola. Ellas expresaron una mayor preocupación por la calidad del agua y por las amenazas para los cultivos y la salud.

Sin referirse directamente a la pérdida de humedales, las comunidades señalaron impactos negativos en sus medios de vida tales como: más sequías, heladas y granizadas que provocan la pérdida de ganado, menor rendimiento de los cultivos y cambios en los ciclos de siembra y cosecha, que solían manejar bien en el pasado; más plagas y enfermedades en los cultivos y el ganado; pérdida de biodiversidad de cultivos; desaparición de manantiales y fuentes de agua durante la estación seca, que degenera en conflictos entre los usuarios de agua; precipitaciones más intensas durante periodos cortos que ocasionan con mayor frecuencia inundaciones y deslizamientos de tierra; y la reducción de la temporada de heladas hace imposible realizar actividades agrícolas tradicionales—como transformar la papa en chuño (un proceso de conservación de alimentos que utilizan las familias que viven en las zonas altoandinas) —lo que representa una amenaza para su seguridad alimentaria.

CARE está aplicando su manual *Análisis de Capacidad y Vulnerabilidad Climática* (CVCA, por sus siglas en inglés) para diseñar e implementar estos proyectos piloto. Las intervenciones, basadas en el manejo integrado de las cuencas, incluyen: conservación de praderas y reforestación para la recarga de acuíferos; riego tecnificado; validación de cultivos resistentes a sequías y temperaturas extremas; planes de manejo de los *páramos*; validación de las prácticas de conservación de suelo; y desarrollo de actividades diferentes a la agricultura que ejerzan menos presión sobre el agua y otros recursos naturales y que sean menos sensibles al cambio climático.

El análisis de las intervenciones piloto destacó que, en las áreas de los proyectos, el contexto institucional y político tiende a ser inexistente o incipiente y hay falta de gobernanza sobre los recursos naturales. Existe en la población un desconocimiento sobre los procesos de planificación que podrían implementarse para responder ante los impactos del cambio climático a diferentes niveles, o sobre las políticas de gestión del riesgo de desastres. También hay falta de información sobre los escenarios climáticos (que respalde las decisiones tomadas por los responsables de las políticas) y qué impacto van a tener en el suministro de agua.

Las lecciones aprendidas incluyen la necesidad de: (a) Adaptar las herramientas del *Manual de Análisis de Capacidad y Vulnerabilidad Climática* de CARE al contexto local para que provea más información sobre los recursos naturales que abordará un determinado proyecto; (b) Realizar una inducción específica al equipo del proyecto sobre los resultados esperados del CVCA y sobre las cuatro estrategias señaladas en el marco de Adaptación Basada en la Comunidad (ABC) de CARE porque, si bien los equipos realizaron un análisis sólido a nivel comunitario, no tenían los conocimientos y la capacidad suficientes para llevar a cabo el mismo análisis en profundidad a nivel local/ municipal y subnacional; (c) Fortalecer capacidades dentro del equipo de proyecto para conocer y facilitar el aprendizaje de los conceptos clave sobre cambio climático y adaptación y las distintas herramientas de CVCA; (d) Mejorar el análisis por medio de alianzas con instituciones especializadas y promover una mejor coordinación entre los distintos actores; (e) Fortalecer el análisis exhaustivo de los resultados relacionados con las amenazas climáticas para interpretar con más exactitud lo que realmente está ocurriendo a nivel local y luego diseñar las medidas de adaptación y respuesta más adecuadas y (f) Programar talleres en horarios que sean los más adecuados posible para las comunidades involucradas, para poder recoger las percepciones de los grupos vulnerables.

Herramientas y recursos

El cuadro *Herramientas y Recursos* contiene información y enlaces Pág. 152.

CREAR UN ENTORNO PROPICIO PARA LA REDUCCIÓN DEL RIESGO DE DESASTRES Y LA ADAPTACIÓN AL CAMBIO CLIMÁTICO

El capítulo 6 tiene como objetivo ayudar a los profesionales humanitarios y del desarrollo a entender cómo se puede ayudar a las poblaciones en riesgo y alentar a los gobiernos y la sociedad civil[G] a crear un entorno propicio para aumentar la resiliencia[G] a los desastres y el cambio climático a través del trabajo relacionado con la gobernanza e incidencia política. Este capítulo incluye:

- *Explicaciones de:*
  - Términos clave, conceptos básicos y enfoques relevantes para la gobernanza, la incidencia política y la creación de un entorno propicio.
  - Elementos clave relacionados con la gobernanza, incidencia política, reducción del riesgo de desastres[G] y la adaptación al cambio climático[G].
- *Orientación* para aplicar un enfoque integrado de reducción del riesgo de desastres[G] y la adaptación al cambio climático dentro de intervenciones de gobernanza e incidencia política, incluida la aplicación de los 10 principios.
- *Estudios de caso* sobre gobernanza e incidencia política relacionada con la reducción del riesgo de desastres y la adaptación al cambio climático.
- Enlaces a *Herramientas y Recursos* y organizaciones pertinentes, para la implementación de la reducción del riesgo de desastres y la adaptación al cambio climático dentro de intervenciones de gobernanza e incidencia política.

6.1 Gobernanza

La gobernanza[G] es el ejercicio de la autoridad política, económica y administrativa en la gestión de los asuntos de un país en todos los niveles. Comprende los mecanismos, procesos e instituciones a través de los cuales ciudadanos y grupos sociales articulan sus intereses, median sus diferencias y ejercen sus derechos y obligaciones legales. La gobernanza incluye al Estado pero lo trasciende, abarcando a todos los sectores de la sociedad, incluidos el sector privado y las organizaciones de la sociedad civil[G], desde el nivel doméstico y local hasta el provincial, nacional e internacional.[80]

La buena gobernanza con respecto al aumento de la resiliencia a los desastres y el cambio climático se da cuando gobiernos capaces, responsables, transparentes, inclusivos y receptivos, trabajan junto con la sociedad civil, el sector privado y las poblaciones en riesgo a fin de crear un entorno propicio para mejorar la capacidad de la sociedad para prepararse y responder ante desastres[G] y adaptarse a los cambios en el clima.[81,82] Se ve afectada (en forma positiva o negativa) por un número de factores, entre ellos los mecanismos de gobernanza informales tales como estructuras de poder, normas religiosas e ideologías políticas, que también pueden ser poderosos factores de riesgo.[83]

En vista de que el contexto de gobernanza determina cómo acceden las personas a recursos, competencias, tecnología, etc., para protegerse de las amenazas[G], recuperarse de forma efectiva y adaptarse a los cambios en el largo plazo, los profesionales que se ocupan de la reducción del riesgo de desastres y la adaptación al cambio climático deben comprender esto. Saber qué funciones desempeñan las personas y organizaciones tanto dentro como fuera de la comunidad; cómo interactúan con todos los sectores de la población y, especialmente, con los grupos de alto riesgo; e identificar las barreras y limitaciones para una buena gobernanza, puede ayudar a los profesionales a planificar e implementar proyectos y programas que sean sostenibles en el largo plazo y que tengan impacto a escala.[84]

Recuadro 6.1: Ejemplos de diferentes tipos de gobernanza

Instituciones

- **Públicas**: agencias de extensión agrícola que dan acceso a información sobre los medios de vida.

- **Privadas**: instituciones de ahorro y crédito que ayudan a las personas pobres a obtener crédito para invertir en medios de vida, o para fines de ahorro.

- **de la sociedad civil**: Cooperativas comunitarias en zonas urbanas que abogan por las necesidades de los residentes.

Políticas y procesos

- **Política**: Políticas nacionales sobre el uso de la tierra que pueden ayudar a reducir el grado de exposición a las amenazas y evitar la construcción en zonas propensas a inundaciones.

- **Legislación**: Normas de construcción que establecen los estándares mínimos para la construcción de infraestructura resiliente a las amenazas.

- **Instituciones**: Relaciones de poder en las poblaciones en riesgo que controlan el acceso a la tierra, el agua y otros recursos.

Fuente: Adaptado de: Pasteur, K. (2011) De la Vulnerabilidad a la Resiliencia: Un marco de análisis y de acción para el fortalecimiento de la resiliencia comunitaria. Rugby, UK: Practical Action Publishing.

Elementos clave

El riesgo de desastres y el cambio climático plantea retos difíciles para la gobernanza. Estos incluyen:[85]

- *Vínculos entre la distribución y la equidad*: Los desastres y los impactos del cambio climático[G] afectan a diferentes grupos de distintas maneras, por lo que no existe un enfoque viable que pueda aplicarse a todas las situaciones. Esto significa que los enfoques deben tener presente los contextos locales y que las respuestas deben diseñarse e implementarse según corresponda.

- *Alcance social*: El cambio climático afecta a todos los sectores de la sociedad. Esto significa que los gobiernos, las instituciones, etc., deben comprender múltiples asuntos transversales y las interacciones entre éstos y el cambio climático. Ello dificulta y complica la gobernanza.

- *Incertidumbre científica*: A pesar de que sabemos más que nunca acerca del cambio climático, el riesgo de desastres y el cambio climático plantea grandes incertidumbres, lo que dificulta la toma de decisiones.

- *Escalas de tiempo*: El tiempo que se requiere para que surtan efecto los impactos positivos de las intervenciones de respuesta al cambio climático y los desastres puede superar el mandato de un gobierno, lo que podría hacer que la reducción del riesgo de desastres y la adaptación al cambio climático sean poco atractivas para quienes toman las decisiones en el gobierno.

- *Implicaciones globales*: las causas y el impacto del cambio climático tienen un alcance internacional, lo que amerita una respuesta colectiva. Sin embargo, la coordinación de los esfuerzos internacionales a esa escala sigue siendo un gran desafío, dejando los asuntos de gobernanza global sin respuesta.

En el caso de la reducción del riesgo de desastres, las disposiciones de gobierno existentes en muchos países no logran resolver los problemas de las poblaciones en mayor riesgo. Existe un creciente vacío entre el Marco de Acción Hyogo de la ONU y su implementación en la primera línea, que es donde se siente el impacto de los desastres.[86] Se ha identificado que la gobernanza local del riesgo es fundamental para acelerar la implementación eficaz de las actividades de reducción del riesgo a nivel local.[87] Esto incluye: tomar decisiones compartidas entre las autoridades y actores[G] locales; trabajar en conjunto y abiertamente en tareas técnicas y funcionales, tales como evaluaciones del riesgo, planificación y presupuestos; e intensificar el compromiso político con la gobernanza local del riesgo a través de una mayor rendición de cuentas públicas. Sin embargo, esto no se puede realizar en forma aislada; la gobernanza local del riesgo tiene que contar con el respaldo de coaliciones y alianzas a nivel nacional e internacional.

Recuadro 6.2: Ejemplos de indicadores de gobernanza local del riesgo

Inclusión y participación

- Participación de todos, especialmente de los grupos vulnerables y marginados, en la toma de decisiones y la implementación, para que la toma de decisiones se dé en el nivel correcto.

- Equidad de género, con la participación equitativa de los hombres y las mujeres en la toma de decisiones y la implementación.

- Se tiene presente las necesidades específicas de los niños y jóvenes.

- Existe alianzas entre el gobierno local, la comunidad, el sector privado, la sociedad civil, las instituciones académicas y otros, cuyo objetivo es fomentar la cogeneración de conocimiento.

Capacidad local

- Existen políticas de reducción del riesgo dirigidas a proteger a las personas vulnerables del cambio climático y los desastres (adultos mayores, minorías étnicas, niños y jóvenes, personas personas con discapacidad y migrantes) y éstas son revisadas periódicamente.

- Las prácticas locales de reducción de riesgos toman en cuenta los conocimientos, las capacidades y los recursos locales.

- Existe un plan de acción local para llevar las políticas a la práctica.

- El gobierno local dispone de un presupuesto adecuado para actividades de reducción del riesgo.

- Existen políticas de reducción del riesgo dirigidas a proteger a las personas vulnerables del cambio climático y los desastres (adultos mayores, minorías étnicas, niños y jóvenes, personas con discapacidad y migrantes) y éstas son revisadas periódicamente.

- Las prácticas locales de reducción de riesgos toman en cuenta los conocimientos, las capacidades y los recursos locales.

- Existe un plan de acción local para llevar las políticas a la práctica.

- El gobierno local dispone de un presupuesto adecuado para actividades de reducción del riesgo.

Rendición de cuentas y transparencia

- Se ha establecido un punto de referencia o línea de base a partir de la cual se mide los progresos en la implementación de las políticas de reducción del riesgo.

- Las comunidades y la sociedad civil trabajan con el gobierno local en el monitoreo de la reducción del riesgo para presentar quejas por la falta de progresos y recibir las correspondientes respuestas.

- Se recoge información periódicamente para compilar, evaluar y mapear los riesgos de desastre y cambio climático.

- Las personas vulnerables reciben periódicamente información actualizada y sencilla sobre los riesgos y las medidas de prevención.

Fuente: Adaptado de: Global Network for Disaster Reduction (2011) 'If we do not join hands...': Views from the frontline 2011. *Global Network for Disaster Reduction*

Guía para aplicar los 10 principios de un enfoque integrado de reducción del riesgo de desastres y la adaptación al cambio climático en la gobernanza	
1. Aumentar el conocimiento del contexto de las amenazas y del cambio climático.	• Sensibilizar a las poblaciones en riesgo acerca del riesgo de desastres y el cambio climático para que puedan abogar por medidas de reducción del riesgo ante el gobierno y las instituciones ejecutoras. • Evaluar los posibles impactos de las amenazas conocidas y los efectos previstos del cambio climático en las estructuras de gobernanza, especialmente si abarcan numerosas estructuras de gobierno (por ejemplo: cuencas que se extienden más allá de un distrito).
2. Aumentar el conocimiento de la exposición, la vulnerabilidad y la capacidad.	• Evaluar el contexto de gobernanza en relación con los programas existentes o propuestos para identificar el punto de acceso más apropiado a los procesos de toma de decisiones que afectan a las poblaciones en riesgo. Esto incluye: procesos de planificación, instituciones y actores, mandatos y procesos de toma de decisiones, así como políticas e iniciativas existentes para comprender mejor cómo reducen el grado de exposición^G y la vulnerabilidad^G de las poblaciones en riesgo y fortalecen la capacidad.
3. Reconocer los derechos y las responsabilidades.	• Monitorear y evaluar los progresos del gobierno hacia el cumplimiento de las metas establecidas (si existen) y los objetivos fijados en materia de reducción del riesgo de desastres y la adaptación al cambio climático, e informar al respecto a las poblaciones en riesgo, el gobierno local, etc.
4. Fortalecer la participación y la acción de la población en riesgo. e population at risk.	• Mejorar la rendición de cuentas al público mediante el fortalecimiento de la democracia a escala local (incluida la descentralización de las actividades relacionadas con la reducción del riesgo de desastres y la adaptación al cambio climático). • Apoyar la toma de decisiones participativas y descentralizadas para que se escuchen las voces de las poblaciones en riesgo y de los más vulnerables. Se requiere poder, conocimientos y recursos a planos más locales para que los gobiernos locales y otros actores puedan respondan mejor a las necesidades y expectativas locales.
5. Promover el involucramiento y el cambio sistémico.	• Abordar asuntos sistémicos subyacentes tales como: las estructuras de poder, ideologías políticas, factores culturales, etc., porque muchos de ellos afectan a las poblaciones en riesgo y generan su vulnerabilidad a los desastres y el cambio climático.

Guía para aplicar los 10 principios de un enfoque integrado de reducción del riesgo de desastres y la adaptación al cambio climático en la gobernanza	
6. Promover la sinergia entre varios niveles.	• Alentar a las instituciones y autoridades gubernamentales a trabajar juntas para hacer frente al riesgo de desastres y el cambio climático derribando las barreras institucionales o creando grupos que colaboren a través de temas en lugar de separar las disciplinas. • Fortalecer los vínculos entre los niveles local, distrital y nacional a través de acciones de incidencia política a diferentes niveles y estableciendo procesos o estructuras que faciliten el intercambio de conocimientos de abajo hacia arriba y de arriba hacia abajo.
7. Basarse en fuentes de conocimiento diversas y ampliarlas.	• Abogar por la inclusión de diversas fuentes de conocimiento a partir de un amplio número de actores respecto a la adopción de decisiones sobre gobernanza para apoyar la formulación e integración de políticas multisectoriales.
8. Promover flexibilidad y capacidad de respuesta.	• Ser sensible a los cambios en el ambiente de política y en las estructuras de gobernanza para que las iniciativas de reducción del riesgo de desastres y la adaptación al cambio climático sean pertinentes a los cambios en el contexto. • Facilitar el acceso de las poblaciones en riesgo y los gobiernos a la mejor información disponible sobre los efectos del cambio climático para que puedan elaborar mejores planes—y continuar adaptando los planes—según corresponda.
9. Trabajar con diferentes escalas de tiempo.	• Trabajar con los gobiernos a diferentes niveles para que puedan hacer uso de la información científica que se relaciona con diferentes escalas de tiempo. • Reconocer que los asuntos como el cambio climático evolucionan por largos períodos y es posible que no coincidan con los marcos temporales de formulación de políticas, que tienden a seguir ciclos electorales de corto plazo y desarrollar estrategias para resolver esta situación.
10. No causar daño.	• Trabajar con diferentes niveles de gobierno para crear o aplicar leyes que reduzcan las emisiones de gases de efecto invernadero. • Ayudar a los encargados de la formulación de políticas y adopción de decisiones a acceder a la mejor información local y científica sobre el riesgo de desastres y el cambio climático.

ESTUDIO DE CASO: EL PAPEL DE LA SOCIEDAD CIVIL EN LA APROBACIÓN DE UNA LEY SOBRE GESTIÓN DE DESASTRES

Indonesia, Consorcio ECB en Indonesia, Director del Foro Humanitario de Indonesia (HFI), anterior secretario general de la Sociedad Indonesia para la Gestión de Desastres (MPBI)[88]

Indonesia tiene más de 17,000 islas repartidas cerca de la línea del Ecuador, tiene 234.2 millones de habitantes y se encuentra, a nivel mundial, entre las naciones más expuestas a desastres naturales, con más de 600,000 personas al año afectadas por sus consecuencias (Evaluación Global sobre la Reducción del Riesgo de Desastres 2009, de la ONU). Sólo en el primer trimestre de 2011, Indonesia sufrió 67 sismos importantes (de 5 grados de magnitud o más).[89] Las erupciones volcánicas, inundaciones, deslizamientos de tierra y tsunamis son amenazas a las que está constantemente sometida. Según el Instituto Internacional de Investigación sobre Políticas Alimentarias (IFPRI), se prevé que las temperaturas van a aumentar aproximadamente 0.8°C para el año 2030 como consecuencia del cambio climático. Además, se prevé que los patrones de precipitación van a cambiar, la estación lluviosa va a terminar antes que de costumbre y la duración de la estación de lluvias se va a acortar.[90]

El terremoto y tsunami ocurridos en diciembre de 2004 en Aceh, en el norte de la isla de Sumatra, puso de relieve la necesidad urgente de mejorar la alerta temprana, la preparación previa a los desastres y la coordinación entre los actores para prestar ayuda humanitaria. El interés en la aprobación de una ley sobre gestión de desastres se convirtió en una prioridad aunque los avances para crear la mencionada ley fueron lentos.

Reconociendo el alto nivel de riesgo existente en todo el país y con miras a **promover el involucramiento y cambio sistémico y fortalecer la participación y la acción de la población en riesgo**, el Consorcio ECB en Indonesia entabló conversaciones con un grupo pequeño de actores humanitarios interesados en promover la creación de una ley nacional sobre gestión de desastres y se organizó un taller para tratar este tema en marzo de 2005. Participaron actores y 29 organizaciones, entre ellas organizaciones de la sociedad civil, ONG locales e internacionales, la ONU, ministerios de gobierno y las fuerzas armadas y policiales, lo que llevó a la identificación de una coalición encargada de redactar la ley. La Sociedad Indonesia para la Gestión de Desastres–asociación sin fines de lucro compuesta por profesionales en gestión de desastres, científicos, representantes del gobierno, organizaciones nacionales/internacionales y otras entidades de gestión de desastres–actuó como facilitador del grupo.

Se llevó a cabo un segundo taller para redactar conjuntamente el documento inicial de esta ley, que se presentó a la Cámara de Representantes para una audiencia pública. Los miembros de la Cámara de Representantes respondieron que se disponía del proyecto de ley pero todavía no había sido aprobado.

Reconociendo sus derechos y responsabilidades, el grupo llevó a cabo dos procesos de incidencia política simultáneos para que se diera máxima prioridad a la ley en la agenda legislativa de la Cámara de Representantes. La sociedad civil organizó una campaña de sensibilización de la comunidad y un ciclo de talleres dirigidos a los actores locales a fin de respaldar más la iniciativa. El esfuerzo de involucrar múltiples voces se tradujo en la priorización del proyecto de ley. Dos años después, del puesto 287 pasó a ocupar el tercer puesto en la lista de iniciativas prioritarias de la Cámara de Representantes.

El 26 de abril de 2007, la Ley N° 24 de 2007 de la República de Indonesia sobre gestión de desastres fue aprobada por el gobierno. Después de su aprobación, se creó el Consejo Nacional de Gestión de Desastres (BNPB) y comités de gestión de desastres a nivel provincial y distrital, responsables de la gestión de desastres (que incluía las etapas de preparación, respuesta, rehabilitación y reconstrucción).

En junio de 2009, la revista *Humanitarian Exchange* informó: "Se ha hecho progresos en la gestión de desastres con la aprobación de la nueva ley y la actitud frente a los desastre está comenzando a cambiar, dejando de lado la aceptación fatalista para dar paso a la aplicación de un enfoque proactivo de gestión. Sin embargo, no es seguro que el impulso y la energía que impera actualmente en Indonesia se mantenga si surgen otras amenazas, como por ejemplo una economía tambaleante, extremismo religioso o inestabilidad regional."[91]

Herramientas y recursos

El cuadro *Herramientas y Recursos* contiene información y enlaces Pág. 152.

6.2   Incidencia Política

La incidencia política es el proceso de influir en las personas, las políticas, las estructuras y los sistemas para lograr cambios positivos. Tiene que ver con involucrar a las personas para que se conviertan en ciudadanos activos que pueden alcanzar sus metas. No es preciso dejar la incidencia política en manos de los profesionales o especialistas. La función de un defensor incluye facilitar la comunicación entre las personas, negociar, apoyar buenas prácticas y formar alianzas con otras organizaciones y redes.

Elementos clave

Para que la incidencia política relacionada con la reducción del riesgo de desastres^G y la adaptación al cambio climático^G sea efectiva debe funcionar a múltiples niveles - familiar, local, distrital, subnacional, nacional e internacional – ya que los asuntos como el riesgo de desastres y el cambio climático, si bien se manifiestan a nivel local, requieren intervenciones a varios niveles, especialmente a nivel global. Por ejemplo: después que el Ciclón Aila devastó el sudoeste de Bangladesh, en 2010, el consorcio país del Proyecto ECB y otras organizaciones – en alianza con las poblaciones afectadas – abogaron a nivel local y provincial por la reconstrucción de los diques del río que quedaron destruidos. A nivel nacional, el mismo grupo abogó por la aprobación de la Ley sobre Gestión de Desastres de Bangladesh. A nivel internacional, la Red Global para la Reducción de Desastres (GNDR) aboga ante la EIRD para que los recursos no se concentren a nivel nacional, sino que sean asignados al trabajo en reducción del riesgo de desastres/adaptación al cambio climático a nivel local y para que se haga respetar los derechos de las personas a participar y contribuir a procesos de toma de decisiones.

Recuadro 6.3: Tipos de incidencia política

- **Establecimiento de relaciones (o cabildeo):** Se trata de construir relaciones con personas que ostentan autoridad y entablar un diálogo para abordar un problema o las necesidades de una comunidad. Implica sensibilizarles acerca de un problema, intentar influenciarles y sugerirles posibles soluciones.

- **Movilización del público (campañas):** Consiste en sensibilizar, a través de la educación, al público acerca de una situación – el problema y la solución posible – para incentivarles a actuar. Algunas veces implica discutir con grupos de personas cómo puede afectarles una situación, e incentivarles a dirigirse a quienes tienen poder para desafiar la injusticia.

- **Trabajo con los medios de comunicación:** Los profesionales pueden trabajar con los medios informativos locales y nacionales para ayudar difundir el mensaje sobre una determinada situación y sus posibles soluciones. Los funcionarios de gobierno generalmente leen, ven y escuchan las noticias transmitidas por los medios informativos, por lo que esta podría ser una forma eficaz de atraer su atención sobre un problema. Los medios también llegan a diversos públicos que pueden interesarse en la situación y que probablemente deseen involucrarse.

Fuente: Shaw, S. (2011) Why advocate on climate change? *Teddington, U.K: Tearfund.*

La incidencia política encaminada a aumentar la resiliencia a los desastres y el cambio climático es importante porque debe tratarse tanto los síntomas como las causas fundamentales de los desastres[G] y el cambio[G] climático. Los profesionales deben trabajar con las personas afectadas y con quienes toman decisiones que pueden tener impactos positivos y negativos en las personas que corren mayor riesgo. Los gobiernos deben rendir cuentas; ellos tienen la responsabilidad de defender los derechos de sus ciudadanos, incluyendo su derecho a vivir con seguridad (ver la Declaración Universal de los Derechos Humanos).[92]

El propósito central de la incidencia política a favor de la reducción del riesgo de desastres /adaptación al cambio climático es empoderar a las poblaciones en riesgo para que hablen por sí mismas. La incidencia política crea oportunidades para que las personas sin voz hablen y sean escuchadas y para que otros les escuchen; y ayuda a empoderar a las personas para que se conviertan en agentes de cambio (personas que no sólo conocen sus derechos, sino que también tienen estrategias para crear un cambio real en sus vidas).

Guía para aplicar los 10 principios de un enfoque integrado de reducción del riesgo de desastres y la adaptación al cambio climático en la incidencia política	
1. Aumentar el conocimiento del contexto de las amenazas y del cambio climático.	• Usar la información local generada a través de enfoques participativos y la mejor información disponible sobre la ocurrencia de amenazas[G] y los efectos previstos del cambio climático, para informar las iniciativas de incidencia política.
2. Aumentar el conocimiento de la exposición, la vulnerabilidad y la capacidad.	• Trabajar con las poblaciones en riesgo y grupos específicos de alto riesgo para ayudarles a entender las razones de su exposición[G] y vulnerabilidad[G] a las amenazas y los efectos del cambio climático. • Identificar capacidades de resiliencia dentro de la población en riesgo, que pueden fortalecerse a través de la incidencia política a favor de la provisión de recursos adicionales, cambios en las políticas, etc. Usar esta información para informar iniciativas de incidencia política.
3. Reconocer los derechos y las responsabilidades.	• Sensibilizar a las poblaciones en riesgo respecto a la manera en que sus derechos se ven afectados por los desastres y el cambio climático, como punto de partida para la incidencia política. • Ayudar a las poblaciones en riesgo en la organización de campañas populares, para que pidan cuentas a los encargados de la adopción de decisiones y los que tienen poder. • Apoyar los marcos internacionales existentes, como el Marco de Acción de Hyogo y la Convención Marco de las Nacionales Unidas sobre el Cambio Climático (CMNUCC) de la ONU, ya que establecen importantes principios de trabajo para abordar los derechos y las responsabilidades en relación con los desastres y el cambio climático.
4. Fortalecer la participación y la acción de la población en riesgo.	• Empoderar a las comunidades en riesgo a través de la información y educación para que desarrollen estrategias de incidencia política y planes de acción, de manera que puedan llevar a cabo sus propias actividades de incidencia política y campañas. • Usar la incidencia política para ayudar a generar un espacio político (participación, transparencia y rendición de cuentas) de manera que los representantes de las poblaciones en riesgo puedan abogar directamente por sus propias comunidades. • Identificar a qué individuos/instituciones están dirigidas las iniciativas de incidencia política, a través de medios participativos como el mapeo de actores, la identificación de aliados y opositores y la selección de públicos objetivo clave. • Ayudar a las poblaciones en riesgo a preparar mensajes de incidencia política que estén dirigidos a un grupo específico, aborden un problema específico, estén orientados a la acción y sean simples, claros y concisos.

Guía para aplicar los 10 principios de un enfoque integrado de reducción del riesgo de desastres y la adaptación al cambio climático en la incidencia política

4. Fortalecer la participación y la acción de la población en riesgo.	• Apoyar la participación de las poblaciones en riesgo en iniciativas que se traduzcan en la adopción de un tratado internacional sobre cambio climático posterior a Kyoto de gran alcance y jurídicamente vinculante, que se base en los principios del protocolo de Kyoto, el HFA y el desarrollo sostenibleᴳ. Apoyar la preparación de mensajes de incidencia política que pongan de manifiesto los problemas de las poblaciones en riesgo. Estos mensajes deben estar dirigidos a un grupo específico, abordar un problema específico, estar orientados a la acción y ser simples, claros y concisos.
5. Promover el involucramiento y el cambio sistémico.	• Trabajar con otros en alianzas o redes para mejorar la capacidad de informar e influenciar a los que tienen poder, incluidos los principales responsables de la adopción de decisiones. Obtener evidencia convincente, objetiva y rigurosa sobre los impactos para convencer a los encargados de la adopción de políticas y decisiones de que las acciones que se están ejecutando reducen el riesgo de desastre y cambio climático y pueden llevarse a escala.
6. Promover la sinergia entre varios niveles.	• Alentar a los gobiernos a integrar la reducción del riesgo de desastres y la adaptación al cambio climático en sus planes y programas nacionales de desarrollo, e incentivar a las entidades de gobierno a trabajar juntos, no por separado. • Diseñar e implementar iniciativas de incidencia política dirigidas a diferentes niveles y sectores de la sociedad.
7. Basarse en fuentes de conocimiento diversas y ampliarlas.	• Elegir el tipo de evidencia y mensajes más apropiados para influenciar al grupo objetivo. Por ejemplo: los testimonios pueden ser más adecuados para campañas populares, y los análisis cuantitativos de costo-beneficio pueden ser más efectivos para influenciar al gobierno.
8. Promover flexibilidad y capacidad de respuesta.	• Facilitar flexibilidad cuando se diseña iniciativas de incidencia política y adaptarse a los cambios en el entorno político, para que las iniciativas de incidencia política sean pertinentes y sólidas ante los cambios en los contextos.
9. Trabajar con diferentes escalas de tiempo.	• Apoyar el desarrollo y la aplicación de planes de incidencia política que sirvan de hoja de ruta para las metas de incidencia política a corto, mediano y largo plazo, vitales para seguir los progresos y alcanzar hitos con respecto a la incidencia política.
10. No causar daño.	• Monitorear y evaluar el trabajo de incidencia política para analizar sus fortalezas y debilidades y para evitar actividades de incidencia política que perjudiquen a las poblaciones en riesgo. • Trabajar con las autoridades locales y diferentes niveles del gobierno a fin de crear o aplicar leyes que reduzcan las emisiones de gases de efecto invernadero.

ESTUDIO DE CASO: PLANIFICACIÓN URBANA RESILIENTE DESPUÉS DE INUNDACIONES[93]

Bolivia, Oxfam, FUNDEPCO

Trinidad, la capital del departamento de Beni, es una ciudad de la Amazonía boliviana que está creciendo rápidamente y tiene una población estimada de 100,000 personas. El municipio de Trinidad está construido dentro de una carretera de circunvalación que sirve como dique para proteger a la ciudad de las inundaciones. Sin embargo, el crecimiento urbano espontáneo ha dado lugar a la proliferación de barrios urbano-marginales fuera del área protegida.

En 2007, inundaciones graves ocasionaron daños a la infraestructura, incluyendo la carretera de circunvalación, la ganadería y la agricultura[G]. La población de las zonas urbano-marginales de Trinidad sufrió serios impactos que afectaron a más de 3,200 familias, la mayoría de las cuales se vio obligada a buscar refugio en albergues improvisados. Las inundaciones se repitieron en el año 2008 pero, entre los dos eventos, el municipio sufrió un periodo de sequía inusualmente severo.

Después de las inundaciones de 2007 y 2008, Oxfam y la ONG boliviana FUNDEPCO, en estrecha colaboración con las autoridades municipales, implementaron varias intervenciones en respuesta a la emergencia. Al observar que la situación era insostenible, después de las actividades de respuesta, las autoridades municipales elaboraron una serie de planes de desarrollo orientados a la reducción del riesgo de desastres y la adaptación al cambio climático, con el apoyo técnico y financiero de Oxfam y FUNDEPCO. El proceso duró dos años y contó con la participación de más de 15 especialistas, entre ellos geólogos, hidrólogos, economistas, arquitectos y sociólogos. Las instituciones municipales, la sociedad civil[G] y representantes de grupos específicos de la población (niños, ancianos, etc.) también participaron en entrevistas, consultas y discusiones en grupos focales a fin de contribuir al diseño del proyecto y las intervenciones específicas que estarían incluidas.

Como resultado de la contribución realizada por múltiples actores, se elaboró planes de uso del suelo y ocupación del territorio, con un marco cronológico de 15 años y se puso en marcha un plan quinquenal de desarrollo municipal. Para el año 2012 se había aplicado diversas acciones y medidas, entre ellas la construcción de mejores estructuras de protección contra inundaciones, el mejoramiento de los sistemas de gestión de residuos y campañas de información. El municipio de Trinidad es considerado una ciudad modelo de la campaña mundial Desarrollando Ciudades Resilientes tras haber ejecutado más de cinco de los 10 aspectos básicos para el desarrollo de una ciudad resiliente, (*véase Herramientas y recursos* Pág. 153). Con la **promoción del involucramiento, el cambio sistémico y la sinergia entre múltiples niveles** se contribuyó al cumplimiento de la meta de este proyecto.

Para mayor información sobre el proyecto consultar: http://gestionterritorialadaptativa.com/

Herramientas y recursos

El cuadro *Herramientas y Recursos* contiene información y enlaces Pág. 153.

6.3   Redes de incidencia política

Global

- Red Internacional para la Acción Climática (CAN-I): Red global integrada por organizaciones de la sociedad civil que se ocupan del cambio climático para influir en las políticas a nivel nacional e internacional. www.climatenetwork.org
- Campaña Global para la Acción contra el Cambio Climático (GCCA): campaña internacional que trabaja en asuntos del cambio climático. http://gc-ca.org/
- Alianza Mundial de Género y Cambio Climático (GGCA): esta alianza está integrada por más de 50 miembros, entre agencias de la ONU y organizaciones de la sociedad civil, que trabajan conjuntamente en favor del reconocimiento mundial de las perspectivas de género en las políticas y prácticas de cambio climático. www.gender-climate.org
- Red Global de Organizaciones de Sociedad Civil para la Reducción de Desastres (GNDR): red global de organizaciones de la sociedad civil que trabajan conjuntamente para mejorar las vidas de las personas afectadas por desastres. www.globalnetwork-dr.org

Regional

- La GNDR trabaja con organizaciones de todo el mundo. www.globalnetwork-dr.org
- CAN-International está integrada por organizaciones CAN que operan en diferentes regiones. Los datos de contacto de las regiones CAN se encuentran en la página web internacional. www.climatenetwork.org

Nacional

- Hay varias redes nacionales que abogan en torno al cambio climático y los desastres. Comuníquese con otras ONG que trabajan en temas relacionados con los desastres y el cambio climático o consulte con representantes del gobierno.

ANEXOS

Herramientas y recursos

1. Entendiendo la reducción del riesgo de desastres y la adaptación al cambio climático

E-Learning modules on integrating Climate Change Adaptation in Disaster Risk Reduction – modules 1-5 Paquete de aprendizaje autónomo, a través de Internet, sobre la integración de la ACC en la RRD. *Raks Thai Foundation, CARE International, Poverty Environment and Climate Change Network (PECCN), CARE Nederland and CARE Australia.*
http://www.careclimatechange.org/tools

CARE Community Based Adaptation Projects Toolkit Guías prácticas para la integración de la ACC durante el ciclo del proyecto. El kit de herramientas está dirigido a profesionales y está disponible en inglés, español, francés y portugués. *CARE International (2010)*
http://www.careclimatechange.org/toolkits

Climate Vulnerability and Capacity Analysis (CVCA) Handbook Incentiva a las comunidades en riesgo a analizar las causas del riesgo y trabajar con las entidades de gobierno que tienen la responsabilidad de reducir el riesgo de desastres y la cambio climático. *CARE International (2009). A.Dazé, K. Ambrose, C. Ehrhart.* http://www.careclimatechange.org/cvca/CARE_CVCAHandbook.pdf

Community Resilience Project Modules Módulos de proyecto que permiten a los trabajadores de campo y las comunidades identificar riesgos a través de un análisis de puntos críticos y desarrollar resiliencia, realizando intervenciones que se centran en las cinco prioridades del HFA y en los activos de subsistencia. *World Vision International.*
http://www.resilienciacomunitaria.org/

Community Owned Vulnerability and Capacity Assessment tool (COVACA) Instruction Manual Ejercicios para ayudar a las comunidades a identificar posibles riesgos de desastre, capacidades para hacer frente a eso riesgos y medidas de preparación afines. *World Vision International (n.d.).* http://www.wvafrica.org/download/drr/COVACA%20Instruction%20Manual.pdf

Gerando Kit de herramientas de enfoque holístico y comunitario que se concentra en reducir el impacto de desastres repentinos y crónicos en las comunidades, aumentando la resiliencia de las comunidades, adoptando estrategias proactivas para anticipar problemas, fortaleciendo los mecanismos locales de afrontamiento y fortaleciendo la capacidad de las comunidades. *World Vision Mozambique (2011).* www.wvafrica.org/index.php?option=com_content&view=article&id=622&Itemid=361

DRR Toolkit: Integrating Disaster Risk Reduction and Climate Change Adaptation into Area Development Programming Conjunto de herramientas sobre RRD y ACC dirigidas a ayudar a los profesionales a integrar los componentes de evaluación del riesgo y diseño del programa en la programación de desarrollo a largo plazo. *World Vision International (2012).* www.wvasiapacific.org/drr

Participatory Capacity and Vulnerability Assessment (PCVA): A Practitioner's Guide Herramienta que usa procesos multiactor de análisis de riesgo y planificación que ayudan al personal y las organizaciones socias a trabajar con las comunidades en contextos en los que los desastres naturales son importantes impulsores de la pobreza y el sufrimiento. *Oxfam GB (2012).* http://www.scribd.com/doc/99334979/Participatory-Capacity-and-Vulnerability-Analysis-A-practitioner-s-guide

Roots 9: Reducing Risk of Disaster in our Communities Evaluación Participativa del Riesgo de Desastres. Metodología que permite a las comunidades evaluar los factores que contribuyen a la magnitud y escala de un posible desastre y desarrollar un plan local propio para abordar esos factores y reducir el riesgo de desastre. *Tearfund (2011).* http://tilz.tearfund.org/Publications/ROOTS/Reducing+risk+of+disaster+in+our+communities.htm

Vulnerability and Capacity Assessment Toolbox (VCA) Proceso de investigación participativa diseñado para evaluar los riesgos que enfrentan las personas en su localidad, su vulnerabilidad a esos riesgos y las capacidades que poseen para hacer frente a una amenaza y recuperarse después que ocurre. *International Federation of Red Cross and Red Crescent Societies (IFRC) (2007).* Link to VCA site: http://www.IFRC.org/en/what-we-do/disaster-management/preparing-for-disaster/disaster-preparedness-tools/disaster-preparedness-tools/ Link to VCA toolkit: http://www.IFRC.org/en/what-we-do/disaster-management/preparing-for-disaster/disaster-preparedness-tools1/

From Vulnerability to Resilience: A framework for analysis and action to build community resilience Marco de análisis y acción para construir resiliencia en las comunidades. *Practical Action Publishing (2011). K. Pasteur.* www.practicalaction.org/media/download/9654

Ready or Not: Assessing Institutional Aspects of National Capacity for Climate Change Adaptation Marco de funciones de alcance nacional que todos los países tendrán que realizar para que puedan adaptarse constante y eficazmente, en las que se incluye la evaluación, priorización, gestión de la información, coordinación y reducción del riesgo. *World Resources Institute. (WRI) (2012). A. Dixit, H. McGray, J. Gonzales, M. Desmond.* http://www.wri.org/publication/ready-or-not

Consultation Document: The ACCRA Local Adaptive Capacity Framework (LAC) Marco que permite la evaluación de los factores que facilitan el desarrollo de la capacidad de adaptación, incluyendo instituciones y derechos; conocimientos e información; y toma de decisiones y gobernanza. *Africa Climate Change Resilience Alliance (ACCRA) (n.d.).* http://community.eldis.org/.59d669a7/txFileDownload/f.59d669a7/n.LACFconsult.pdf

National HFA Monitor 2011-2013 Herramienta en línea utilizada para seguir de cerca la información sobre el progreso con respecto al Marco de Acción de Hyogo (HFA), generada a través del proceso de revisión multiactor. *United Nations International Strategy for Disaster Reduction (UNISDR).* http://www.preventionweb.net/english/hyogo/hfa-monitoring/hfa-monitor/ *Guidance notes:* http://www.preventionweb.net/english/hyogo/hfa-monitoring/documents/HFA-monitor-user-guidance-final.pdf

Characteristics of a Disaster Resilient Community. A guidance note Documento que ayuda a los profesionales y las comunidades a elegir indicadores de RRD y ACC, algunos de los cuales pueden servir como indicadores indirectos (proxy) de reducción del riesgo. *Department for International Development (DFID), British Red Cross, Christian Aid, Plan International, Practical Action, Tearfund, Actionaid (2009). J. Twigg, University College London.* http://community.eldis.org/.59e907ee/Characteristics2EDITION.pdf p. 44 Local participation and accountability in disaster preparedness and response

The Sphere Handbook: Humanitarian Charter and Minimum Standards in Humanitarian Response Guía para basar la respuesta humanitaria en un enfoque participativo y basado en derechos. *The Sphere Project (2011).* http://www.spherehandbook.org/

Accountability for Disaster Risk Reduction: Lessons from the Philippines Destaca la importancia de la responsabilidad del Estado en el cumplimiento de los compromisos de RRD, con un estudio de caso referido a Filipinas. *Climate and Disaster Governance (2010). E. Polack, E. M. Luna, J. Dator Bercilla.* http://community.eldis.org/?233@@.59e9a75e!enclosure=.59e9a99b&ad=1

Red Cross Red Crescent Climate Guide Guía detallada para gestionar el riesgo del cambio climático e implementar estrategias de adaptación. *IFRC (2002).* http://www.climatecentre.org/site/publications/85

Climate Vulnerability and Capacity Analysis (CVCA) Handbook Manual que incentiva a las comunidades en riesgo a analizar las causas del riesgo y trabajar con las entidades de gobierno que tienen la responsabilidad de reducir el riesgo de desastres y la cambio climático. *CARE International (2009). A. Dazé, K. Ambrose, C. Ehrhart.* http://www.careclimatechange.org/cvca/CARE_CVCAHandbook.pdf

Community-based Risk Screening Tool – Adaptation and Livelihoods (CRiSTAL) Herramienta de apoyo a la toma de decisiones para evaluar y mejorar los impactos de un proyecto en la capacidad local de adaptación a la variabilidad del clima y el cambio climático. *International Institute for Sustainable Development (IISD), Stockholm Environmental Institute (SEI), The World Conservation Union (IUCN), Inter Cooperation (2011).* http://www.iisd.org/cristaltool/

CEDRA: Climate Change and Environmental Degradation Risk and Adaptation Assessment Herramienta de evaluación de proyectos y de apoyo a la toma de decisiones. *Tearfund (2012). M. Wiggins. Contributions from M. Williams.* http://tilz.tearfund.org/Topics/Environmental+Sustainability/CEDRA.htm

Risk maps and climate projections Página web que combina información sobre las amenazas conocidas, la ubicación y esfera de influencia de los eventos que han provocado desastres, con la representación gráfica de los efectos observados y previstos del cambio climático. *Pacific Disaster Center,* www.pdc.org *Pacific Disaster Centre,* http://www.pdc.org/atlas/ Interactive Global Hazards Atlas showing disaster risk and climate forecasts.

Important Guidance and Resources for Forecast-Based Decision Making Antecedentes sobre La Niña, interpretación de pronósticos estacionales, vinculación de los pronósticos a acciones apropiadas y recursos para el monitoreo de pronósticos y el apoyo a la toma de decisiones. *Red Cross/Red Crescent Climate Centre, IFRC, International Research Institute for Climate and Society (IRI) (n.d.).* http://www.climatecentre.org/downloads/File/IRI/2012/ IMPORTANT_FORECAST_GUIDANCE_AND_RESOURCES-May.pdf

Climate Change Country Profiles Informes por país que contienen mapas y diagramas que muestran los climas observados y previstos del país (no se ha elaborado el perfil de todos los países). *United Nations Development Program (UNDP); School of Geography and the Environment, University of Oxford.* http://country-profiles.geog.ox.ac.uk/

Climate Wizard Programa basado en la web, diseñado para que el público con y sin conocimientos técnicos acceda a información importante sobre cambio climático. *The Nature Conservancy, University of Washington, University of Southern Mississippi (2009).* http://www.climatewizard.org/

Climate Analysis Indicators Tool (CAIT) Indicadores y herramientas de análisis para informar los debates de política relacionados con la vulnerabilidad y la capacidad de adaptación. *WRI.* http://cait.wri.org

Integrating CCA into Secure Livelihoods Toolkit 1: Framework and approach Kit de herramientas diseñadas para ayudar a los profesionales a realizar un análisis del cambio climático en el futuro, que puede integrarse en los medios de vida predominantes. *Christian Aid (2010).* http://www.adaptationlearning.net/sites/default/files/Adaptation%20 toolkit%201.pdf

Integrating CCA into Secure Livelihoods. Toolkit 2: Developing a climate change analysis Kit de herramientas diseñadas para ayudar a los profesionales a entender el grado de cambio que ocurrirá debido a las tendencias a largo plazo y la variabilidad del clima a corto plazo, a través de fuentes de conocimiento científico y comunitario sobre el clima. *Christian Aid (2010).* http://www.adaptationlearning.net/sites/default/files/Adaptation%20 toolkit%202.pdf

Integrating CCA into Secure Livelihoods. Toolkit 3: Developing a programme strategy and plan of action Kit de herramientas diseñadas para ayudar a los profesionales a integrar la ACC en los programas sobre medios de vida. *Christian Aid (2010).* http://seachangecop.org/ files/documents/Adaptation_toolkit_3.pdf

2.1 Grupos clave/ Niños

Convention on the Rights of the Child (CRC) Instrumento internacional jurídicamente vinculante que define los derechos humanos básicos que tienen los niños en todas partes. *United Nations Children's Fund (UNICEF) (2009). Summary document:* http://www.unicef. org/crc/files/Rights_overview.pdf Full document: http://www.coe.int/t/dg3/children/participation/ CRC-C-GC-12.pdf

Children's Charter for Disaster Risk Reduction La carta tiene como objetivo sensibilizar acerca de la necesidad de un enfoque de RRD enfocado en el niño y del compromiso más firme de los gobiernos, donantes y agencias para adoptar medidas adecuadas a fin de proteger a los niños y aprovechar su energía y sus conocimientos para que participen en intervenciones de RRD y ACC. *Institute of Development Studies (IDS), Plan International, Save the Children, UNICEF, World Vision (2011).* http://www.childreninachangingclimate.org/ database/CCC/Publications/children_charter.pdf

Children in a Changing Climate Coalición de organizaciones humanitarias, de desarrollo e investigación centrada en la niñez, que comparten conocimientos, coordinan actividades y trabajan con niños y adolescentes para destacar la importancia de la reducción del riesgo de desastres, la prevención y adaptación al cambio climático centrada en la niñez. *IDS, Plan International, Save the Children, UNICEF, World Vision (2007). Children on the Frontline: Children and Young People in Disaster Risk Reduction* http://www.childreninachangingclimate.org/home.htm http://www.childreninachangingclimate.org/ database/plan/Publications/Plan-WorldVision_ChildrenOnTheFrontline_2009.pdf

Our climate, Our future Proyecto en el que los niños ven películas para examinar el impacto del cambio climático en sus comunidades. *Plan International (2009).* http://www.youtube.com/user/planinternationaltv#p/u/6/ZlzIoNdLEDc

Child-led disaster risk reduction: a practical guide Guía que destaca los distintos roles importantes y productivos que los niños pueden desempeñar en la RRD. Está dirigida a profesionales que trabajan con niños para proporcionarles ideas que les permitan empoderar a los niños a dirigir el proceso de reducción del riesgo de desastres. *Save the Children (Sweden) (2007). L. Benson, J. Bugge.* http://www.eldis.org/go/topics/resource-guides/aid/key-issues/disaster-risk-reduction/education-and-drr&id=38480&type=Document

Child-Centred DRR Toolkit Kit de herramientas sobre RRD enfocada en el niño: 1) capacitación del niño través de una evaluación de amenazas, vulnerabilidades y capacidades; 2) planificación, monitoreo y evaluación de programas enfocados en el niño; 3) planes de acción con los niños; y 4) incidencia política con los niños. *Plan International (2010).* http://www.childreninachangingclimate.org/database/plan/Publications/ Child-Centred_DRR_Toolkit.pdf

2.2 Grupos clave/ Mujeres y hombres, género

Training Manual on Gender and Climate Change Herramienta práctica diseñada para mejorar la capacidad de los encargados de la adopción de políticas y decisiones para que desarrollen estrategias y políticas sobre cambio climático con una perspectiva de género. *IUCN, UNDP, UNEP, GGCA, Women's Environment and Development Organization (WEDO) (2009). L. Aguilar.* https://cmsdata.iucn.org/downloads/eng_version_web_final_1.pdf

Gender, Climate Change and Community-Based Adaptation: A guidebook for designing and implementing gender-sensitive community-based adaptation programmes and projects Guía para integrar los asuntos de género en la programación CBA. UNDP (2010). *K. Vincent, L. Wanjiru, A.Aubry, A. Mershon, C. Nyandiga, T. Cull, and K. Banda. Dr. L. W. Garmer (ed).* http://www.undp.org/content/dam/aplaws/publication/en/publications/environment-energy/www-ee-library/climate-change/gender-climate-change-and-community-based-adaptation-guidebook-/Gender%20Climate%20Change%20and%20Community%20Based%20Adaptation%20(2).pdf

Making Disaster Risk Reduction Gender-Sensitive: Policy and Practical Guidelines Directrices prácticas y de política para que los gobiernos nacionales y locales sigan implementando el Marco de Acción de Hyogo (HFA). *IUCN, UNDP, United Nations International Strategy For Disaster Reduction (UNISDR) (2009).* http://www.preventionweb.net/english/professional/publications/v.php?id=9922

Adaptation, gender and women's empowerment. CARE International Climate Change Brief Informe sobre género y adaptación al cambio climático que incluye pasos para incorporar actividades transformadoras de género en las estrategias de adaptación. *CARE International (2010).* http://www.careclimatechange.org/files/adaptation/CARE_Gender_Brief_Oct2010.pdf

Gender, Disaster Risk Reduction and Climate Change Adaptation: A Learning Companion Guía práctica sobre género, RRD y ACC en la programación. *Oxfam GB (2010).* http://www.gdnonline.org/resources/OxfamGender&ARR.pdf

Gender and Disaster Risk Reduction: A Training Pack Paquete de capacitación en género y RRD. *Oxfam Great Britain (2011). M.C. Ciampi, F. Gell, L. Lasap, E. Turvill.* http://reliefweb.int/sites/reliefweb.int/files/resources/Full_report_116.pdf

2.3 RRD, ACC y grupos clave/ Grupos de alto riesgo

Mainstreaming Disability into Disaster Risk Reduction: A Training Manual Manual de capacitación diseñado para mejorar las capacidades de los actores para incorporar la discapacidad en la reducción de RRD. *Handicap International, European Commission (2009). I. Ulmasova, N. Silcock, B. Schranz.* http://www.handicap-international.fr/fileadmin/documents/publications/DisasterRiskReduc.pdf

Homestead Gardening: A Manual for Program Managers, Implementers, and Practitioners Este manual está dirigido a los programadores y profesionales de programas sobre seguridad alimentaria, nutrición y medios de vida para mejorar la producción doméstica de alimentos y la generación de ingresos. Es una compilación de técnicas y lecciones aprendidas de los programas de construcción de huertos familiares implementados con éxito a través del Consorcio para la Emergencia de Seguridad Alimentaria en África Meridional (C-SAFE), en Lesotho. *CRS (2008). Adam Weimer.* http://www.crsprogramquality.org/publications/2011/1/14/homestead-gardening.html

The International Classification of Functioning, Disability and Health Este modelo no aborda específicamente la RRD y ACC, pero ayuda a analizar las posibles consecuencias de las limitaciones en las actividades de una persona y los obstáculos para su participación en RRD y ACC. *WHO (2004).* http://www.who.int/classifications/icf/en/

3. Gestión del ciclo de programa/ Generación y gestión del conocimiento

National HFA Monitor 2011 — 2013 Herramienta en línea utilizada para seguir de cerca la información sobre el progreso con respecto al HFA, generada a través del proceso de revisión multiactor. *UNISDR.* http://www.preventionweb.net/english/hyogo/hfa-monitoring/hfa-monitor/

Participatory Monitoring, Evaluation, Reflection and Learning for Community-based Adaptation (PMERL): A Manual for Local Practitioners Manual que puede ser utilizado por y para las comunidades vulnerables, con el apoyo de planificadores, profesionales y autoridades encargadas de la formulación de políticas, para informar sus planes de adaptación al cambio climático y su implementación. *CARE (2012). J. Ayers, S. Anderson, S. Pradhan, T. Rossing.* www.careclimatechange.org/files/adaptation/CARE_PMERL_Manual_2012.pdf

Project/ Programme Monitoring and Evaluation Guide Guía diseñada para promover un entendimiento común y el ejercicio confiable del monitoreo y evaluación de proyectos/programas. *IFRC (2011).* http://www.ifrc.org/Global/Publications/monitoring/IFRC-ME-Guide-8-2011.pdf

Monitoring and Evaluation Guidelines Kit de herramientas en línea, compuesta de 14 módulos que dan orientación detallada sobre diseño, implementación y evaluación. *World Food Programme (n.d.).* http://www.wfp.org/content/monitoring-and-evalutation-guidelines

Characteristics of a Disaster Resilient Community. A guidance note Guía para ayudar a los profesionales y las comunidades a elegir indicadores de RRD y ACC, algunos de los cuales pueden servir de indicadores indirectos de reducción del riesgo. *DFID, British Red Cross, Christian Aid, Plan, Practical Action, Tearfund, Actionaid (2009). J. Twigg, University College London.* http://www.abuhc.org/Publications/CDRC%20v2%20final.pdf

3.2 Gestión del ciclo de programa/ Análisis

CARE International Climate Change Brief: Adaptation, gender and women's empowerment
Documento que describe el vínculo entre el género y la vulnerabilidad y cómo se evidencia esto en la práctica. *CARE International.* http://www.careclimatechange.org/files/adaptation/CARE_Gender_Brief_Oct2010.pdf

e-Learning modules on integrating Climate Change Adaptation in Disaster Risk Reduction
Paquete de aprendizaje autónomo, a través de Internet, sobre la integración de la Adaptación al Cambio Climático y Reducción del Riesgo de Desastres.
Raks Thai Foundation, CARE International, PECCN, CARE Nederland and CARE Australia.
http://www.careclimatechange.org/tools

Climate Vulnerability and Capacity Analysis (CVCA) Handbook Herramienta que incentiva a las comunidades en riesgo a analizar las causas del riesgo y trabajar con las entidades de gobierno que tienen la responsabilidad de reducir el riesgo de desastres y la cambio climático. *CARE International (2009). A. Dazé, K. Ambrose, C. Ehrhart.*
http://www.careclimatechange.org/cvca/CARE_CVCAHandbook.pdf

Vulnerability matrix Instrucciones para realizar actividades en grupo a fin de determinar las amenazas, la vulnerabilidad y la capacidad con respecto a los medios de vida. *CARE International (2009). A. Dazé, K. Ambrose, C. Ehrhart.* http://www.careclimatechange.org/cvca/CARE_CVCAHandbook.pdf p. 39 of CVCA.

Community Based Disaster Preparedness: A How-To Guide Guía exhaustiva basada en la experiencia de CRS y sus socios en la preparación ante desastres basada en la comunidad, que incluye la creación de grupos y equipos de trabajo comunitarios para prepararse y responder a emergencias. *Catholic Relief Services (CRS), European Commission Humanitarian Aid (2009). Cassie Dummett.* http://www.crsprogramquality.org/publications/2009/11/20/community-based-disaster-preparedness-a-how-to-guide.html

Community-based Risk Screening Tool – Adaptation and Livelihoods (CRiSTAL)
Información y recursos relacionados con la herramienta de identificación. *IISD, SEI, Inter Cooperation (2011).* http://www.iisd.org/cristaltool/

Adaptation Toolkit: Integrating Adaptation to Climate Change into Secure Livelihoods. Toolkit 2: Developing a climate change analysis El kit de herramientas está diseñado para apoyar la integración del cambio climático y los desastres en el trabajo relacionado con los medios de vida. *Christian Aid (2010).* http://unfccc.int/files/adaptation/application/pdf/christianaid_ap_update_sep_09_toolkit_7_sp.pdf

Participatory Capacity and Vulnerability Assessment (PCVA): A Practitioner's Guide
Herramienta que usa procesos multiactor de análisis del riesgo y planificación para ayudar al personal y las organizaciones socias a trabajar con las comunidades en contextos en los que los desastres naturales son importantes impulsores de la pobreza y el sufrimiento. *Oxfam GB (2012).* http://www.scribd.com/doc/99334979/Participatory-Capacity-and-Vulnerability-Analysis-A-practitioner-s-guide

Roots 9: Reducing Risk of Disaster in our Communities Herramienta que permite a las comunidades evaluar los factores que contribuyen a la magnitud y escala de un posible desastre y desarrollar un plan local propio para abordar esos factores y reducir el riesgo de desastre. *Tearfund (2011). P. Venton, B. Hansford. R. Blackman (ed).* http://tilz.tearfund.org/Publications/ROOTS/Reducing+risk+of+disaster+in+our+communities.htm

Climate Analysis Indicators Tool Indicadores y herramientas de análisis diseñadas para informar los debates de política sobre la vulnerabilidad y la capacidad de adaptación. *WRI.* http://cait.wri.org

CEDRA: Climate Change and Environmental Degradation Risk and Adaptation Assessment Herramienta de evaluación de proyectos y de apoyo a la toma de decisiones. *Tearfund (2012). M. Wiggins. Contributions from M. Williams.* http://tilz.tearfund.org/Topics/Environmental+Sustainability/CEDRA.htm

The National Adaptive Capacity Framework (NAC) Marco de funciones de alcance nacional que todos los países deberán cumplir para adaptarse constante y eficazmente, en las que se incluye la evaluación, priorización, gestión de la información, coordinación y reducción del riesgo. *WRI (2009).* http://www.wri.org/project/vulnerability-and-adaptation/nac-framework

Climate Change Country Profiles Informes por país que contienen mapas y diagramas que muestran los climas observados y previstos del país (no se ha elaborado el perfil de todos los países). *UNDP; School of Geography and the Environment, University of Oxford.* http://country-profiles.geog.ox.ac.uk/

Climate Wizard Programa basado en la web, diseñado para que el público con y sin conocimientos técnicos acceda a información importante sobre cambio climático. *The Nature Conservancy.* http://www.climatewizard.org/

Pressure and Release Model Modelo que permite predecir cuándo puede ocurrir un desastre como resultado de la confluencia de la vulnerabilidad y las amenazas. *Routledge (1994). B. Wisner, P. Blaikie, T. Cannon, I. Davis.* http://practicalaction.org/media/view/9654 See p. 96

Non-Annex-I national communications and NAPAs received by the secretariat Comunicación Nacional de cada país que indica su situación con respecto al cambio climático. *Programas Nacionales de Acción para la Adaptación (NAPA) para los Países Menos Adelantados.* National Adaptation Programmes of Action (NAPAs) for Least Developed countries. *National Communications:* http://unfccc.int/national_reports/non-annex_i_natcom/items/2979.php *NAPAs:* http://unfccc.int/cooperation_support/least_developed_countries_portal/submitted_napas/items/4585.php

Project Design Handbook Marco conceptual para la planificación de programas y proyectos. *CARE International (2002). R. Caldwell.* http://www.ewb-international.org/pdf/CARE%20Project%20Design%20Handbook.pdf

3.3 Gestión del ciclo de programa/ Diseño

Disaster Risk Reduction in the Project Cycle Management: A tool for programme officers and project managers Guía para integrar la gestión del riesgo en el ciclo del proyecto, que enfoca el tema del refugio. *Swiss Agency for Development and Cooperation (SDC) (2007). SDC Prevention and Preparedness Team, M. Zimmermann (NDR Consulting).* http://www.constructiongroup.ch/system/files/disaster+risk+reduction+in+the+project+cycle+management.pdf

Framework of Milestones and Indicators for Community-Based Adaptation (CBA)
Marco diseñado para identificar hitos e indicadores de proyectos que integran la ACC. *CARE International (2010).* http://www.careclimatechange.org/files/toolkit/CBA_Framework.pdf

Toolkit for Integrating Climate Change Adaptation into Projects Kit de herramientas para orientar la integración de la ACC en los proyectos. *CARE International, IISD (2010).* http://www.careclimatechange.org/tk/integration/en/open_toolkit.html

Climate Smart Disaster Risk Management: Strengthening Climate Resilience
Marco para orientar la planificación estratégica, el desarrollo del programa y la formulación de políticas y para evaluar la eficacia de las políticas, proyectos y programas existentes de GRD en el contexto del cambio climático. *Strengthening Climate Resilience (SCR), IDS (2010). T. Mitchell, M. Ibrahim, K. Harris, M. Hedger, E. Polack, A. Ahmed, N. Hall, K. Hawrylyshyn, K. Nightingal, M. Onyango, M. Adow, S. Sajjad Mohammed.* http://community.eldis.org/.59e0d267/SCR%20DRM.pdf

Guidelines: National Platforms for Disaster Risk Reduction Lineamientos sobre la forma de establecer/fortalecer una plataforma nacional multiactor para la RRD, que ayude a incorporar la RRD en las políticas, planes y programas de desarrollo a nivel nacional. *UNISDR (2007).* http://www.unisdr.org/we/inform/publications/601

Making Adaptation Count: Concepts and Options for Monitoring and Evaluation of Climate Change Adaptation Marco práctico para desarrollar sistemas de monitoreo y evaluación que pueden seguir el éxito y fracaso de las iniciativas de ACC en el contexto del desarrollo. *WRI, Federal Ministry for Economic Cooperation and Development (BMZ), Deutsche Gesellschaft für Internationale Zusammenarbeit (GIZ) (2011). M. Spearman, H. McGray.* http://www.wri.org/publication/making-adaptation-count

3.4 Gestión del ciclo de proyecto/ Implementación

The Basics of Project Implementation: A guide for project managers Guía que se centra en la etapa de implementación y está dirigida al personal de campo. *CARE International (2007). B.Durr, E. Johnson, J. Rugh, K. Furany, M. Chen, M. Rubio, R. Siles. N. Hussein (managing ed.).* http://www.careclimatechange.org/files/toolkit/CARE_Project_Implementation.pdf

Toolkit for Integrating Climate Change Adaptation into Projects Herramienta diseñada para orientar la integración de la ACC en proyectos. *CARE International, IISD (2010).* http://www.careclimatechange.org/tk/integration/en/open_toolkit.html

Capacity self-assessment Herramienta para adquirir una idea general de una organización, que describe la etapa de su desarrollo y ayuda a comprender su impacto actual y potencial. http://tilz.tearfund.org/Publications/ROOTS/Capacity+self-assessment.htm

Ready or Not: Assessing Institutional Aspects of National Capacity for Climate Change Adaptation Marco de funciones de alcance nacional que todos los países deberán cumplir para adaptarse constante y eficazmente al cambio climático. *WRI (2012). A. Dixit, H. McGray, J. Gonzales, M. Desmond.* http://www.wri.org/project/vulnerability-and-adaptation/nac-framework

4.1 Sectores clave/ Seguridad alimentaria

Practitioners' Guide to the Household Economy Approach (HEA) Marco basado en los medios de vida, diseñado para ofrecer una representación clara y exacta del funcionamiento interno de las economías domésticas. *Regional Hunger and Vulnerability Programme (RHVP), The Food Economy Group (FEG), Save the Children (n.d.). T. Boudreau, M. Lawrence, P. Holzmann, M. O'Donnell, L. Adams, J. Holt, L. Hammond, A. Duffield.* http://www.feg-consulting.com/resource/practitioners-guide-to-hea

Integrated Food Security Classification Tool (IPC) Herramienta estándar que ofrece una 'moneda común' para clasificar la seguridad alimentaria. *Food and Agriculture Organization (FAO), WFP, Oxfam, Save the Children, Famine Early Warning Systems Network (FEWSNET), CARE International, Joint Research Centre European Commission (n.d.).* http://www.ipcinfo.org/

Household Livelihood Security Analysis (HLSA) Kit de herramientas dirigida a los profesionales, que explica cómo realizar un análisis de seguridad de los medios de vida del hogar. *CARE International (2002).* http://pqdl.care.org/Practice/HLS%20Assessment%20-%20A%20Toolkit%20for%20Practitioners.pdf

Market Information and Food Insecurity Response Analysis El marco MIFIRA ofrece un conjunto de preguntas que sigue una secuencia lógica y las correspondientes herramientas analíticas para ayudar a los organismos operacionales a prever el posible impacto de respuestas alternativas (basadas en alimentos o en dinero) e identificar la respuesta que mejor se adecúe a un determinado contexto de inseguridad alimentaria. *Barrett, C.B.; Bell, R.; Lentz, E.C.; and Maxwell, D.G. (2009).* http://dyson.cornell.edu/faculty_sites/cbb2/MIFIRA/

Consultation Document: The ACCRA Local Adaptive Capacity Framework (LAC) Marco para la evaluación de los factores que facilitan el desarrollo de la capacidad de adaptación, incluyendo instituciones y derechos; conocimientos e información; y toma de decisiones y gobernanza. *ACCRA (n.d.).* http://community.eldis.org/.59d669a7/txFileDownload/f.59d669a7/n.LACFconsult.pdf

Modeling System for the Agricultural Impacts of Climate Change (MOSAICC) Instrumento integral para evaluar el impacto del cambio climático en la actividad agrícola, que se puede usar para generar escenarios climáticos variados y para el análisis del impacto económico. *European Union, FAO (2010)*. http://www.foodsec.org/web/tools/climate-change/climate-change-impact-assessment-tool/en/

Climate Vulnerability and Capacity Analysis (CVCA) Handbook Marco que integra la ACC en el desarrollo a través de: medios de vida resilientes; RRD; desarrollo de capacidades; incidencia política y movilización social. *CARE International (2009) A. Dazé, K. Ambrose, C. Ehrhart*. http://www.careclimatechange.org/publications/adaptation

How to conduct a food security assessment: A step-by-step guide for National Societies in Africa Guía para realizar evaluaciones de seguridad alimentaria, dirigida a personas sin conocimientos básicos. *IFRC (2006)*. http://www.ifrc.org/Global/Publications/disasters/food_security/fs-assessment.pdf

Adaptation toolkit: Integrating Adaptation to Climate Change into Secure Livelihoods Kit de herramientas para realizar un análisis del cambio climático futuro, que puede integrarse en los medios de vida predominantes. *Christian Aid (2010)*. http://www.adaptationlearning.net/sites/default/files/Adaptation%20toolkit%201.pdf

"Climate-Smart" Agriculture: Policies, Practices and Financing for Food Security, Adaptation and Mitigation Enfoque que examina algunas de las respuestas técnicas, institucionales, políticas y financieras clave requeridas para desarrollar una agricultura climáticamente inteligente. *FAO (2010)*. http://www.fao.org/docrep/013/i1881e/i1881e00.pdf

Disaster Risk Reduction in Livelihoods and Food Security Programming: A Learning Companion. Oxfam Disaster Risk Reduction and Climate Change Adaptation Resources Guía para integrar la RRD en la planificación de los medios de vida. Incluye estudios de caso y ejemplos de contextos. *Oxfam GB (n.d.)*. http://community.eldis.org/?233@@.59cdc973/7!enclosure=.59cf3b6a&ad=1

Mitigating Climate Change Through Food and Land Use Estrategias para reducir las emisiones y capturar los gases de efecto invernadero. Describe las cinco principales estrategias para reducir las emisiones y secuestrar los gases de efecto invernadero de la atmósfera terrestre y los seis principios de acción para adoptar la mitigación en el cambio de uso del suelo. *ECO Agriculture, World Watch Institute (2009)*. http://www.worldwatch.org/node/6126

From Vulnerability to Resilience: A framework for analysis and action to build community resilience Marco de análisis y de acciones encaminadas a reducir la vulnerabilidad y aumentar la resiliencia de los individuos, los hogares y las comunidades. *Practical Action Publishing (2011). K. Pasteur*. http://practicalaction.org/media/view/9654

4.2 Sectores clave/ Medios de vida

Community-based Risk Screening Tool – Adaptation and Livelihoods (CRiSTAL)
Marco y herramienta de identificación de riesgos cuyo objetivo es ayudar a los planificadores y administradores de proyecto a entender los nexos entre los medios de vida y la ACC y proveer herramientas de planificación. *IISD, SEI, Inter Cooperation (2011).* http://www.cristaltool.org/

Village Savings and Loans Associations (VS and LA) Programme Guide Guía sobre las asociaciones comunitarias de ahorro y crédito; su propósito y cómo funcionan en las comunidades. *VSL Associates (2007). H.Allen, M. Staehle, C. Waterfield.* http://edu.care.org/ Documents/VSLA%20Program%20Guide_Field%20Operations%20Manual%20v.%202.9.pdf

Livelihoods Connect Página web que contiene herramientas y recursos relacionados con el enfoque medios de vida sostenibles. *Eldis.* http://www.eldis.org/go/livelihoods/

Adapting to Climate Variability and Change: A Guidance Manual for Development Planning
Manual para integrar el cambio climático en proyectos de desarrollo. *United States Agency for International Development (USAID) (2007).* http://pdf.usaid.gov/pdf_docs/PNADJ990.pdf

When Disaster Strikes: A Guide to Assessing Seed System Security Herramienta de evaluación del sistema de seguridad de semillas, que fomenta la aplicación de estrategias más eficaces para hacer frente a la inseguridad crónica en la obtención de semillas. *Catholic Relief Services (2008). Louise Sperling.* http://www.crsprogramquality.org/ publications/2011/1/13/when-disaster-strikes.html

Seed Security: Advice for Practitioners Diez informes de buenas prácticas ofrecen orientación para mantener y mejorar los sistemas de semilla durante las fases de respuesta y recuperación de desastres. *International Center for Tropical Agriculture and CRS, with CARE Norway (2011).* http://www.crsprogramquality.org/publications/2011/1/12/seed-aid-for-seed-security.html

Seed Fairs and Vouchers: A Manual for Seed-Based Agricultural Recovery in Africa
El manual presenta una visión global de los sistemas de semilla y sus componentes y explica cómo planificar e implementar el sistema de cupones por semillas.
Catholic Relief Services (2002). In collaboration with Overseas Development Institute and International Crops Research Institute for the Semi-Arid Tropics. http://www.crsprogramquality.org/ publications/2011/1/12/seed-vouchers-and-fairs.html

The Livelihood Assessment Tool kit: Analysing and responding to the impact of disasters on the livelihoods of people Kit de herramientas diseñadas para apoyar el análisis y las acciones sobre medios de vida después de desastres. *FAO, International Labor Organization (ILO) (2009).* http://www.fao.org/fileadmin/templates/tc/tce/pdf/LAT_Brochure_LoRes.pdf

Livelihoods and Climate Change: Combining disaster risk reduction, natural resource management and climate change adaptation in a new approach to the reduction of vulnerability and poverty Marco para investigadores, encargados de la formulación de políticas y grupos comunitarios que tratan de adoptar medidas de adaptación. *IUCN, Stockholm Environment Institute (SEI), IISD, Inter Co operation (2003).* http://www.iisd.org/pdf/2003/natres_livelihoods_cc.pdf

Adaptation toolkit: Integrating Adaptation to Climate Change into Secure Livelihoods Kit de herramientas diseñadas para apoyar la integración del cambio climático y los desastres en el trabajo sobre medios de vida. *Christian Aid (2010).* http://unfccc.int/files/adaptation/application/pdf/christianaid_ap_update_sep_09_toolkit_6_sp.pdf

"Climate-Smart" Agriculture: Policies, Practices and Financing for Food Security, Adaptation and Mitigation Enfoque que examina las respuestas técnicas, institucionales, políticas y financieras clave requeridas para lograr una agricultura climáticamente inteligente. *FAO (2010).* http://www.fao.org/docrep/013/i1881e/i1881e00.pdf

TNA Guidebook Series: Technologies for Climate Change Adaptation - Agriculture Sector Tecnologías de adaptación para el sector agrícola. *UNEP Risø Centre on Energy, Climate and Sustainable Development (2011). R. Clements, J. Haggar, A. Quezada, J. Torres, X. Zhu (ed).* http://tech-action.org/Guidebooks/TNA_Guidebook_AdaptationAgriculture.pdf

Practitioners' Guide to Household Economy Approach (HEA) Marco basado en los medios de vida que ofrece una representación clara y precisa del funcionamiento interno de las economías familiares. *RHVP, FEG, Save the Children (n.d.). M. Lawrence, P. Holzmann, M. O'Donnell, L. Adams, J. Holt, L. Hammond, A. Duffield, T. Boudreau (ed).* http://www.feg-consulting.com/resource/practitioners-guide-to-hea

4.3 Sectores clave/ Gestión de recursos naturales (GRN)

Consultation Workshop on Ecosystem-based Disaster Risk Reduction for Sustainable Development: Tools for integrating risk, climate projections and ecosystem data Orientación sobre el mapeo de amenazas, riesgos y vulnerabilidades como herramienta para la planificación de proyectos. *Partnership for Environment and Disaster Risk Reduction (PEDRR) (n.d.).* http://cmsdata.iucn.org/downloads/5_2_tools_for_integrating_risk__climate_projections_and_ecosystem_data_2.pdf

Ecosystem Services: A Guide for Decision Makers Lista de servicios de los ecosistemas. *WRI (2008). J. Ranganathan, C. Raudsepp Hearne, N. Lucas, F. Irwin, M. Zurek, K. Bennett, N. Ash, P. West.* http://pdf.wri.org/ecosystem_services_guide_for_decisionmakers.pdf

Integrating Community and Ecosystem-Based Approaches in Climate Change Adaptation Responses Marco conceptual aplicable a la adaptación que empodera a las comunidades locales a manejar los ecosistemas bajo arreglos de gobernanza resilientes que permitan la provisión de los servicios de ecosistemas de los cuales éstas dependen. *Ecosystems, Livelihoods and Adaptation Network (ELAN) (n.d.). P. Girot, C. Ehrhart, J. Oglethorpe.* http://www.careclimatechange.org/files/adaptation/ELAN_IntegratedApproach_150412.pdf

Ecosystem-based Adaptation: a natural response to climate change Ofrece un marco para la EbA y su función en el desarrollo sostenible. *IUCN (2009). A. Colls, N. Ash, N. Ikkala.* http://data.iucn.org/dbtw-wpd/edocs/2009-049.pdf p. 14 - Principles of effective ecosystem-based adaptation

A Short History of Farmer Managed Natural Regeneration: The Niger Experience. An ECHO Technical Note Enfoque programático de regeneración de bosques por las comunidades con el fin de aumentar la capacidad de retención de agua en el suelo, mejorar los medios de vida, aumentar la producción agrícola y reducir la erosión del suelo. *World Vision, Serving in Mission (SIM), ECHO (2010). T. Rinaudo. http://www.echonet.org/data/ sites/2/Documents/OuagaForum2010/FarmerManagedNaturalRegeneration.pdf*

Guidelines for Rapid Environmental Impact Assessment in Disasters Orientación para realizar una Evaluación Rápida de Impacto Ambiental. *Benfield Hazard Research Centre, University College London and CARE International (2005). C. Kelly.* http://www.preventionweb.net/ files/8267_bhrcgen30apr1.pdf

Environmental Impact Assessment Recursos para la capacitación en evaluaciones de impacto ambiental. *United Nations Environmental Programme.* http://www.unep.ch/etb/ publications/envImpAsse.php

Mainstreaming Adaptation to Climate Change in Agriculture and Natural Resources Management Projects Notas orientativas que contienen lecciones aprendidas, mejores prácticas, recomendaciones y recursos útiles para incorporar la gestión del riesgo y adaptación al cambio climático en proyectos de desarrollo. *The World Bank (2010). G. Gambarelli, A. Bucher.* http://beta.worldbank.org/climatechange/content/mainstreaming-adaptation-climate-change-agriculture-and-natural-resources-management-project

4.4 Sectores clave/ Agua, saneamiento e higiene (WASH)

Training Manual: Hydro climatic Disasters in Water Resources Management El manual explica los nexos entre la Gestión Integrada de Recursos Hídricos (IWRM) y los desastres relacionados con el agua. *Cap-Net UNDP, Nile IWRM-Net, UNISDR, United Nations Office of Humanitarian Coordination (UNOCHA) (2009).* http://www.unisdr.org/ files/10358_ManualforHydroclimaticDisastersinWa.pdf

Water Safety Plan Manual: Step-by-step risk management for drinking-water suppliers Guía para facilitar la elaboración de planes de seguridad del agua (WSP) que se centran en el abastecimiento organizado de agua a cargo de una empresa de abastecimiento de agua o una entidad similar. *WHO, International Water Association (IWA) (2009. J. Bartram, L. Corrales, A. Davison, D. Deere, D. Drury, B. Gordon, G. Howard, A. Rinehold, M. Stevens.* http://www.preventionweb.net/files/8367_9789241562638eng1.pdf

Vision 2030: The resilience of water supply and sanitation in the face of climate change Página web que contiene recursos relacionados con un estudio de cambio climático, agua potable y servicios de saneamiento. *WHO (2010).* http://www.who.int/water_sanitation_ health/publications/9789241598422_cdrom/en/index.html

4.5 Sectores clave/ Educación

Inter-Agency Network for Education in Emergencies Toolkit (INEE) Kit de herramientas que sirven de guía a los trabajadores de asistencia humanitaria, funcionarios públicos y pedagógos dedicados a la educación en situaciones de emergencia. *The Inter-Agency Network for Education in Emergencies.* http://toolkit.ineesite.org/toolkit/Home.php http://toolkit. ineesite.org/toolkit/Toolkit.php?PostID=1054

Child-led disaster risk reduction: a practical guide Guía dirigida a profesionales que trabajan con niños para proporcionarles ideas que les permitan empoderar a los niños a dirigir el proceso de reducción del riesgo de desastres. *Save the Children (Sweden) (2007). L. Benson, J. Bugge.* http://www.eldis.org/go/topics/resource-guides/aid/key-issues/disaster-risk-reduction/education-and-drr&id=38480&type=Document

Child-Centred Disaster Risk Reduction Toolkit Kit de herramientas que ayuda a los profesionales a realizar una PCVA con los niños; planificar, monitorear y evaluar programas sobre reducción del riesgo de desastres centrados en la niñez; planificar acciones; y hacer incidencia política. *Plan International (2010).* http://www.childreninachangingclimate.org/library_page.htm?metadata_value=Child-Centred DRR Toolkit&wildmeta_value=Child-Centred DRR Toolkit

Knowledge, Attitudes and Practices for Risk Education: how to implement KAP surveys Guía para diseñar e implementar una encuesta KAP acerca de la educación sobre riesgos. *Handicap International (2009). F. Goutille.* http://www.handicap-international. org.uk/Resources/Handicap%20International/PDF%20Documents/HI%20Associations/ KAPRiskEducation_2009.pdf

Convention on the Rights of the Child (CRC) Instrumento internacional jurídicamente vinculante que define los derechos humano básicos que tienen los niños en todas partes. *UNICEF (1990).* Summary document: http://www.unicef.org/crc/files/Rights_overview.pdf Full document: http://www.coe.int/t/dg3/children/participation/CRC-C-GC-12.pdf

Disaster risk reduction begins at School. 2006-2007 World Disaster Reduction Campaign Describe buenas prácticas de reducción del riesgo de desastres en las escuelas, aplicadas en todo el mundo. *UNISDR, United Educational and Scientific Organization (UNESCO) (n.d.).* http://www.unisdr.org/we/inform/publications/2105

Children in a Changing Climate Coalición de organizaciones que comparten conocimientos, coordinan actividades y trabajan con niños y adolescentes para destacar la importancia de la reducción del riesgo de desastres centrada en la niñez, así como la prevención y adaptación al cambio climático. *IDS, Plan, Save the Children, UNICEF, World Vision (2007).* www.childreninachangingclimate.org/

Guidance Notes on Safer School Construction Marco de principios rectores y medidas generales para apoyar la construcción y readaptación de escuelas que sean resilientes a desastres. *Inter-Agency Network for Education in Emergencies (INEE), World Bank, UNISDR (2009).* http://www.gfdrr.org/gfdrr/sites/gfdrr.org/files/publication/Guidance_Notes_Safe_Schools.pdf

Climate Change Education Página web que contiene recursos sobre educación para el desarrollo sostenible. *Education for Sustainable Development.* http://educationforsustainabledevelopment.com/blog/?cat=11

4.6 Sectores clave/ Salud

PDNA/RF Fast Facts Guidance Sheet Notas de orientación para realizar evaluaciones después de desastres. *UNDP (2009).* http://www.recoveryplatform.org/assets/publication/PDNA/PDNA%20guidance%20sheet.pdf

An Approach for Assessing Human Health Vulnerability and Public Health Interventions to Adapt to Climate Change Recurso que explica los pasos para evaluar la vulnerabilidad y la capacidad en el sector salud. *Research Mini-Monograph. K. L. Ebi, R. S. Kovats, B.Menne. Environmental Health Perspectives, Vol 114, No 12, December 2006.* http://www.ncbi.nlm.nih.gov/pmc/articles/PMC1764166/pdf/ehp0114-001930.pdf

Cholera Outbreak Guidelines: Preparedness, prevention and control Guía detallada que proporciona información sobre intervenciones para combatir el cólera y promueve programas de salud pública que sean rápidos, estén basados en la comunidad, estén bien diseñados y tengan presente el género y la diversidad. *Oxfam GB (2012). E. Lamond, J. Kinyanjui.* http://policy-practice.oxfam.org.uk/publications/cholera-outbreak-guidelines-preparedness-prevention-and-control-237172

4.7 Sectores clave/ Protección

Protection: An ALNAP guide for humanitarian agencies Asesoramiento y conocimientos para los profesionales humanitarios que se ocupan de la seguridad y protección de las personas vulnerables durante guerras y desastres. *Active Learning Network for Accountability and Performance, Overseas Development Institute (2005). H. Slim, A. Bonwick.* http://www.alnap.org/pool/files/alnap-protection-guide.pdf

5.1 Contextos clave / Conflictos

Integrating conflict and disaster risk reduction into education sector planning: Guidance Notes for Educational Planners Notas de orientación para ayudar a los planificadores de educación a integrar la RRD/ACC en sus procesos de planificación. *Global Education Cluster, UNESCO, International Institute for Educational Policy (IIEP), UNICEF (2011).* http://toolkit.ineesite.org/toolkit/INEEcms/uploads/1096/IIEP_Guidance_notes_EiE_EN.pdf

The Do No Harm Handbook: The Framework for Analyzing the Impact of Assistance on Conflict Manual No causar daño: El marco para analizar el impacto de la asistencia en conflicto. Información esencial, pasos claves y lecciones aprendidas sobre la metodología 'No hacer Daño'. *Collaborative for Development Action (CDA) Collaborative Learning Projects (2004).* http://www.cdainc.com/dnh/docs/DoNoHarmHandbook.pdf

Guidance for designing, monitoring and evaluating peacebuilding projects: using theories of change Métodos para monitorear y evaluar proyectos de construcción de paz; este documento ofrece orientación para diseñar, monitorear y evaluar proyectos de construcción de paz aplicando teorías del cambio. La guía está dirigida a profesionales dedicados a la transformación de conflictos y construcción de la paz, organizaciones no gubernamentales (ONG) y agencias donantes. También puede ser de utilidad para otros actores que se ocupan de la transformación de conflictos y construcción de la paz. *CARE International and International Alert (2012).* http://www.careinternational.org.uk/research-centre/conflict-and-peacebuilding/227-guidance-for-designing-monitoring-and-evaluating-peacebuilding-projects-using-theories-of-change

Making Sense of Turbulent Contexts: Analysis Tools for Humanitarian Actors Herramienta de contexto macro para el análisis de la historia, grupos de actores, economía política y necesidades estratégicas en escenarios de conflicto. *World Vision International (2003). S. Jackson with S. Calthrop.* http://www.conflictsensitivity.org/node/85

Consensus Building with Participatory Action Plan Development Herramienta de generación de consenso para identificar y resolver problemas ambientales o de medios de vida con el apoyo y los aportes de la comunidad. *Practical Action (2011). A. Taha, R. Lewins, S. Coupe, B. Peacocke.* http://practicalaction.org/consensus-building-with-participatory-action-plan-development

Political economy analysis El análisis se enfoca en entender los impulsores políticos y económicos del conflicto, el poder relativo, la exclusión y la vulnerabilidad de grupos diferentes a lo largo del tiempo. *Governance and Social Development Resource Centre, University of Birmingham.* http://www.gsdrc.org/go/topic-guides/political-economy-analysis/tools-for-political-economy-analysis

Disaster-Conflict Interface: Comparative experiences Análisis comparativo de las tendencias y experiencias que se derivan de la relación entre los desastres y conflictos. *Bureau for Crisis Prevention and Recovery, UNDP (2011).* http://www.undp.org/content/dam/undp/library/crisis%20prevention/DisasterConflict72p.pdf

5.2 Contextos clave/ Recuperación temprana

Guidance Note on Recovery: Climate Change Orientación sobre recuperación temprana y cambio climático. *UNISDR, UNDP, International Recovery Platform (n.d.).* www.unisdr.org/we/inform/publications/16769

Early Recovery Cluster Overview Página web que contiene información, herramientas y recursos relacionados con la recuperación temprana. *OneResponse, Cluster Working Group on Early Recovery, UNDP.* http://oneresponse.info/GLOBALCLUSTERS/EARLY RECOVERY/Pages/default.aspx

5.3 Contextos clave/ Medio urbano

Earthquakes and Megacities Initiative (EMI) Iniciativa científica internacional creada como organización sin fines de lucro para promover políticas, conocimiento y prácticas de reducción del riesgo urbano, en megaciudades y metrópolis de rápido crecimiento. *EMI.* http://www.emi-megacities.org/home/

Climate Resilient Cities: A Primer on Reducing Vulnerabilities to Disasters Guía dirigida a los gobiernos locales para comprender mejor los conceptos y las consecuencias del cambio climático; cómo las consecuencias del cambio climático contribuyen a las vulnerabilidades urbanas; y qué están haciendo los gobiernos locales para participar en programas de aprendizaje, fortalecimiento de capacidades, e inversión de capital que les permita desarrollar comunidades resilientes. *The World Bank (2009). N. Prasad, F. Ranghieri, Fatima Shah, Z. Trohanis, E. Kessler, R. Sinha.* http://siteresources.worldbank.org/INTEAPREGTOPURBDEV/Resources/Primer_e_book.pdf

The 10 Essentials for Making Cities Resilient Lista de verificación de 10 puntos y componente clave para la reducción del riesgo de desastres, desarrollado en concordancia con las cinco prioridades del HFA. *UNISDR (2012).* http://www.unisdr.org/campaign/resilientcities/toolkit/essentials

How to make cities more resilient: a handbook for local government leaders El manual ofrece a alcaldes, gobernadores, concejales y otras autoridades locales un marco general para la reducción del riesgo y destaca las buenas prácticas y herramientas que ya se están aplicando en las ciudades para tal fin. *UNISDR (2012).* http://www.unisdr.org/campaign/resilientcities/toolkit//handbook

Local Government Self-Assessment Tool (LGSAT) El Instrumento de Autoevaluación para Gobiernos Locales (LGSAT) contiene preguntas clave e indicadores organizados alrededor de los 10 Aspectos Esenciales para Desarrollar Ciudades Resilientes y se basa en las prioridades e indicadores nacionales del HFA. *UNISDR (2012).* http://www.unisdr.org/campaign/resilientcities/toolkit/howto

Planning for Climate Change: A Strategic, Values-based Approach for Urban Planners Guía para elaborar un enfoque participativo, estratégico y basado en valores para incorporar el cambio climático en la planificación urbana y el desarrollo. *UN-Habitat (2011).* http://www.unhabitat.org/downloads/docs/PFCC-14-03-11.pdf

OCHA and slow-onset emergencies. OCHA Occasional Policy Briefing Series No. 6
Documento informativo sobre política que ofrece recomendaciones para que los socios humanitarios nacionales e internacionales puedan prepararse y responder a desastres de evolución lenta. *UNOCHA Policy and Development Studies Branch (2011).* http://reliefweb.int/sites/reliefweb.int/files/resources/report_36.pdf

From food crisis to fair trade: Livelihoods analysis, protection and support in emergencies Orientación práctica sobre la programación de medios de vida durante emergencias. *Emergency Nutrition Network, Oxfam (2006). S. Jaspars.* http://www.ennonline.net/pool/files/ife/supplement27.pdf

The Household Economy Approach: A Resource Manual for Practitioners Este manual sirve de introducción al Enfoque de Economía Familiar para los trabajadores de campo y de referencia para los que tienen experiencia en este enfoque. *Save the Children (2000). J. Seaman, P. Clarke, T. Boudreau, J. Holt.* http://www.savethechildren.org.uk/resources/online-library/household-economy-approach-resource-manual-practitioners

5.4 Contextos clave/ Desastres de evolución lenta

The Coping Strategies Index: Field Methods Manual El Índice de Estrategias de Supervivencia (CSI) es un indicador de la seguridad alimentaria de los hogares y guarda correlación con medidas de seguridad alimentaria más complejas. *CARE International, World Food Programme (2003). D. Maxwell, B. Watkins, R. Wheeler, G. Collins.* http://www.fao.org/crisisandhunger/root/pdf/cop_strat.pdf

Slow-onset disasters: drought and food and livelihoods insecurity. Learning from previous relief and recovery responses Síntesis de las principales lecciones extraídas de evaluaciones de intervenciones de socorro y recuperación en respuesta a desastres de evolución lenta – especialmente sequías, inseguridad alimentaria y de los medios de vida. *Active Learning Network for Accountability and Performance (ALNAP), ProVention Consortium (n.d.).* http://www.alnap.org/pool/files/ALNAP-ProVention_lessons_on_slow-onset_disasters.pdf

6.1 Entorno propicio/ Gobernanza

Powercube Recurso en línea para entender las relaciones de poder en los esfuerzos para lograr cambios sociales. *IDS.* http://www.powercube.net/

From Vulnerability to Resilience: A framework for analysis and action to build community resilience Marco de análisis y acción para reducir la vulnerabilidad y aumentar la resiliencia de los individuos, los hogares y las comunidades. *Practical Action Publishing (2011). K. Pasteur.* http://practicalaction.org/media/view/9654

Innovation and good practice in DRR Governance in Asia: Lessons Learnt
Presentación de ADPC sobre innovaciones y buenas prácticas de gobernanza en RRD en Asia. *Asia Disaster Preparedness Centre (ADPC) (2007).* http://www.adrc.asia/acdr/2007astana/Presentations/Day1_Part1/Part1_ADPC.pdf

Disaster Risk Reduction, Governance and Mainstreaming Documento de trabajo sobre la incorporación de la RRD en el gobierno local y nacional. *UNDP Bureau for Crisis Prevention and Recovery (2010).* http://www.undp.org.cu/crmi/docs/undp-drrbrief4gov-in-2010-en.pdf

Governance Programming Framework (GPF) Marco detallado para integrar asuntos de gobernanza en los programas. *CARE International (n.d).* http://governance.care2share. wikispaces.net/Governance+Programming+Guide

6.2 Entorno propicio/ Incidencia política

A Practical Guide to Advocacy for Disaster Risk Reduction Guía diseñada para mejorar las habilidades, los conocimientos y las competencias de los profesionales en reducción del riesgo de desastres para abogar por la reducción del riesgo de desastres e informar al respecto. *IFRC (2009).* http://www.preventionweb.net/english/professional/publications/v. php?id=16348

Advocacy Tools and Guidelines: Promoting Policy Change Herramientas y lineamientos para ayudar a los administradores de programa a adquirir habilidades esenciales que les permitan convertirse en buenos defensores. *CARE International (2001). S. Sprechmann, E. Pelton.* http://www.care.org/getinvolved/advocacy/tools.asp

Guidebook on Advocacy - Integrating CBDRM into Local Government Policy and Programming Orientación para integrar la gestión comunitaria del riesgo de desastres en las políticas y prácticas de gobierno local. *ADPC, European Commission, United Nations Economic and Social Commission for Asia and the Pacific (UNESCAP) (2006). I. Haider Butt.* http://www.adpc.net/ pdrsea/pubs/advocacyfull.pdf

Glosario

Adaptación al cambio climático

Un ajuste en los sistemas naturales o humanos como respuesta a los estímulos climáticos reales o esperados, o sus efectos, los cuales moderan el daño o explotan las oportunidades beneficiosas (IPCC, 2000).

Adaptación basada en los ecosistemas

La adaptación basada en los ecosistemas se define como la utilización de la biodiversidad y los servicios de los ecosistemas como parte de una estrategia global de adaptación ayudar a las personas a adaptarse a los efectos adversos del cambio climático. Incluye la gestión sostenible, la conservación y restauración de los ecosistemas para asegurar que éstos presten los servicios que permiten a las personas adaptarse a los impactos del cambio climático (UICN, 2009).

Adaptación "sin arrepentimiento"

Las opciones y medidas que se pueden justificar (y serán efectivas) en todos los posibles escenarios de cambio climático en el futuro. La adaptación "sin arrepentimiento" no se ve afectada por las incertidumbres asociadas al cambio climático futuro, porque ayuda a abordar los problemas relacionados con la variabilidad del clima y, al mismo tiempo, genera capacidad de adaptación al cambio climático futuro. Un ejemplo de adaptación "sin arrepentimiento" es aumentar la provisión y difusión de información sobre el clima, así como el acceso a sistemas de alerta temprana para las comunidades locales que viven en zonas propensas a sequías y/o inundaciones (Banco Mundial, s.f.).

Agricultura

La ciencia o la práctica de la agricultura, que incluye cultivar la tierra para la producción de cultivos y criar animales que proporcionan alimentos, lana y otros productos (Oxford English Dictionary, s.f.).

Amenaza

Un fenómeno, acontecimiento (por ejemplo: inundación, ciclón, terremoto), actividad humana (por ejemplo: conflicto civil), o condición peligrosa que pueden ocasionar la muerte, lesiones u otros impactos a la salud, al igual que daños a la propiedad, la pérdida de medios de vida y de servicios, trastornos sociales y económicos, o daños ambientales. Las amenazas pueden ser individuales, combinadas o secuenciales en origen y efectos. Cada una de ellas se caracteriza por su ubicación, intensidad, frecuencia y probabilidad. Comprender la naturaleza y la probabilidad de tales peligros es de importancia crítica para la seguridad y protección de las personas y la comunidad (EIRD, 2009).

Análisis de capacidades y vulnerabilidades (AVC)

Proceso de análisis y planificación (y herramienta asociada del mismo nombre) originalmente utilizado para facilitar la evaluación de riesgo de desastres locales por parte de la comunidad. El proceso aplica un enfoque participativo y técnicas participativas para comprender y recoger datos sobre la vulnerabilidad y la exposición a las amenazas y priorizar acciones encaminadas a reducir el riesgo de desastres. El AVC y sus variaciones son cada vez más utilizados en procesos más amplios de análisis y planificación del desarrollo, en particular para la adaptación al cambio climático (definición de los autores)

Biodiversidad

La variabilidad de organismos vivos dentro de cada especie, entre las especies y entre los organismos. La biodiversidad no es en sí misma un servicio de los ecosistemas, sino que apoya a la provisión de *todos* los servicios (WRI, 2009).

Cambio climático

Variación de las condiciones climáticas, que persiste durante un período prolongado (normalmente decenios o incluso más) que puede deberse a procesos naturales o a la actividad humana (IPCC, 2000).

Cambio de uso de la tierra

Un cambio en el uso o gestión de las tierras por los humanos, que pueden llevar a un cambio en su cubierta. La cubierta de las tierras y el cambio en el uso de las tierras pueden tener un impacto sobre el clima, ya sea de manera local o mundial (IPCC, 2000).

Capacidad

La combinación de todas las fortalezas, los atributos y los recursos disponibles dentro de una comunidad, sociedad u organización que pueden utilizarse para la consecución de los objetivos acordados.

Capacidad de adaptación

Capacidad de un sistema (individuo o comunidad) para ajustarse al cambio climático (incluida la variabilidad climática y los cambios extremos) a fin de moderar los daños potenciales, aprovechar las consecuencias positivas, o soportar las consecuencias negativas (IPCC, 2000).

Choque

Peligro natural o provocado por el hombre que puede causar pérdida de vidas, lesiones u otros impactos en la salud, daños a la propiedad, pérdida de medios de vida y servicios, trastornos sociales y económicos y daños al medio ambiente. Por ejemplo: las sequías, inundaciones, terremotos, erupciones volcánicas, epidemias, tormentas, precipitaciones intensas, derrames de sustancias químicas, conflictos y otros. (Ver también amenaza)

Combustibles fósiles

Combustibles basados en carbono de *depósitos* de carbono fósil, incluidos el petróleo, el gas natural y el carbón. (IPCC, 2000).

Conflicto

Estado de enfrentamiento abierto, a menudo prolongado; guerra o batalla. (Free Dictionary, s.f.) Nota: los conflictos pueden aplicarse tanto a enfrentamientos abiertos entre grupos hostiles y a una lucha entre fuerzas opuestas.

Conflicto (latente)

Existe un conflicto latente cuando los individuos, grupos, organizaciones, o las naciones tienen diferencias que molestan a uno u otro, pero estas diferencias no son lo suficientemente grandes para llevar a una de las partes a actuar con el fin de cambiar la situación (Wehr, 1975). Nota: los conflictos latentes a menudo tienen su origen en la desigualdad económica de larga data, o en el acceso desigual de ciertos grupos al poder político. Es posible que el gobierno no responda a las necesidades de una minoría o un grupo con poco poder. Pueden existir diferencias entre el status y los valores de estos grupos. Cualquiera de estos problemas podría surgir como un conflicto abierto después de un evento desencadenante.

Deforestación

La conversión de bosques a otro uso de la tierra o la reducción a largo plazo de la cubierta forestal por debajo del umbral del 10%. La deforestación implica la pérdida permanente o a largo plazo de la cubierta forestal y su transformación en otro uso de la tierra (University of Michigan, 2010).

Degradación ambiental

La disminución de la capacidad del medio ambiente para responder a las necesidades y a los objetivos sociales y ecológicos (EIRD, 2009). Comentario: La degradación del medio ambiente puede alterar la frecuencia y la intensidad de las amenazas naturales y aumentar el grado de vulnerabilidad de las comunidades. Los tipos de degradación inducida por el ser humano son variados e incluyen el uso indebido de los suelos, la erosión y la pérdida de éstos, la desertificación, los incendios forestales, la pérdida de la diversidad biológica, la deforestación, la destrucción de los manglares, la contaminación de los suelos, del agua y del aire; el cambio climático, la elevación del nivel del mar y el agotamiento de la capa de ozono.

Desarrollo sostenible

Desarrollo que satisface las necesidades del presente sin comprometer la capacidad de las generaciones futuras de satisfacer sus propias necesidades (EIRD, 2009).

Desastre

Una seria interrupción en el funcionamiento de una comunidad o sociedad que ocasiona una gran cantidad de muertes al igual que pérdidas e impactos materiales, económicos y ambientales que exceden la capacidad de la comunidad o la sociedad afectada para hacer frente a la situación mediante el uso de sus propios recursos (EIRD, 2009). Nota: Con frecuencia, se describe a un desastre como el resultado de la combinación de la exposición a una amenaza, las condiciones de vulnerabilidad presentes y capacidades o medidas insuficientes para reducir o hacer frente a las posibles consecuencias negativas. El impacto de los desastres puede incluir muertes, lesiones, enfermedades y otros efectos negativos en el bienestar físico, mental y social humano, conjuntamente con daños a la propiedad, la destrucción de bienes, la pérdida de servicios, trastornos sociales y económicos y la degradación ambiental.

Desastre de evolución lenta

Una situación de emergencia que no ocurre como resultado de un determinado evento, sino que evoluciona gradualmente a partir de la confluencia de varios eventos (OCAH, 2011).

Desertificación

Degradación de las tierras en zonas áridas, semiáridas y zonas subhúmedas secas como el resultado de diversos factores, que incluyen variaciones climatológicas y actividades humanas (IPCC, 2000).

Efectos del cambio climático

Cambios en el clima como resultado del exceso de emisiones de gases de efecto invernadero, que incluyen la elevación de las temperaturas en la tierra y el mar; derretimiento de glaciares y casquetes polares; y cambios e irregularidades en los patrones de precipitación.

Enfoque basado en derechos

Marco que integra las normas, principios, estándares y objetivos del sistema internacional de derechos humanos en los planes y procesos de desarrollo. Se caracteriza por los métodos y actividades que vinculan el sistema de derechos humanos y su noción inherente del poder y la lucha al desarrollo (Instituto Danés de Derechos Humanos, 2007). Nota: un enfoque basado en derechos reconoce los derechos de todos los seres humanos a realizar su potencial y tener la oportunidad de vivir libres de la pobreza en un mundo seguro y más equitativo. Esto incluye el derecho a: la vida y la seguridad; medios de vida sostenibles; ser escuchado; tener una identidad; y tener acceso a servicios sociales básicos.

Estudio sobre conocimiento, actitudes y prácticas (CAP)

Las encuestas CAP revelan información sobre lo que se sabe, se cree y se hace en relación a un tema en particular. Mientras que las encuestas sociales pueden abarcar una amplia escala de valores y actividades sociales, las encuestas de conocimientos, actitudes y prácticas se enfocan en los conocimientos, actitudes y prácticas (comportamientos) sobre un determinado tema. El *conocimiento* se refiere a lo que una comunidad sabe sobre un tema en particular. La *actitud* se refiere a las opiniones que esa comunidad tiene respecto a ese tema y a cualquier idea preconcebida que puede tener al respecto. La práctica se refiere a la forma en que la comunidad demuestra sus conocimientos y actitudes a través de sus acciones. (FAO, s.f.).

Estudio de impacto ambiental

Un proceso mediante el que se evalúan las consecuencias ambientales de un proyecto o programa propuesto. El estudio se emprende como parte integral de los procesos de planificación y de toma de decisiones con el propósito de limitar o reducir el impacto negativo del proyecto o del programa en cuestión (EIRD, 2009).

Evaluación de necesidades post-desastre y marco de recuperación (PDNA/RF)
Iniciativa del gobierno que reúne, en un informe consolidado, información detallada sobre los impactos físicos de un desastre, el valor económico de los daños y las pérdidas, los impactos humanos sufridos por la población afectada y las necesidades y prioridades de recuperación a corto y largo plazo (PNUD, 1997).

Exposición /grado de exposición
Las medidas del grado de exposición pueden incluir la cantidad de personas o los tipos de bienes en una zona. Estos pueden combinarse con la vulnerabilidad específica de los elementos expuestos a una amenaza en particular con el fin de calcular los riesgos cuantitativos relacionados con esa amenaza en la zona bajo estudio (EIRD, 2009). Nota: La exposición en general significa estar físicamente en la zona afectada por el fenómeno climático, o depender de bienes, sistemas, instituciones u otras personas que están en esa zona.

Gases de efecto invernadero
Gases integrantes de la atmósfera, de origen natural o antropogénico que absorben y emiten la radiación en determinadas longitudes de onda del espectro de radiación infrarroja emitido por la superficie de la Tierra, la atmósfera y las nubes (IPCC, 2000). Nota: Los principales gases de efecto invernadero (GEI) son el vapor de agua, dióxido de carbono, óxido nitroso, metano y ozono.

Género
Las diferencias sociales entre los hombres y las mujeres, los niños y las niñas, en todo el ciclo de vida. Estas diferencias de género se aprenden y aunque están profundamente arraigadas en cada cultura, se pueden cambiar con el paso del tiempo y varían ampliamente tanto dentro como entre las culturas. El 'género', junto con otros aspectos de la identidad social como el de clase y raza, determina las funciones, el poder y el acceso a los recursos para las mujeres y los hombres en cualquier cultura (Oxfam GB, 2010).

Gestión de recursos naturales
El manejo de los recursos naturales a fin de alcanzar un desarrollo que sea económicamente viable, socialmente beneficioso y ecológicamente sostenible (Hughes, 2001).

Gobernanza
El ejercicio de la autoridad política, económica y administrativa en la gestión de los asuntos de un país en todos los niveles. Comprende los mecanismos, procesos e instituciones a través de los cuales ciudadanos y grupos sociales articulan sus intereses, median sus diferencias y ejercen sus derechos y obligaciones legales. La gobernanza incluye al Estado pero lo trasciende, abarcando a todos los sectores de la sociedad, incluidos el sector privado y las organizaciones de la sociedad civil (PNUD, 1997).

Grupo de interés
Cualquier parte (individuo o colectividad) que participa activamente en un proceso; tiene intereses que pueden verse afectados de manera positiva o negativa por la ejecución o finalización del proyecto y es capaz de ejercer influencia sobre el proyecto, sus productos o sus participantes (Project Management Institute, 1996).

Igualdad de Género
El disfrute por igual de las mujeres, niñas, niños y hombres de los derechos, las oportunidades, los recursos y las recompensas; una participación igual en el proceso de desarrollo; y el mismo nivel de dignidad y respeto. La igualdad no significa que las mujeres y los hombres son iguales, pero sí significa que tienen el mismo poder para tomar decisiones y las mismas oportunidades para actuar de acuerdo a tales decisiones (Oxfam GB, 2010).

Indicadores SMART
Indicadores que son específicos, medibles, alcanzables de manera eficaz en función de los costos, relevantes para el programa y disponibles de manera oportuna (Comisión Europea, s.f.).

Índice de estrategias de supervivencia

Indicador de la seguridad alimentaria de los hogares, que guarda una estrecha correlación con medidas de seguridad alimentaria más complejas. Se hace una serie de preguntas a los hogares respecto a cómo hacen frente al déficit de alimentos, de las que se obtiene una calificación numérica sencilla. En su forma más simple, el seguimiento de los cambios en la calificación del IES indica si la seguridad alimentaria de los hogares está disminuyendo o mejorando (Maxwell y otros, 2003).

Inseguridad alimentaria

Situación que existe cuando las personas carecen de acceso seguro a cantidades suficientes de alimentos nutritivos para el crecimiento y desarrollo normal y para una vida sana y activa. Puede ser causada por la falta de alimentos, la falta de poder adquisitivo, la distribución inapropiada o el uso inadecuado de los alimentos en el hogar. La inseguridad alimentaria puede ser crónica, estacional o transitoria (IPCC, 2000)

Integración de género

Asegurar que las perspectivas de género y la meta de la igualdad de género están en el centro de todas las actividades- desarrollo de políticas, investigación, incidencia/ diálogo, legislación, asignación de recursos, planificación, ejecución y seguimiento de programas y proyectos (ONU-Mujeres, 2011).

Intrusión/invasión de agua salada

Desplazamiento de agua dulce sobre la superficie o subterránea por el avance de agua salada debido a su mayor densidad, por lo general en zonas costeras y áreas de estuarios (IPCC, 2000).

Isla de calor

Zona dentro de un área urbana caracterizada por una temperatura ambiente más alta que las zonas colindantes debido a la absorción de la energía solar por materiales como el asfalto (IPCC, 2000).

Mala adaptación

Acciones que aumentan la vulnerabilidad al cambio climático. Esto incluye tomar decisiones de desarrollo o de inversión desatendiendo los impactos reales o potenciales de la variabilidad del clima y del cambio climático a largo plazo (Burton, 1998).

Mapeo y análisis de mercados en situaciones de emergencia (EMMA)

EMMA es un instrumento de análisis rápido de mercados diseñado para ser utilizado en las primeras dos a tres semanas después de una crisis repentina. Parte del principio de que un mejor conocimiento de los mercados más importantes durante una situación de emergencia permite a los encargados de adoptar decisiones (es decir, donantes, organizaciones no gubernamentales, gobiernos, otros actores humanitarios) considerar una escala más amplia de respuestas. No pretende sustituir las evaluaciones existentes de situaciones de emergencia, o los análisis más exhaustivos de la economía familiar, como el Enfoque de Economía Familiar, sino ampliar la base de conocimientos después de una crisis.

Marejadas

Elevación del nivel del mar en una localidad determinada, debido a condiciones meteorológicas extremas (baja presión atmosférica y/o fuertes vientos) (IPCC, 2000).

Materiales de información, educación y comunicación (IEC)

Los materiales de IEC buscan apoyar la sensibilización, el conocimiento y el cambio conductual dentro del púbico objetivo. Los materiales incluyen: impresos (por ejemplo: folletos, carteles, anuncios), medios de comunicación (por ejemplo: televisión, radio, prensa escrita), obsequios (por ejemplo: camisetas, llaveros, gorras) y actividades con la comunidad. Los materiales deben ser culturalmente sensibles y aceptables para el público objetivo y deben involucrar al público objetivo como participantes activo en su desarrollo.

Medios de vida

Los medios de vida consisten en los recursos (incluidos los conocimientos, la tecnología y las organizaciones) y las actividades necesarias para ganarse la vida y tener una buena calidad de vida (Pasteur, 2011).

Mitigación (relacionada con el cambio climático)

Medidas para reducir las emisiones de gases de efecto invernadero (EIRD, 2009).

Mitigación (relacionada con los desastres)

La disminución o la limitación de los impactos adversos de las amenazas y los desastres (EIRD, 2009). Nota: A menudo, no se pueden prevenir en su totalidad todos los impactos adversos de las amenazas, pero se pueden disminuir considerablemente su escala y severidad mediante diversas estrategias y acciones. Las medidas de mitigación abarcan técnicas de ingeniería y construcciones resistentes a las amenazas, al igual que mejores políticas ambientales y una mayor sensibilización pública.

Monitoreo, evaluación y aprendizaje (MEA)

El monitoreo es una evaluación sistemática del desempeño de un programa durante cierto tiempo. Consiste en la recolección y el examen de datos con el fin de ofrecer a los directores de programas y otros actores indicaciones de que se han logrado progresos en relación con los planes y objetivos del programa (Oxfam GB, s.f.). La evaluación complementa las actividades permanentes de vigilancia, realizando una valoración objetiva y más a fondo de la pertinencia, eficiencia, eficacia, impacto y sostenibilidad de los programas en un determinado periodo de tiempo (Oxfam GB, s.f.). El aprendizaje es el resultado de la vigilancia y evaluación eficaces, por el que se comparte las lecciones extraídas de los programas dentro y fuera de la organización.

Planificación de contingencias

Un proceso de gestión que analiza posibles eventos específicos o situaciones emergentes que podrían imponer una amenaza a la sociedad o al medio ambiente y establece arreglos previos para permitir respuestas oportunas, eficaces y apropiadas ante tales eventos y situaciones (EIRD, 2009).

Preparación

El conocimiento y las capacidades que desarrollan los gobiernos, los profesionales, las organizaciones de respuesta y recuperación, las comunidades y las personas para prever, responder y recuperarse de forma efectiva de los impactos de los eventos o las condiciones probables, inminentes o actuales que se relacionan con una amenaza (EIRD, 2009). Nota: La preparación es una acción que se lleva a cabo en el contexto de la gestión del riesgo de desastres. Su objetivo principal es desarrollar las capacidades necesarias para gestionar de forma eficaz todos los tipos de emergencia y lograr transiciones metódicas y ordenadas desde la respuesta hasta una recuperación sostenida. La preparación se basa en el análisis sensato del riesgo de desastres y en el establecimiento de vínculos apropiados con los sistemas de alerta temprana. La preparación incluye actividades tales como la planificación de contingencias, la reserva de equipos y suministros, el desarrollo de disposiciones para la coordinación, la evacuación y la información pública y la capacitación y los ejercicios de campo correspondientes.

Prevención

La evasión absoluta de los impactos adversos de las amenazas y de los desastres conexos (EIRD, 2009). Nota: La prevención (es decir, la prevención de desastres) expresa el concepto y la intención de evitar por completo los posibles impactos adversos mediante diversas acciones que se toman con anticipación. Entre los ejemplos se incluyen la construcción de represas y de muros de contención para eliminar el riesgo de las inundaciones; reglamentaciones sobre el uso de los suelos que no permiten el establecimiento de asentamientos en zonas de alto riesgo; y diseños de ingeniería sísmica que velan por la supervivencia y el funcionamiento de los edificios que se consideren como vitales en caso de un terremoto.

Protección

Todas las actividades tendientes a conseguir el pleno respeto de los derechos de las personas de conformidad con la letra y el espíritu de la normativa pertinente (derechos humanos, derecho humanitario y derecho de los refugiados). Los agentes humanitarios y los defensores de derechos humanos deberán realizar esas actividades en forma imparcial y no basándose en la raza, el origen étnico o nacional, la lengua, o el sexo (CICR, 1999).

Reconstruir mejor

Procesos e intervenciones de recuperación de desastres que no sólo restauran lo que existía antes, sino que van más allá, aprovechando las oportunidades morales, políticas, administrativas y financieras que la crisis le ofrece a los gobiernos para poner a las comunidades en un camino mejor y más seguro hacia el desarrollo (Enviado Especial de la ONU para la Recuperación después del Tsunami, 2006).

Recuperación temprana

Después de un desastre, la recuperación temprana se basa en cambiar el enfoque de salvar vidas a restaurar los medios de subsistencia. Las intervenciones de recuperación temprana tratan de estabilizar la economía, la gestión pública, la seguridad humana y la equidad social. Las intervenciones de recuperación temprana también tratan de integrar la reducción del riesgo en las primeras etapas de respuesta a una crisis determinada; y sentar las bases para la reconstrucción a largo plazo (EIRD, 2009).

Reducción del riesgo de desastres

El concepto y la práctica de reducir el riesgo de desastres mediante esfuerzos sistemáticos dirigidos al análisis y a la gestión de los factores causales de los desastres, lo que incluye la reducción del grado de exposición a las amenazas, la disminución de la vulnerabilidad de la población y la propiedad, una gestión sensata de los suelos y del medio ambiente y el mejoramiento de la preparación ante los eventos adversos (EIRD, 2009).

Reducción del riesgo de desastres enfocado en los niños

Reducción del riesgo de desastres que sitúa a los niños en el centro de sus actividades, reconoce las vulnerabilidades específicas de los niños ante los desastres, se centra en las necesidades y los derechos de los niños, apoya y se basa en la participación de los niños para identificar y abordar sus necesidades y sus derechos (Save the Children, 2011).

Regeneración natural gestionada por agricultores (FMNR)

La FMNR se basa en la regeneración de árboles y arbustos nativos utilizando el sistema de raíces maduras de los troncos de árboles que anteriormente fueron cortados. Las técnicas de regeneración se utilizan en tierras agrícolas y para la gestión de bosques como parte de una empresa agrícola. La protección y poda de los retoños facilita la regeneración rápida de los árboles y el suministro sostenible de madera. Las hojas caídas proporcionan nutrientes y permiten la retención de la humedad en los suelos agotados. Entre sus beneficios se incluye forraje para animales, alimentos y medicinas y refugió para aves y lagartijas que se alimentan de las plagas de los cultivos.

Resiliencia

La capacidad de un sistema, comunidad o sociedad expuestos a una amenaza para resistir, absorber, adaptarse y recuperarse de sus efectos de manera oportuna y eficaz, lo que incluye la preservación y la restauración de sus estructuras y funciones básicas.

Nota: El término "resiliencia" es objeto de numerosos estudios y es probable que su definición sea modificada varias veces en el futuro cercano. La definición utilizada en esta guía se ha adaptado de la terminología propuesta por la EIRD en 2009 y la propuesta por DfID.

La resiliencia no es un estado fijo definitivo, sino un conjunto de condiciones y procesos dinámicos. La resiliencia se sustenta en la necesidad de un mejor análisis del riesgo a diferentes niveles espaciales y temporales y en la necesidad de monitorear y actualizar tal análisis a fin de informar y mejorar la programación.

Riesgo

La combinación de la probabilidad de que se produzca un evento y sus consecuencias negativas (EIRD, 2009).

Riesgo de desastres

Las posibles pérdidas que ocasionaría un desastre en términos de vidas, las condiciones de salud, los medios de sustento, los bienes y los servicios y que podrían ocurrir en una comunidad o sociedad particular en un período específico de tiempo en el futuro (EIRD, 2009).

Salinización

Acumulación de sales en suelos (IPCC, 2000).

Sensibilidad del clima

Cambio de la temperatura del aire cuando el forzamiento radiativo varía (generalmente a causa del dióxido de carbono). La sensibilidad del clima específicamente debido al dióxido de carbono suele hacer referencia a un cambio en la temperatura en grados Celsius a raíz de una duplicación de la concentración atmosférica de dióxido de carbono (IPCC, 2001).

Servicios de los ecosistemas

Los beneficios que obtienen de los ecosistemas las personas y las comunidades. Estos incluyen servicios de provisión, tales como la producción de alimentos y agua; servicios de regulación, tales como la regulación de las inundaciones y el control de las enfermedades; servicios culturales, tales como los beneficios recreativos, espirituales, religiosos; y servicios de apoyo, tales como el ciclo de nutrientes que mantienen las condiciones de vida en la Tierra (Evaluación de los Ecosistemas del Milenio, 2005).

Sistema de alerta temprana

El conjunto de capacidades necesarias para generar y difundir información de alerta que sea oportuna y significativa, con el fin de permitir que las personas, las comunidades y las organizaciones expuestas a una amenaza se preparen y actúen de forma apropiada y con suficiente tiempo de anticipación para reducir la posibilidad de que se produzcan pérdidas o daños (EIRD, 2009). Nota: Esta definición abarca los diferentes factores necesarios para lograr una respuesta eficaz ante las alertas emitidas. Necesariamente, un sistema de alerta temprana en función de la gente comprende cuatro elementos fundamentales: el conocimiento del riesgo; el seguimiento de cerca (o monitoreo), el análisis y el pronóstico de las amenazas; la comunicación o la difusión de las alertas y los avisos; y las capacidades locales para responder frente a la alerta recibida.

Sociedad civil

Una amplia selección de organizaciones no gubernamentales y sin fines de lucro que están presentes en la vida pública, expresan los intereses y valores de sus miembros y de otros, según consideraciones éticas, culturales, políticas, científicas, religiosas o filantrópicas. Por lo tanto, el término organizaciones de la sociedad civil (OSC) abarca una gran variedad de instancias, grupos comunitarios, organizaciones no gubernamentales (ONG), sindicatos, grupos indígenas, instituciones de caridad, organizaciones religiosas, asociaciones profesionales y fundaciones (Banco Mundial, s.f.).

Tensión

Presiones negativas que tienen lugar en el tiempo que limitan la capacidad de un individuo, familia, grupo de población, activo o sistema, para alcanzar su pleno potencial. Por ejemplo: variación de la estacionalidad, patrones irregulares de precipitación, elevación del nivel del mar, aumento de la población y otras tendencias negativas a largo plazo.

Tensión hídrica

Un país sufre tensión hídrica si la cantidad de suministro de agua dulce disponible respecto a la cantidad de agua retirada actúa como una limitación importante en su desarrollo. Retiros superiores al 20 por ciento de la cantidad de suministro renovable de agua se ha utilizado como indicador de tensión hídrica (IPCC, 2000).

Variabilidad del clima

Se refiere a variaciones en las condiciones climáticas medias y otras estadísticas del clima (como las desviaciones típicas, los fenómenos extremos, etc.) en todas las escalas temporales y espaciales que se extienden más allá de un fenómeno meteorológico en particular. La variabilidad puede deberse a procesos naturales internos que ocurren dentro del sistema climático (variabilidad interna), o a variaciones en el forzamiento externo natural o antropogénico (variabilidad externa) (IPCC, 2000)

Vulnerabilidad

Las características y las circunstancias de una comunidad, sistema o bien que los hacen suscep-tibles a los efectos dañinos del cambio climático y las amenazas. La vulnerabilidad puede ser determinada por la interacción entre la exposición y la sensibilidad a una serie de factores de gobernanza, sociales, económicos, políticos y ambientales interrelacionados (Oxfam GB, 2010). Existen diversos aspectos de la vulnerabilidad que surgen de varios factores físicos, sociales, económicos y ambientales. Entre los ejemplos se incluyen el diseño inadecuado y la construc-ción deficiente de los edificios, la protección inadecuada de los bienes, la falta de información y de concientización pública, un reconocimiento oficial limitado del riesgo y de las medidas de preparación y la desatención a una gestión ambiental sensata o prudente. La vulnerabilidad varía considerablemente dentro de una comunidad y en el transcurso del tiempo.

Referencias del glosario

Banco Mundial (n.d.) 'Climate Change' Disponible en línea en: http://climatechange. worldbank.org/climatechange/content/note-6-identification-and-analysis-possible-adaptation-options

Boesen, J.K. and Martin, T. (2007) *Applying a Rights-based Approach: An Inspirational Guide for Civil Society*. Copenhagen, Denmark: Instituto Danés para los Derechos Humanos.

Burton, I. (1998) 'Adapting to Climate Change in the Context of National Economic Planning and Development', in Veit, P. (ed.) *Africa's Valuable Assets: A Reader in Natural Resource Management*. Washington, DC, USA: World Resources Institute.

EIRD (n.d.) Briefing Note 03, *Strengthening climate change adaptation through effective disaster risk reduction*.

EIRD (2009) *Terminology on Disaster Risk Reduction*. Geneva, Switzerland. Disponible en línea en: www.unisdr.org/files/7817_UNISDRTerminologyEnglish.pdf

El Manual Esfera: Carta Humanitaria y normas mínimas para la respuesta humanitaria, Rugby, UK: Practical Action Publishing.

European Commission: European Network for Rural Development (n.d.) 'FAQs > Indicators' for Rural Development Programs. Brussels, Belgium. Disponible en línea en: http://enrd.ec.europa.eu/evaluation/faq/en/indicators.cfm

FAO (n.d.) 'Knowledge Attitude and Practice (KAP) Survey' Disponible en línea en: http://www.fao.org/Participation/ft_more.jsp?ID=8468

TheFreeDictionary.com (n.d.). 'Conflict'. Huntingdon Valley, PA, USA: Farlex Inc. Disponible en línea en: www.thefreedictionary.com/conflict

Hughes, D. M. (2001) 'Cadastral Politics: The Making of Community-Based Resource Management in Zimbabwe and Mozambique', *Development and Change*, Vol. 32, Issue 4, pp.741–768. The Hague, The Netherlands: International Institute of Social Studies.

ICRC (1999) *ICRC Ecogia Protection Seminars* (1996-2000). Geneva, Switzerland.

IPCC (2000) 'Glossary of Terms used in the IPCC Fourth Assessment Report WGII'. Geneva, Switzerland. Disponible en línea en: www.ipcc.ch/publications_and_data/publications_and_data_glossary.shtml

IPCC (2001) *Climate Change 2001*. Grupo de Trabajo III: Mitigación. Ginebra, Suiza. Disponible en línea en: www.grida.no/publications/other/ipcc_tar/

IPCC (2007) *Climate Change 2007*. Working Group I: The Physical Science Basis. Geneva, Switzerland. Disponible en línea en: www.ipcc.ch/publications_and_data/ar4/wg1/en/contents.html

IUCN (2009) *Ecosystem-based Adaptation: A natural response to climate change*. (Convention on Biological Diversity, Chapter 2. Gland, Switzerland.

Maxwell, D., Watkins, B., Wheeler, R., and Collins, G. (2003) The Coping Strategies Index: Field Method Manual, CARE and World Food Programme. Disponible en línea en: http://www.fao.org/crisisandhunger/root/pdf/cop_strat.pdf

Millennium Ecosystem Assessment (2005) Ecosystems and Human Wellbeing: Synthesis. Washington, DC: Island Press. Disponible en línea en: www.maweb.org/documents/document.356.aspx.pdf

Oxfam GB (n.d.) *Rough Guide to Monitoring and Evaluation*. Oxford, UK.

Oxfam GB (2010) *Gender, Disaster Risk Reduction, and Climate Change Adaptation: A Learning Companion*. Oxfam Disaster Risk Reduction and Climate Change Adaptation Resources. Oxford, UK.

Oxford English Dictionary 'Agriculture' Disponible en línea en: http://oxforddictionaries.com/definition/english/agriculture

Pasteur, K. (2011) *From Vulnerability to Resilience: A framework for analysis and action to build community resilience*. Rugby, UK: Practical Action Publishing.

Pettengell, C. (2010) *Climate Change Adaptation: Enabling people living in poverty to adapt.* Oxford, UK: Oxfam International.

PMA (2000) *Contingency Planning Guidelines.* Rome, Italy. Disponible en línea en: www.fews.net/docs/special/1000284.pdf

PNUD (1997) *Governance for sustainable human development.* Division Bureau for Policy and Program Support. New York, USA.

Project Management Institute (1996) *A Guide to the Project Management Body of Knowledge.* Newton Square, Pennsylvania, USA.

Save the Children International (2011) *Reducing Risks, Saving Lives: Save the Children's approach to Disaster Risk Reduction and Climate Change Adaptation.* London, UK.

UNOCHA (2011) *OCHA and slow-onset emergencies.* Occasional Policy Briefing Series No. 6. Disponible en línea en: http://ochanet.unocha.org/p/Documents/OCHA_OPB_SlowOnsetEmergencies190411.pdf

University of Michigan (2011) 'Global deforestation'. Ann Arbor, Michigan, USA. Disponible en línea en: www.globalchange.umich.edu/globalchange2/current/lectures/deforest/deforest.html

UN Women (2001) Strategy for Promoting Gender Equality, New York. Disponible en línea en: http://www.un.org/womenwatch/osagi/gendermainstreaming.htm

Wehr, P. (1975) 'Conflict Emergence' *Online Training Program on Intractable Conflict.* Boulder, Colorado, USA: Conflict Research Consortium, University of Colorado. Disponible en línea en: www.colorado.edu/conflict/peace/problem/cemerge.htm

World Resources Institute (2009) Ecosystem Services Indicators Database. Washington, DC, USA. Disponible en línea en: www.esindicators.org/glossary

Acrónimos y abreviaturas

ABC	Adaptación Basada en la Comunidad
ACC	Adaptación al Cambio Climático
ACCRA	Alianza para la Resiliencia ante el Cambio Climático de África (integrada por Oxfam GB, Overseas Development Institute, Save the Children, CARE International
ADP	Area Development Program (Programa de Desarrollo de Área)
ALNAP	Active Learning Network for Accountability and Performance (Red para un Aprendizaje Activo sobre Rendición de Cuentas y Resultados de la Acción Humanitaria)
BMZ	Ministerio Federal de Cooperación Económica y Desarrollo de Alemania
BNPB	Badan Nasional Penanggulangan Bencana (Consejo Nacional de Gestión de Desastres de Indonesia)
CAIT	Climate Analysis Indicators Tool (Herramienta de Indicadores de Análisis Climático)
CAN-I	Climate Action Network International (Red de Acción Climática)
CAP	(encuesta de) Conocimientos, Actitudes y Prácticas
CDA	Collaborative for Development Action (Colaboración para la Acción por el Desarrollo)
CDKN	Climate and Development Knowledge Network (Alianza Clima y Desarrollo)
CDN	Convención sobre los Derechos del Niño
CEDRA	Climate Change and Environmental Degradation Risk and Adaptation Assessment (Evaluación de Riesgos y Adaptación al Cambio Climático y a la Degradación del Medio Ambiente)
CESPAP	Comisión Económica y Social para Asia y el Pacífico
CGD	Comité de Gestión de Desastres
CMNUCCC	Convención Marco de las Naciones Unidas sobre Cambio Climático
COSUDE	Agencia Suiza para el Desarrollo y la Cooperación
COVACA	Community Owned Vulnerability and Capacity Assessment (Diagnóstico de Vulnerabilidad y Capacidad de la Comunidad)
CRiSTAL	Community-based Risk Screening Tool Adaptations and Livelihoods (Herramienta para La Identificación Comunitaria de Riesgos - Adaptación y Medios de Vida)
CRS	Catholic Relief Services
C-SAFE	Consortium for Southern Africa Food Emergency (Consorcio para Emergencias de Seguridad Alimentaria en África Meridional)
CSI	Coping Strategies Index (índice de Estrategias de Supervivencia)
CVCA	Análisis de Capacidad y Vulnerabilidad Climática
DFID	Departamento para el Desarrollo Internacional del Reino Unido
DI	Desplazado Interno
DRRP	Plan para la Reducción del Riesgo de Desastres
ECB	Emergency Capacity Building Project (Proyecto de Fortalecimiento de Capacidades en Situaciones de Emergencia)
ECHO	Dirección General de Ayuda Humanitaria y Protección Civil de la Comisión Europea
EIRD	Estrategia Internacional para la Reducción de los Desastres
EMI	Earthquakes and Megacities Initiative (Iniciativa sobre Terremotos y Megaciudades)
EMMA	Emergency Market Mapping and Analysis/Assessment (Mapeo y Análisis de Mercados en Situaciones de Emergencia)
EMVS	Enfoque de Medios de Vida Sostenibles
ENF	Earth Net Foundation (Fundación de Red Terrestre)
ENOS	El Niño Oscilación del Sur
ESMVH	Evaluación de la Seguridad de los Medios de Vida del Hogar
FAO	Organización de las Naciones Unidas para la Agricultura y la Alimentación

FEG	The Food Economy Group
FICR	Federación Internacional de Sociedad de la Cruz Roja y de la Media Luna Roja
FMNR	Farmer Managed Natural Regeneration (Regeneración Natural Gestionada por Agricultores)
FUNDEPCO	Fundación para el Desarrollo Participativo Comunitario
GCCA	Global Campaign for Climate Action (Campaña Global para la Acción contra el Cambio Climático)
GCP	Gestión del Ciclo de Programa
GEI	Gases de Efecto Invernadero
GGCA	Global Gender and Climate Alliance (Alianza Global de Género y Clima)
GIZ	Deutsche Gesellschaft für Internationale Zusammenarbeit (Agencia de Cooperación Alemana al Desarrollo)
GNDR	Global Network of Civil Society Organisations for Disaster Reduction (Red Global de Organizaciones de Sociedad Civil para la Reducción de Desastres)
GPF	Governance Programming Framework (Marco Programático de Gobernanza)
GRDC	Gestión del Riesgo de Desastres a Nivel Comunitario
GRN	Gestión de Recursos Naturales
HEA	Análisis de la Economía del Hogar
HFA	Marco de Acción de Hyogo
HVCA	Análisis de Amenazas, Vulnerabilidades y Capacidades
IDS	Institute of Development Studies (Instituto de Estudios sobre Desarrollo)
IEC	(materiales de) Información, Educación y Comunicación
IFPRI	Instituto Internacional de Investigación sobre Políticas Alimentarias
IIDS	Instituto Internacional para el Desarrollo Sostenible
IIPE	Instituto Internacional de Planeamiento de la Educación
INEE	Inter-Agency Network for Education in Emergencies (Red Interagencial para la Educación en Situaciones de Emergencia
IPC	Integrated Food Security Phase Classification (clasificación integrada de la seguridad alimentaria)
IPCC	Grupo Intergubernamental de Expertos sobre el Cambio Climático
IRI	Instituto Internacional de Investigación sobre Clima y Sociedad
IWA	International Water Association (Asociación Internacional del Agua)
IZA	Institute for the Study of Labor (Instituto de Estudios Laborales)
LAC	Local Adaptive Capacity framework ([marco de] Capacidad de Adaptación Local)
LGSAT	Local Government Self-Assessment Tool (Herramienta para la Autoevaluación de Gobiernos Locales)
LULUCF	Land Use, Land Use Change and Forestry, (Uso de La Tierra, Cambio en el Uso de la Tierra y Silvicultura)
MDL	Mecanismo de Desarrollo Limpio
MEA	Millennium Ecosystem Assessment (Evaluación de los Ecosistemas del Milenio)
MEL	Monitoreo, Evaluación y Aprendizaje
MIFIRA	Market Information and Food Insecurity Response Analysis (Análisis de Respuestas de Inseguridad Alimentaria e Información de Mercado)
MOSAICC	Modeling System for the Agricultural Impacts of Climate Change (Sistema para Modelar los Impactos del Cambio Climático en el Sector Agrícola)
MPBI	Masyarakat Penanggulangan Bencana Indonesia (Sociedad Indonesia para la Gestión de Desastres)
NAC	National Adaptive Capacity framework ([marco de] Capacidad de Adaptación Nacional)

NAPAs	National Adaptation Programmes of Action (Programas Nacionales de Acción para la Adaptación)
OCAH	Oficina de Coordinación de Asuntos Humanitarios
OIT	Organización Internacional del Trabajo
OMS	Organización Mundial de la Salud
ONU	Organización de las Naciones Unidas
OSC	Organización de la Sociedad Civil
PADR	Participatory Assessment of Disaster Risk (Evaluación Participativa del Riesgo de Desastres)
PCVA	Participatory Capacity and Vulnerability Analysis (Análisis Participativo de Vulnerabilidad y Capacidad)
PDNA	Post-Disaster Needs Assessment (Evaluación de Necesidades Post-desastre)
PDNA/RF	Post-Disaster Needs Assessment/Recovery Framework (Evaluación de Necesidades Post-desastre y Marco de Recuperación)
PECCN	Poverty, Environment and Climate Change Network (Red de Pobreza, Medio Ambiente y Cambio Climático)
PEDRR	Partnership for Environment and Disaster Risk Reduction (Alianza para el Medio Ambiente y la Reducción del Riesgo de Desastres)
PMERL	Monitoreo Participativo, Evaluación, Reflexión y Aprendizaje
PNUD	Programa de las Naciones Unidas para el Desarrollo
PNUMA	Programa de las Naciones Unidas para el Medio Ambiente
PRO	Puesto de Rehidratación Oral
RHVP	Regional Hunger and Vulnerability Programme (Programa Regional contra el Hambre y la Vulnerabilidad)
RRD	Reducción del Riesgo de Desastres
SEI	Stockholm Environment Institute (Instituto del Medio Ambiente de Estocolmo)
SIM	Serving in Mission (Sociedad Internacional Misionera)
SMART	Específico, Medible, Alcanzable, Relevante y disponible en forma Oportuna
SRO	Solución de Rehidratación Oral
TNA	Análisis de Necesidades de Capacitación
UICN	Unión Internacional para la Conservación de la Naturaleza
UNESCO	Organización de las Naciones Unidas para la Educación, la Ciencia y la Cultura
UNICEF	Fondo de las Naciones Unidas para la Infancia
USAID	Agencia de los Estados Unidos para el Desarrollo Internacional
USAID/OFDA	Oficina de los Estados Unidos de Asistencia para Desastres en el Extranjero (USAID/OFDA) Oficina de Asistencia para Desastres del Gobierno de los Estados Unidos
VCA	Evaluación de la Vulnerabilidad y Capacidad
VSLA	Asociaciones Comunitarias de Ahorro y Préstamo
WASH	Agua, Saneamiento e Higiene
WEDO	Women's Environment and Development Organization (Organización de Mujeres para el Medio Ambiente y el Desarrollo)
WRI	Instituto de Recursos Mundiales

Notas finales

1. CRED (2012) 'Disaster Data: A Balanced Perspective' CRED CRUNCH Issue 27, Brussels, Belgium: Instituto de Salud y Sociedad. Disponible en línea en: www.cred.be/sites/default/files/CredCrunch27.pdf
2. Definición de los autores, adaptada de EIRD (2009) *Terminology on Disaster Risk Reduction*. Geneva, Switzerland. Disponible en línea en: www.unisdr.org/files/7817_ UNISDRTerminologyEnglish.pdf
3. Academia Australiana de Ciencias (2010) *The Science of Climate Change: Questions and Answers*. Canberra, Australia.
4. Pachauri, R.K. and Reisinger, A. (eds.) (2007) *Climate Change 2007: Synthesis Report*. Contribución de los grupos de trabajo I, II, y III del Cuarto Informe de Evaluación del Grupo Intergubernamental de Expertos sobre el Cambio Climático, Ginebra, Suiza: Panel Intergubernamental sobre el Cambio climático.
5. Academia Australiana de Ciencias (2010).
6. GNDR (2011) 'If We Do Not Join Hands: Views from the Frontline. Teddington, UK'. Disponible en línea en: www.globalnetwork-dr.org/views-from-the-frontline/voices-from-the-frontline-2011/vfl-2011-final-report-web-version.html
7. EIRD (n.d.) Nota Informativa No. 3, Fortalecimiento de la adaptación al cambio climático mediante la efectiva reducción del riesgo de desastres.
8. Pettengell, C. (2010) *Climate Change Adaptation: Enabling people living in poverty to adapt*. Oxford, UK: Oxfam International.
9. Mientras la RRD y la ACC comparten problemas comunes - la creciente frecuencia y/o la intensidad de los amenazas relacionados al clima – RRD también trata las amenazas no relacionadas con el clima como los amenazas geológicas y tecnológicas.
10. El término 'resiliencia' es objeto de numerosos estudios y es posible que se modifique su definición varias veces en un futuro cercano. La definición empleada en esta guía se ha adaptado de la Terminología 2009 de UNISDR y de la Definición de Trabajo propuesta por DFID.
11. Naciones Unidas (2009) *Global Assessment Report on Disaster Risk Reduction*, Geneva.
    Naciones Unidas (2011) *Global Assessment Report on Disaster Risk Reduction*, Geneva.
    IPCC (2012) *Special Report of the Intergovernmental Panel on Climate Change: Managing the Risks of Extreme Events and Disasters to Advance Climate Change Adaptation (SREX)*. [Field, C.B.; Barros, V.; Stocker T.F.; Qin, D.; Dokken D.J.; Ebi, K.L.; Mastrandrea, M.D.; Mach, K.J.; Plattner, G.-K.; Allen, S.K.; Tignor, M.: y Midgley, P.M. (eds.)] Cambridge, UK: Cambridge University Press.
    Levine, S.; Ludi, E.; y Jones, L. (2011) *Rethinking Support for Adaptive Capacity to Climate Change: The Role of Development Interventions*, Un informe de la Alianza de resiliencia ante cambio Climático de África. Londres, RU. ODI.
    DFID (2011) *Defining Disaster Resilience: A DFID Approach Paper*. London, UK.
    DFID (2010) *Saving lives, preventing suffering and building resilience: The UK Government's Humanitarian Policy*. London, UK.
    Mitchell, T.; Ibrahim, M.; Harris, K.; Hedger, M.; Polack, E.; Ahmed, A.; Hall, N.; Hawrylyshyn, K.; Nightingale, K.; Onyango, M.; Adow, M.; y Sajjad Mohammed, S. (2010), *Climate Smart Disaster Risk Management, Strengthening Climate Resilience*, Brighton, UK, IDS.
12. Estudio de caso tomado de: Ibrahim M. and Ward N. (2012) *Research Report. Promoting Local Adaptive Capacity: experiences from Africa and Asia*. World Vision UK, UKaid.
13. PNUD (2011) *Social Services for Human Development: Viet Nam Human Development Report 2011*. Hanoi, Vietnam.

14. EIRD (2001) 'UNISDR says the young are the largest group affected by disasters' Disponible en línea en: http://www.unisdr.org/archive/22742

15. Seballos, F.; Tanner, T.; Tarazona, M.; y Gallegos, J. (2011) *Children and Disasters: Understanding Impact and Enabling Agency*. Brighton, UK, IDS.

16. Baez, J.; De la Fuente, A.; y Santos, I. (2010) *Do Natural Disasters Affect Human capital? An assessment based on existing empirical evidence*. Documento de debate No.5164. Banco Mundial y el Instituto para el Estudio del Trabajo. Disponible en línea en: http://ftp.iza.org/dp5164.pdf

17. Bartlett, S. (2008) 'The Implications of Climate Change for Children in Lower-Income Countries', *Children, Youth and Environments*, Vol 18. Boulder, Colorado, USA: University of Colorado.

18. Save the Children, Oficina de País, Filipina. 2010.

19. Smyth, I. (2005) 'More than silence: the gender dimension of tsunami fatalities and their consequences'. Conferencia de la OMS sobre los aspectos sanitarios del desastre del tsunami en Asia, Phuket, Thailand.

20. Alson, M. y Kent, J. 'The Big Dry: The link between rural masculinities and poor health outcomes for farming men'. *Australian Journal of Sociology*, June 2008, vol 44, No 2, 133-147.

21. Gautam, D. (2007) 'Floods and need assessment', a sociological study from Banke, Bardiya and Kailali of mid and far-western Nepal', Lutheran World Federation, Nepal, *We Know What We Need: South Asian women speak out on climate change adaptation*, ActionAid/IDS. Johannesburg, South Africa: ActionAid International.

22. El Banco Mundial y otras organizaciones internacionales utilizan el término población indígena para referirse a las que tienen una identidad social y cultural distinta de la sociedad dominante, lo que hace que sean vulnerables a la marginación de los procesos de desarrollo.

23. IFAD (2003) *Indigenous Peoples and Sustainable Development Discussion Paper for the Twenty-Fifth Anniversary Session of IFAD's Governing Council*, February 2003.

24. Estudio de caso adaptado de: Weimer, A. (2008) *Homestead Gardening: A Manual for Program Managers, Implementers, and Practitioners*. CRS. Este manual ha sido financiado a través de la FAO, como parte del proyecto de Ferias de Insumos de Comercio del 2007. Incluye información adicional sobre la propuesta de CRS a OFDA en el 2011, los reportes intermedio y del personal de CRS en Lesotho.

25. Ayers, J.; Anderson, S.; Pradhan, S.; y Rossing, T. (2012) *Participatory Monitoring, Evaluation, Reflection and Learning for Community-based Adaptation: A Manual for Local Practitioners*. Atlanta, USA: CARE International.

26. Ayers et al (2012).

27. Los Consorcios de Campo ECB identificaron estos sectores como los principales sectores de referencia en la guía ya que son los que ven con más frecuencia en su trabajo.

28. FAO (1996) *Rome Declaration and World Food Summit Plan of Action*. Disponible en línea en: www.fao.org/docrep/003/X8346E/x8346e02.htm#P1_10

29. FAO (2010) *The State of Food Insecurity in the World: Addressing food insecurity in protracted crises*. Rome, Italy. Disponible en línea en: www.fao.org/docrep/013/i1683e/i1683e.pdf

30. Leather, C. (2009) *Bridging the Divide: The reform of global food security governance*. Oxfam Briefing Note. Oxford, UK: Oxfam International.

31. Beddington J.; Asaduzzaman M.; Clark M.; Fernández A.; Guillou M.; Jahn M.; Erda L.; Mamo T.; Van Bo, N.; Nobre, C.A.; Scholes, R.; Sharma, R.; y Wakhungu, J. (2012) *Achieving food security in the face of climate change: Final report from the Commission on Sustainable Agriculture and Climate Change*. CGIAR Programa

de Investigaciones sobre el Cambio Climático, Agricultura y Seguridad Alimentaria (CCAFS). Copenhagen, Denmark: CGIAR.

32. Leather (2009).
33. IPCC (2012) Resumen para responsables de políticas. En Field, C. B., et al. (eds.) *Managing the risks of extreme events and disasters to advance climate change adaptation. A special report of Working Groups I and II of the Intergovernmental Panel on Climate Change.* Cambridge, UK: Cambridge University Press. pp 1–19.
34. Beddington et al (2012).
35. IPCC (2012).
36. Oxfam GB (2009) *Disaster Risk Reduction in Livelihoods and Food Security Programming: A Learning Companion.* Recursos para la Reducción del Riesgo de Desastres y la Adaptación al Cambio Climático de Oxfam. Oxford, UK.
37. Beddington et al (2012).
38. Beddington et al (2012).
39. Estudio de caso adaptado de los informes de Francis Dube, Mukwavi María, y Gutu Teso de World Vision International.
40. El Banco Mundial (2010) Ghana:Economics of Adaptation to Climate Change Study, Disponible en línea en: http://climatechange.worldbank.org/content/economics-adaptation-climate -change-study-homepage
41. Pasteur, K. (2011) *From Vulnerability to Resilience: A framework for analysis and action to build community resilience.* Rugby, UK: Practical Action Publishing.
42. Pasteur (2011).
43. Pettengell (2010).
44. IFAD (n.d.) 'The Sustainable Livelihoods Approach'. Disponible en línea en: http://www.ifad.org/sla/index.htm
45. Quiroga, R. (2009) *Rescuing the Past: Using Indigenous Knowledge to Adapt to Climate Change in Bolivia.* Estudio de caso sobre el Cambio Climático en la Práctica. Oxfam International. Disponible en línea en: http://policy-practice.oxfam.org.uk/publications/rescuing-the-past-using-indigenous-knowledge-to-adapt-to-climate-change-in-boli-123849
46. ProAct Network (2008) *The Role of Environmental Management and eco-engineering in Disaster Risk Reduction and Climate Change Adaptation.* Tannay, Switzerland: ProAct Network. Disponible en línea en: http://www.unisdr.org/files/4148_emecoengindrrcca1.pdf
47. Pimental, D. (2006) 'Soil Erosion: A Food and Environmental Threat'. *Environment, Development and Sustainability*, Vol 8, No 1, February 2006, pp 119-137.
48. Pimental (2006).
49. FAO (2006) *Global Forest Resources Assessment 2005: Progress towards sustainable forest management.* FAO Forestry Paper 147. Rome, Italy: FAO.
50. OCDE (2008) *OECD Environmental Outlook to 2030.* Paris, France: OCDE. Disponible en línea en: www.oecd.org/dataoecd/29/33/40200582.pdf
Falkenmark, M. y Rockström, J. (2004) *Balancing Water for Humans and Nature. The New Approach in Ecohydrology.*
51. Sobreexplotada: La pesca está siendo explotada más allá de un nivel que se cree sostenible en el largo plazo.
52. El Banco Mundial (2006) 'The State of the World Fish Stocks'. *Profish Fisheries Factsheet Number 2.* Washington DC, USA.
53. El Banco Mundial (2006).
54. Cassis, G. 1998 'Biodiversity loss: a human health issue'. *The Medical Journal of Australia.* Sydney, Australia: Australasian Medical Publishing Company. Disponible en línea en: http://210.8.184.99/public/issues/xmas98/cassis/cassis.html

55. Kamara, J.K.; Hailu T.; Toffu, A. (2008). *Humbo Community Managed Natural Regeneration Project PRA Report*. Proyecto comunitario de reforestacion de Vision Mundial in Humbo, Etiopia: Evaluación rural participativa Documentación de tendencias. Melbourne, Australia: World Vision Australia.
56. Hagbrink, I. (2010) *Turning it Around: Greening Ethiopia's Great Rift Valley*. Washington DC, USA: El Banco Mundial.
57. UNICEF (n.d.) 'Water, sanitation and hygiene' Disponible en línea en: www.unicef.org/wash/
58. IPCC (2007) Contribución del Grupo de Trabajo II al Cuarto Informe de Evaluación del Grupo Intergubernamental de Expertos sobre el Cambio Climático, 2007. [Parry, M.L; Canziani, O.F.; Palutikof, J.P.; Van der Linden, P.J.; y Hanson, C.E. (eds)], Cambridge, UK y New York, NY, USA: Cambridge University Press.
59. Estudio de caso tomado de Rottier, Erik (2011) *Risk Returns*, Secretaría de la Estrategia Internacional para la Reducción de Desastres (UNISDR), (2011), y CARE Nederland.
60. Proyecto para el Derecho a la Educación, 'Defining the right to education'. Amnesty International, Campaña Mundial por la Educación, ActionAid. London, UK. Disponible en línea en: www.right-to-education.org/node/233
61. A.J. McMichael, A.J.; Campbell-Lendrum, D.H.; Corvalán, C.F.; Ebi, K.L.; Githeko, A.K.; Scheraga, J.D.; Woodward, A. (eds) (2003) *Climate change and human health: risks and responses*. OMS. Geneva, Switzerland.
62. McMichael et al. (2003).
63. OMS (2009) *Protecting health from climate change: Global research priorities*. Geneva, Switzerland.
64. Oxfam GB (2012)
65. Estudio de caso adaptado de: Fahy, L. (2008) 'Positive and Procedural Obligations Arising from the Right to Life'. *Human Rights Law Centre Bulletin*. No 25 May 2008 pp10-11. Disponible en línea en: http://www.hrlc.org.au/content/publications-resources/hrlrc-e-bulletin/may-2008/
   Material adicional de: Netherlands Institute of Human Rights, Utrecht School of Law (2012) Budayeva y others v. Russia. Disponible en línea en: http://sim.law.uu.nl/sim/caselaw/Hof.nsf/1d4d0dd240bfee7ec12568490035df05/9d5b59904fdc5060c1257 40f00366820?OpenDocument
66. Connolly Carmalt, J. y Haenni Dale, C. (2011) 'Human rights and disaster' *The Routledge handbook of hazards and distaster risk reduction*. Wisner, B. y Gaillard, J.C. y Kelman, I. (eds). New York: Routledge.
67. Los Consorcios de Campo ECB identificaron estos sectores como los principales sectores de referencia en la guía ya que son los que ven con más frecuencia en su trabajo.
68. Adaptado por los autores de Introduction to the Resource Pack, Conflict Sensitivity. Disponible en línea en: www.conflictsensitivity.org
69. Según ODI/HPG, entre 1999 y 2004 al menos 140 desastres ocurrieron en contextos que también sufrían conflictos.
70. PNUD (2011) *Disaster-Conflict Interface: Comparative Experiences*. New York, USA: PNUD Oficina para la Prevención y Recuperación de Crisis y Emergencias.
71. Smith, D. and Vivekananda, J., (2007) *A Climate of Conflict: the Links Between Climate Change and War*. International Alert.
72. Nota de Orientación sobre Recuperación Temprana, grupo de trabajo del cluster sobre Recuperación Temprana (2008). Ginebra, Suiza: Oficina para la Prevención y Recuperación de Crisis y Emergencias del PNUD.
73. Estudio de caso preparado por Martha Kihara, CRS.

74. Programa de Acción Nacional de Adaptación de la República del Sudán. (2007): Ministerio de Medio Ambiente y Consejo Superior de Desarrollo Físico y Recursos Naturales, Sudán.
75. UNOCHA (2011) *OCHA and slow-onset emergencies*. OCHA Occasional Policy Briefing Series No 6. Policy Development and Studies Branch, UNOCHA.
76. Hillier, D. y Dempsey, B. (2012) *A Dangerous delay: The cost of late response to early warnings in the 2011 drought in the Horn of Africa*. Documento informativo Agencia Mixta. Oxford, UK: Oxfam International y Save the Children.
77. Hillier y Dempsey (2012).
78. Pachauri, R.K. y Reisinger, A. (eds.) (2007) *Climate Change 2007: Summary for Policymakers*. Contribución de los Grupos de trabajo I, II y III al Cuarto Informe de Evaluación del Panel Intergubernamental de expertos sobre el Cambio Climático, Geneva, Switzerland: IPCC.
79. CARE (2012) *Regional Project for Adaptation to the Impact of Rapid Glacier Retreat in the Tropical Andes – "PRAA", Atlanta, CARE.*
80. Pasteur, K. (2011).
81. GNDR (2011).
82. Pelling, M. (2011) *Adaptation to Climate Change: Resilience to Transformation*. Abingdon, UK: Routledge.
83. Pasteur (2011).
84. Pasteur (2011).
85. Meadowcroft, J. (2010) *Climate Change Governance*. Background paper to the 2010 World Development Report. Policy Research Working Paper 4941. Washington, DC, USA: El Banco Mundial.
86. GNDR (2011).
87. GNDR (2011).
88. Estudio de caso preparado por Hening Parlan, Helmi Hamid y Adi Suryadini a partir de diversos documentos del Consorcio ECB en Indonesia, elaborados por Hening Parlan, Helmi Hamid y Adi Suryadini.
89. Naciones Unidas en Indonesia (2011) *Disaster management: Challenges and opportunities*. Disponible en línea en: http://www.un.or.id/en/what-we-do/partnership-for-development/disaster-management
90. Oktaviani, R.; Amaliah, S.; Ringler, C.; Rosegrant, M.W.; Sulser, T.B. (2011) *The impact of global climate change on the Indonesian economy*. Washington DC, EEUU: Instituto Internacional de Investigación sobre Políticas Alimentarias, http://www.ifpri.org/publication/impact-global-climate-change-indonesian-economy
91. Willitts-King, B. (Consultor independiente) *The silver lining of the tsunami?: disaster management in Indonesia; Humanitarian Exchange Magazine*, tema 43, June 2009. London, UK: Humanitarian Practice Network, Overseas Development Institute http://www.odihpn.org/humanitarian-exchange-magazine/issue-43/the-silver-lining-of-the-tsunami-disaster-management-in-indonesia
92. La Declaración Universal de los Derechos Humanos (1948), New York.
93. La información sobre el proyecto está disponible en: http://gestionterritorialadaptativa.com/

Índice

Contribuidores

Hacia la Resiliencia: Guía para la Reducción del riesgo de desastres y la adaptación al cambio climático se elaboró mediante un amplio proceso de consulta que comenzó en noviembre de 2010, a través de talleres y pruebas de campo, y debates por correo electrónico y por teléfono. Está basado en las contribuciones del personal de campo, asesores técnicos y personal del proyecto ECB de seis organizaciones participantes. También ha beneficiado del asesoramiento especializado del personal de la Red Global para la Reducción de Desastres, la Estrategia Internacional para la Reducción de Desastres (UNISDR), Feinstein International Center, Fondo Mundial para la Naturaleza, Red de Género y Desastres, el Programa Futuros Humanitarios, Plan Internacional, Christian Aid, Londres King College, la Cruz Roja Americana y otrasorganizaciones. El proyecto Emergency Capacity Building agradece a las personas y organizaciones que aportaron su experiencia y sus conocimientos.

Anfitrión del proyecto
Catholic Relief Services (CRS)

Personal del proyecto
Directora del programar: Amy Hilleboe
Coordinador de publicación y lanzamiento: Anne Castleton
Personal de apyoo: Angela Owen, Angela Previdelli, David Hockaday, Driss Moumane, Gabrielle Fox, LeAnn Hager, Katy Love, Andrea Stewart

Comité directivo asesor ECB RRD
Amy Hilleboe, CRS; Anne Castleton, Mercy Corps; Erik Rottier, Care Netherlands; Ian Rodgers y Malka Older, Save the Children; Isabelle Bremaud, Oxfam GB; y Richard Rumsey, World Vision

Comité Editorial
Richard Ewbank, Nick Hall, Jim Jarvie, Marcus Oxley, Rod Snider, Peter Walker, Ben Wisner, Emma Visman

Representantes de los consorcios país del Proyecto ECB
Ade Darmawansyah, Adi Suryadini, Alfonso Ruibal, Ashley Hughes Bishop, Balaram Chandra Tapader, Bijoy Khrishna Nath, Harun Rashid, Helmi Hamid, Idriss Leko, Ingrid Terrazas, Jacklin Ribero, Japheth Mutisya Muli, Luis Alberto Salamanca Mazuelo, Martha Kihara, Massimo Nicoletti Atimari, Omar Saracho, Oyoko Omondo Julius, Roger Quiroga, Shamina Akhtar, Wahyu Widayanto, Zahairu Mamane Sani

Consultores
Autores: Marilise Turnbull y Charlotte L. Sterrett
Editor: Solveig Marina Bang
Traducción: Séga Ndoye (French), Patricia Ramos (Spanish)
Editores de traducciones: Elsa Bofill Polsky (French), Rodolfo Valdez M (Spanish)

Colaboradores
Chris Anderson, Sophie Blackburn, Christopher Brown, Nyasha Chishakwe, Karl Deering, David R. Dishman, David Dodman, Gillian Dunn, Wynn Flaten, Rachel Houghton, Nick Ireland, Luis Alberto Salamanca Mazuelo, Susan Romanski, Kemi Seesink, Anita Swarup, Suzanna Tkalec, Edward Turvill

Apoyo en talleres y pruebas de campo
Nancy Wu, Vanessa Wirth, Warinyupha Sangkaew; personal de CRS India, CARE Madagascar, Mercy Corps Nepal, Mercy Corps Tajikistan y World Vision Nicaragua

El proyecto Emergency Capacity Building

Este libro es un recurso básico desarrollado como parte del Proyecto Emergency Capacity Building (BCE), un esfuerzo de colaboración de seis organizaciones: CARE International, Catholic Relief Services, Mercy Corps, Oxfam, Save the Children y World Vision International. Trabajando con socios, estas organizaciones se centran en el desarrollo de iniciativas conjuntas para abordar cuestiones relacionadas con el desarrollo del personal nacional, la rendición de cuentas a las personas afectadas por desastres, medición del impacto y la reducción del riesgo de desastres.

El objetivo del proyecto BCE es mejorar la velocidad, la calidad y la eficacia de la comunidad humanitaria comunidad para salvar vidas y mejorar el bienestar y la protección de los derechos de las personas en situaciones de emergencia. Para lograr este objetivo, las organizaciones del proyecto ECB del ECB están trabajando para aumentar la coordinación entre las comunidades humanitarias y de desarrollo y para mejorar la coherencia entre los programas a corto y largo plazo.

Bill & Melinda Gates Foundation, la Dirección General de Ayuda Humanitaria y Protección Civil (ECHO), de la Comisión Europea, y la Oficina de Asistencia para Desastres en el Extranjero (USAID/ OFDA) de la Agencia de los Estados Unidos para el Desarrollo Internacional (USAID), proporcionaron los fondos para el Proyecto ECB y este libro. Fidelity Charitable Trustees' Philanthropy Fund ha apoyado el desarrollo y publicación de este libro. Les damos las gracias por su generoso apoyo.

Notas

Notas